Claudia Gärtner
Klima, Corona und das Christentum

Religionswissenschaft | Band 20

Für Antonia und alle Jugendlichen, die sich für Klimaschutz und eine gerechtere Welt einsetzen.

Claudia Gärtner (Prof. Dr.), geb. 1971, lehrt Praktische Theologie mit dem Schwerpunkt Religionspädagogik an der Technischen Universität Dortmund. Ihre Forschungsschwerpunkte sind religiöse Bildung für nachhaltige Entwicklung, ästhetisches Lernen, Jugendverbandsarbeit in der Ganztagsschule sowie fachdidaktische Entwicklungsforschung. Sie war langjährig als Gymnasiallehrerin tätig.

Claudia Gärtner

Klima, Corona und das Christentum

Religiöse Bildung für nachhaltige Entwicklung in einer verwundeten Welt

[transcript]

Bibliografische Information der Deutschen Nationalbibliothek
Die Deutsche Nationalbibliothek verzeichnet diese Publikation in der Deutschen Nationalbibliografie; detaillierte bibliografische Daten sind im Internet über http://dnb.d-nb.de abrufbar.

Umschlaggestaltung: Maria Arndt, Bielefeld
Umschlagabbildung: Annalena Thröner
Druck: Majuskel Medienproduktion GmbH, Wetzlar
Print-ISBN 978-3-8376-5475-2
PDF-ISBN 978-3-8394-5475-6
https://doi.org/10.14361/9783839454756

Gedruckt auf alterungsbeständigem Papier mit chlorfrei gebleichtem Zellstoff.
Besuchen Sie uns im Internet: *https://www.transcript-verlag.de*
Unsere aktuelle Vorschau finden Sie unter *www.transcript-verlag.de/vorschau-download*

Inhalt

Vorwort

Das befriedigende Gefühl, ein Manuskript abgeschlossen zu haben, will sich bei diesem Buch nicht einstellen. Zu beunruhigend, dynamisch und offen ist die Thematik. Zwar sinkt die Zahl der an COVID-19 Erkrankten in Deutschland derzeit rapide, die erste Krankheitswelle scheint vorbei zu sein. Doch die Gefahr einer zweiten Welle ist nicht gebannt und global wütet das Virus in vielen Ländern weiter. Vollkommen unklar ist, wie die sozialen, kulturellen und wirtschaftlichen Folgen der Corona-Pandemie bewältigt werden können. Optimistische Stimmen hoffen zwar auf eine gerechtere und nachhaltigere Gesellschaft, aber je länger die Corona-Pandemie anhält, desto mehr schwindet dieser Optimismus. Denn die politischen Bekundungen, den ökonomischen Aufbau strikt an ökologische und soziale Kriterien zu binden, werden nur verwässert umgesetzt. Und während die Infektionszahlen bei sonnigem Wetter und vielen Aufenthalten im Freien sinken, steigt derzeit die Trockenheit und Hitze wieder bedrohlich. Die Klimakrise ist mit dem Ende der Corona-Pandemie nicht verschwunden, wir leben in einer dauerhaft verwundeten Welt. Das vorliegende Buch kann in dieser dynamischen Situation keine fertigen Antworten geben, wie diese Krisen bewältigt werden können. Doch es will Perspektiven zur theologischen und religionspädagogischen Analyse und Bearbeitung anbieten – in aller gebotenen Vorläufigkeit und Offenheit.

Viele kollegiale Gespräche und Hinweise haben die Publikation bereichert. Besonderer Dank gilt Jan-Hendrik Herbst für seine vielfältigen kritischen Anmerkungen und Literaturhinweise, die den Horizont des Buches immer wieder geweitet haben. Viele inhaltliche Anregungen verdanke ich auch Katrin Bederna sowie Anna Hans, Lena Tacke, Anika Thanscheidt und Frederike Gabelt. Zudem haben Henrike Herdramm, Constanze Unger, Benedikt Laurenz und Annalena Thröner Layout und Korrektur des Manuskripts akribisch unterstützt. Auch ihnen sowie den Mitarbeitenden des transcript Verlags gilt mein Dank.

Das Buch wäre jedoch nicht entstanden ohne die beharrlichen Proteste der Fridays for Future Generation. Sie haben mich immer wieder daran erinnert, dass das Engagement für Umweltschutz und Gerechtigkeit nicht nur eine individuelle, sondern vor allem auch eine zutiefst politische Aufgabe ist, die entsprechend öffentlich und global verhandelt werden muss. Daher versteht sich die vorliegende Publikation auch als Beitrag zu einer öffentlichen, politischen Religionspädagogik.

Juni 2020

1 Klima, Corona und (religiöse) Bildung. Eine Hinführung

»Warum heute zur Schule gehen, wenn ich morgen keine Welt mehr habe?« war auf Plakaten zu lesen, mit denen Schüler*innen 2019 freitags in den Klimastreik traten. Diese Frage ist für Schule und (Religions-)Pädagogik eine Provokation. Denn sie zeigt radikal auf, wie gefährdet Jugendliche heute ihre Zukunft sehen und wie wenig sie der Schule zutrauen, ihnen bei der Bewältigung der Klimakrise zu helfen. Zugleich sind viele Pädagog*innen durch die Fridays for Future-Demonstrationen ermutigt, zeigen sie doch, dass Jugendliche bereit sind, für die Gestaltung ihrer Zukunft selbst einzutreten. In dieser Perspektive werden die Klimastreiks als emanzipatorisches, politisches Handeln der Jugendlichen gedeutet, auf das vielerorts hoffnungsvoll Bezug genommen wird. Auch die Religionspädagogik hat sich sowohl des Themas Klimakatastrophe als auch der Fridays for Future-Bewegung angenommen.[1] Das vorliegende Buch lässt sich ebenfalls als eine religionspädagogische Reaktion auf die eingangs zitierte Frage lesen: Es ist in der Hoffnung geschrieben, dass die Religionspädagogik zumindest Antwortversuche geben kann, warum es sich aus christlicher Perspektive trotz einer ungesicherten Zukunft noch lohnt, zur Schule und zum Religionsunterricht zu gehen. Denn das Christentum ist die Geschichte Gottes mit den Menschen, die immer wieder in aussichtslosen Situationen geklagt, protestiert, gehofft oder gebetet haben. Das Christentum ist nicht ohne den prophetischen Protest gegen die Ungerechtigkeiten der Welt zu verstehen. Es ist nicht ohne die Verzweiflung angesichts gescheiterter und offener Zukunft an Karfreitag und der Hoffnung auf Erlösung der Welt an Ostern zu denken. Und oft ist dabei das Christentum auch von der Frage nach dem (guten) Ende der Welt angetrieben worden. Religionspädagogik sollte daher nicht stumm bleiben angesichts einer Jugend,

1 Vgl. Bederna 2019.

die die gegenwärtigen Missstände anprangert und verzweifelt nach ihrer eigenen Zukunft fragt. Die vorliegende Publikation möchte somit im Horizont der jüdisch-christlichen Tradition Schüler*innen befähigen, ihre eigene Zukunft mitzugestalten. Dabei sollen Gemeinde, Schule und (Religions-)Unterricht zu einem Raum werden, in dem Visionen für eine gute Zukunft kritisch entworfen und die notwendigen Kompetenzen erworben werden können, um sich an der Realisierung dieser Visionen zu beteiligen.

Nur wenige Monate nach dem größten globalen Klimastreik aller Zeiten überrollt die Corona-Pandemie die Welt,[2] so dass Millionen Schüler*innen nicht mehr zur Schule gehen dürfen. Während diese Zeilen geschrieben werden, ist noch nicht entschieden, wie lange dieser weltweite (Bildungs-)Shutdown anhält. Durch die Pandemie steht die Welt in weiten Bereichen still, das Gesundheitswesen bricht in vielen Ländern zusammen. Auch die Klimademonstrationen auf den Straßen finden nicht mehr statt. Eine globale Krise folgt – gefühlt in immer kürzerem Abstand – auf die andere. Denn kurz vor den Klimastreiks war (und ist noch stets) das Schulsystem von der sog. »Flüchtlingskrise« stark herausgefordert. Die wissenschaftliche (Religions-)Pädagogik kann angesichts der engen Krisenfolge hierbei kaum Schritt halten. Doch diese Krisen hängen viel enger miteinander zusammen, als es auf den ersten Blick erscheint. Denn wir leben in einer Zeit der multiplen Krise,[3] eine religionspädagogische Fokussierung auf ein einzelnes Krisenphänomen wie der Klimakatastrophe oder der Corona-Pandemie greift daher zu kurz. So ist dieses Buch motiviert von dem Protest gegen die Klimakatastrophe, aber es reicht nicht aus, religiöse Bildung auf dieses Thema zu fokussieren, vielmehr muss es umfassender betrachtet und komplexer in (religiöse) Bildungsprozesse eingebracht werden. Entsprechend werden auch während der Eskalation der Corona-Pandemie die Zusammenhänge von Migration, Klima und Corona immer deutlicher. Als das Virus in China wütete, bestaunten viele, wie zügig Umweltauswirkungen sichtbar wurden. Satellitenbilder zeigten, wie die Luft über den chinesischen Ballungszentren sauberer wurde, und auch Fische kehrten schnell in die Lagunen von Venedig zurück. Doch diese Zusammenhänge von Corona und Umwelt als positives ökologisches Signal zu deuten, ist angesichts der unzähligen Toten ebenso zynisch wie kurzsichtig. Zwar sind die Parallelen von Klima- und Corona-Katastrophe

---

2 Im Folgenden wird für das Virus Sars-CoV-2 sowie die hierdurch ausgelöste Krankheit COVID-19 der medial verbreitete Begriff »Corona« verwendet.

3 Vgl. Demirović 2013.

verblüffend, aber insbesondere die Reaktionen hierauf könnten kaum unterschiedlicher ausfallen. Beide Katastrophen machen nicht an Ländergrenzen halt, sie sind global in ihrem Ausmaß und auch nur global überwindbar, obwohl die meisten Staaten versuchen, sowohl Klima als auch Corona aus Sicht der nationalen Eigeninteressen zu bewältigen. Beide Krisen sind zudem nur zu bekämpfen, indem radikale und sehr schnelle Maßnahmen getroffen werden. Die Zeit tickt, 10 Tage Inkubationszeit bzw. 10 Jahre bis zur Verringerung des CO_2-Ausstoßes um weltweit mindestens 55 %. Beide Krisen fürchten den Dominoeffekt, die exponentiell ansteigenden Kurven von CO_2, Temperatur oder Infizierten. Und sowohl Klima als auch Corona treffen zwar alle Menschen, aber insbesondere die Menschen im globalen Süden umso stärker. Arme Menschen sind durch Klima und Corona in vielfacher Hinsicht deutlich gefährdeter, denn sie haben neben den direkten Folgen, wie z.B. Krankheit, deutlich weniger Ressourcen, um sich zu schützen (vor Hitze, Hochwasser, Viren etc.) oder um die Folgen zu mildern (funktionierendes Gesundheitswesen, größere Wohnungen etc.). Klima und Corona treffen zwar alle gleichzeitig, aber halt nicht alle gleich! Der Klimawandel wird daher zunehmend zu einer Fluchtursache, wobei Geflüchtete besonders schutzlos den Viren ausgeliefert sind. Auch die Ursachen von Klima und Corona sind eng miteinander verknüpft, wie im Verlauf des Buches noch deutlicher zu erörtern ist (Kap. 6.6). Denn die Zerstörung der Biodiversität und des natürlichen Lebensumfelds von Tieren sowie enge Besiedlungen führen verstärkt zur Zoonose, zur Übertragung von Viren von Tier zu Mensch, wodurch in den letzten Jahrzehnten immer wieder größere oder kleinere Epidemien ausgelöst wurden. Doch bei allen Parallelen und gemeinsamen Verstrickungen sind Unterschiede in den politischen und gesellschaftlichen Konsequenzen, die aus den Krisen gezogen werden, gravierend und schockierend zugleich. Nahezu zeitgleich zum Ausbruch der Seuche in China wüteten in Australien immer noch Wald- und Buschbrände, die Milliarden Tiere, riesige Landflächen und unzählige Häuser vernichteten. Auch der Regenwald in Amazonien wurde wenige Monate vorher in weiten Flächen abgebrannt, unzählige Naturkatastrophen, Dürren und Überschwemmungen führen immer wieder vor Augen, wie groß die ökologische Katastrophe für Mensch und Tier bereits ist. Doch politisch geschieht weitgehend nichts, das Klimapaket der Bundesregierung, nur wenige Monate vor den immensen Corona-Paketen verabschiedet, wurde von Klimawissenschaftler*innen als völlig unzureichend kritisiert. Doch Angela Merkel verteidigte das Paket: »Politik ist das, was möglich ist.«[4] Darunter zählt jedoch bislang Tempo 130 auf Autobahnen nicht, weil dies ein zu großer Einschnitt in die individuellen Freiheiten sei und zudem der deutschen Automobilindustrie schade. Wenige Monate später sind jedoch in der Corona-Krise Einschnitte in Wirtschaft und Freiheitsrechten möglich, die die kühnsten Klimaaktivist*innen nicht im Traum erwogen haben dürften. Auch die finanziellen Mittel, die ad hoc zur Verfügung stehen, sind im Vergleich zu den Ressourcen für Klimaschutz extrem hoch, wenn auch vermutlich absolut notwendig. Damit wird im Vergleich von der Klima- mit der Corona-Krise deutlich: »Entgegen aller anderslautenden Bekenntnisse ging es bei der zögerlichen Umwelt- und Klimapolitik all die Jahre nie wirklich um *nicht können*, sondern ganz wesentlich auch um *nicht wollen*, also um gegenläufige Prioritäten und Präferenzen.«[5]

Nicht nur auf politischer, sondern auch auf individueller Ebene fallen die Reaktionen auf Corona und Klima unterschiedlich aus. Während angesichts der Klimakatastrophe viele Menschen ihr Verhalten nicht verändern, da individuelles Verhalten kaum einen ökologischen Einfluss besitze, greift dieses Argument bei der Bekämpfung des Corona-Virus interessanter Weise nicht. Es komme auf Jede*n an, so die nahezu einhellige Auffassung. Auch die Rolle der Wissenschaft hat sich zwischen Klima und Corona radikal verschoben. Zwar fordern mit Greta Thunberg die jungen Klimademonstrant*innen immer wieder, auf die Klimaforscher*innen zu hören, aber seit den 1970er Jahren werden deren bekannte Warnungen weitgehend ignoriert. Bei Corona hingegen sind Virolog*innen eine zentrale Bezugsgröße politischer Entscheidungen. Dies ist interessanter Weise nicht immer so, denn

> »wer hört ihnen zu, wenn sie uns sagen, dass jährlich mehr als zweihunderttausend Kinder an von Viren ausgelöstem Durchfall sterben, weil sie kein sauberes Wasser haben? Warum interessiert sich niemand für diese Kinder? Die Antwort ist leider eindeutig: Weil sie nicht in Deutschland, Spanien, Frankreich oder Italien sind. Doch auch das stimmt nicht. Denn sie sind in europäischen Flüchtlingslagern, um der ungerechten Situation zu entfliehen, die wir durch unser Konsumsystem mit zu verschulden haben.«[6]

Hier dürfte bereits ein zentrales Erklärungsmuster benannt sein, warum Politik und Gesellschaft so unterschiedlich auf die Klima- und die Corona-

4 Angela Merkel zit.n. Frankfurter Allgemeine Zeitung 2019.
5 Blühdorn 2020.
6 Gabriel 2020.

Krise reagieren. Die Corona-Krise drängt so nah und so schnell in alle Gesellschaftsschichten, dass selbst die Taktiken von Trump und Bolsonaro, Verleugnen, Verdrängen und Lügen, nicht mehr greifen. Denn insbesondere zu Beginn der Pandemie waren viele Corona-Erkrankte »Mitglieder der oberen sozialen Schichten, denen auch die politischen Entscheidungsträger angehören, Angehörige jener Eliten, die oft und gerne reisen und sich dabei das Virus eingefangen haben.«[7] Zudem ist die Klimakrise vermeintlich ein Problem der Zukunft, das vor allem jüngere Menschen intensiver schädigen wird. Die Corona-Krise betrifft hingegen oftmals ältere Menschen mit schwereren Krankheitsverläufen. Vielleicht ist dies auch ein Grund, warum die gesellschaftlichen und politischen Entscheidungsträger, die zumeist älter sind, in der Corona-Krise viel konsequenter handeln. Dann läge hier unterschwellig auch ein Generationenkonflikt vor.

Immer deutlicher wird, dass die Corona-Krise keine saisonale Krankheitswelle ist, nach deren Ende die Welt »normal« weitergeht. Denn ein »normal« gibt es nicht mehr, nicht nur, weil die wirtschaftlichen und sozialen Folgen noch lange zu spüren sein werden. »Normal« wird es nicht wieder werden können, da nun auch in Deutschland im wahrsten Sinne des Wortes leibhaftig spürbar wurde, wie schnell und radikal anders das Leben werden kann und dass wir alle verwundbar sind. Für den globalen Süden ist diese Erfahrung nicht neu. Für viele Menschen des globalen Nordens ist hingegen das,

> »was wir immer für so selbstverständlich nehmen, […] gar nicht selbstverständlich. Es ist lediglich eine konstruierte, eine extrem künstliche und teilweise eingebildete Wirklichkeit, in der wir existieren, und sie steht auf dünnen Beinen. […] Diese Welt, die wir für die einzig wirkliche halten, kann es also von einem Augenblick auf den anderen genauso gut nicht mehr geben. Auch das sollte Anlass für uns sein, manches zu hinterfragen und beispielsweise über den Tellerrand unseres vom Todestrieb beseelten Wirtschaftssystems hinaus zu denken.«[8]

Inwiefern diese Verunsicherung zu einem neuen Blick auf die Welt, zu einer transformierten Gesellschaft führen wird, ist noch offen. Während einige Politiker*innen auf bekannte Strategien wie z.B. Steuererleichterungen zur

7 Rosner 2020.
8 Rosner 2020.

Ankurbelung der Wirtschaft setzen, setzen andere wiederum auf eine radikale Ausrichtung der Finanzhilfen an ökologische Standards und Innovationen. Entsprechend fordert die Umweltministerin Svenja Schulze »eine neue globale Biodiversitätsstrategie zu beschließen«[9], um zukünftigen Pandemien vorzubeugen. Einige sehen den Kapitalismus ebenso ausgebremst wie die Globalisierung und verlangen die Stärkung lokaler Strukturen und staatliche Beteiligung an systemrelevanten Unternehmen, andere wiederum befürchten mehr Nationalismus und weniger Demokratie. Der Philosoph Gabriel fordert

> »eine metaphysische Pan-Demie, eine Versammlung aller Völker unter dem uns alle umfassenden Dach des Himmels, dem wir niemals entrinnen werden. Wir sind und bleiben auf der Erde, wir sind und bleiben sterblich und fragil. Werden wir also Erdenbürger, Kosmopoliten einer metaphysischen Pandemie. Alles andere wird uns vernichten und kein Virologe wird uns retten.«[10]

Die Zukunft erscheint offen wie selten, die multiple Krise ist nur zu meistern, wenn Wissenschaft, Politik, Gesellschaft, Wirtschaft, Kultur und auch Religion gemeinsam Lösungen und Antworten suchen. Orientiert man sich an dem Ursprung des Wortes »Krise« (altgriechisch krísis: ›Meinung‹, ›Beurteilung‹, ›Entscheidung‹ bzw. krínein: ›trennen‹, ›unterscheiden‹), dann wird deutlich, wozu diese Krise auch herausfordert, nämlich die Krise in ihrer Vielschichtigkeit wahrnehmen, beurteilen und entscheiden zu können. Auch das Wort »Kritik« ist etymologisch mit Krise verbunden. Die Krise fordert demnach auch zu einer differenzierten Kritik heraus. Hierzu will das vorliegende Buch in theologischer und religionspädagogischer Perspektive befähigen.

Der Untertitel »Religiöse Bildung für nachhaltige Entwicklung in einer verwundeten Welt« deutet an, in welche Richtung eine religionspädagogische Befähigung zur kritischen Beurteilung der multiplen Krise beitragen möchte. Zentraler Bezugspunkt ist der Begriff der *Nachhaltigkeit*. Wie bereits deutlich wurde, sind Klima und Corona nicht losgelöst von anderen ökologischen Krisen und sozialen, kulturellen, politischen oder ökonomischen Diskursen zu betrachten. Dieser Zusammenhang wird im Horizont des Nachhaltigkeitsbegriffs reflektiert. »Nachhaltig ist eine Handlung, Lebensform bzw. Wirtschaftsweise, die so mit ›der Natur‹ umgeht, dass sie von jeder und je-

9 Zit.n. Bethge 2020.
10 Gabriel 2020.

dem anderen überall und immer wiederholt bzw. geteilt werden könnte.«[11] Nachhaltigkeit ist somit weder ausschließlich auf das Klima noch auf Ökologie ausgerichtet. Vielmehr reichen die 2016 von der UN verabschiedeten siebzehn Nachhaltigkeitsziele von Armutsbekämpfung über Gesundheitswesen, Bildung und Geschlechtergerechtigkeit bis hin zu nachhaltigem Konsum, Klima- und Gewässerschutz sowie Frieden und Gerechtigkeit (Abb. 1).

Abb. 1: Siebzehn Nachhaltigkeitsziele der UN (2016)

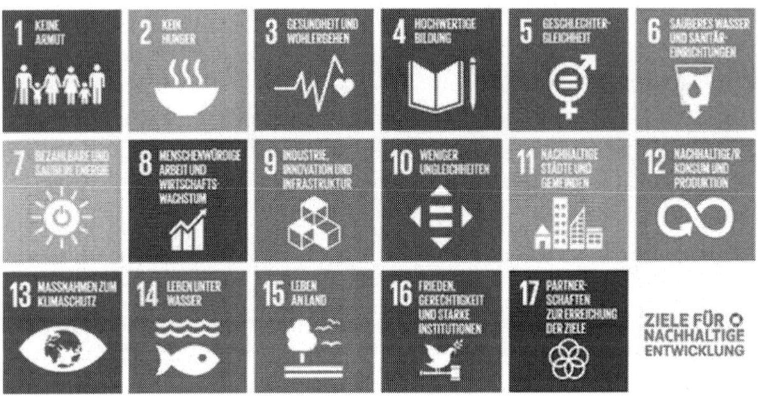

Der Nachhaltigkeitsdiskurs verhandelt somit die Klima- und Corona-Krise als Frage nach den planetaren Grenzen des ökologischen Gleichgewichts verbunden mit einer intergenerativen Perspektive auf soziale und ökonomische Gerechtigkeit. Gesundheit, Ökologie, Wirtschaft, Soziales und Kultur können nicht losgelöst voneinander betrachtet werden. Unter dem Begriff der »Bildung für nachhaltige Entwicklung« (BNE) werden pädagogische Konzepte und Theorien entworfen, um eben ein solches Verständnis von Nachhaltigkeit zu fördern. Hieran knüpft die vorliegende Publikation im zweiten Kapitel an und transformiert existierende Konzepte kritisch in den religionspädagogischen Diskurs.

Religiöse Bildung findet im Kontext einer *verwundeten Welt* statt, wie der Untertitel des Buches andeutet. Nicht nur die Millionen Corona-Erkrankten

11 Bederna 2019, S. 4.

und -Toten, die vielen Opfer anderer Krankheiten sowie sozialer und politischer Missstände zeigen das Ausmaß der Verwundung auf, sondern auch die Umweltkatastrophen und der Schwund an Biodiversität verdeutlichen, dass die Welt bereits verwundet und zerstört ist. Corona

> »spricht diese fortwährende, spezifische Vulnerabilität in einer mutmaßlich mörderischen Weise an, bringt sie mit ungeheurer Wucht und unbarmherziger Intensität zum Ausdruck und verdeutlicht das unterschiedliche Maß, mit dem über den Schutz von Leben und das Verhindern von Infektionen regiert wird.«[12]

Verwundbarkeit, Vulnerabilität ist somit mehr als eine Metapher des aktuellen Kontextes einer religiösen BNE, sondern zugleich eine ökologische, aber auch anthropologische und damit theologische bzw. (religions-)pädagogische Kategorie.[13] Dabei spielt *verwundete Welt* auch auf eine Formulierung aus dem religionspädagogisch immer noch bedeutsamen Beschluss der Gemeinsamen Synode der Bistümer »Der Religionsunterricht in der Schule« (Würzburger Synode) von 1974 an. Dort wird die Notwendigkeit von Religionsunterricht (RU) herausgestellt, »weil die Schule sich nicht zufrieden geben kann mit der Anpassung des Schülers an die *verwaltete Welt* und weil der RU auf die Relativierung unberechtigter Absolutheitsansprüche angelegt ist, auf Proteste gegen Unstimmigkeiten und auf verändernde Taten.«[14] Die Synode greift hier eine Gesellschaftsdiagnose von Theodor W. Adorno auf, der die anonymisierte Herrschaft und den Konformitätsdruck auf das Individuum in der fordistischen Gesellschaft der Nachkriegszeit kritisiert, die dem Prinzip der ›Verwaltung‹ untergeordnet sei.[15] Heute, so kann man folgern, ist RU notwendig, weil sich Schüler*innen nicht zufrieden geben können mit einer Anpassung an die verwundete Welt, an die planetaren Grenzüberschreitungen, die die Gegenwart und Zukunft aller Menschen gefährden. Im dritten Kapitel wird daher umfassender analysiert, wie eine religiöse BNE gestaltet sein muss, damit sie im Kontext einer verwundeten Welt Bildungsprozesse initiieren kann.

Dabei ist es weder trivial noch selbstverständlich, gesellschaftliche Kontexte, wie die verwaltete oder verwundete Welt, oder Schlüsselprobleme, wie

---

12 Rat für Migration 2020.

13 Vgl. Keul und Müller 2020; Burghardt et al. 2017; Knauth 2019; Peukert 1992.

14 Sekretariat der deutschen Bischofskonferenz 1976a, Art. 2.3.4.

15 Vgl. Jepsen 2012.

die Klima- oder Corona-Krise, zum Ausgangspunkt von (religiösen) Bildungsprozessen zu wählen. Entsprechende religionspädagogische Ansätze knüpfen mehr oder weniger eng an das Bildungsverständnis von Wolfgang Klafki an, wonach sich Bildung an epochalen Schlüsselproblemen auszurichten habe. Diese sollen mit Schüler*innen in Hinblick auf ihre gegenwärtige und zukünftige Bedeutung erschlossen werden mit dem Ziel, die Heranwachsenden zu selbstbestimmtem, demokratischem und solidarischem Handeln zu befähigen.[16] In der (Religions-)Pädagogik ist die Ausrichtung von Bildung an epochalen Schlüsselproblemen jedoch nicht unumstritten, da diese »nicht unstrittig identifiziert und diagnostiziert werden«[17] können, sondern oftmals Aufmerksamkeitskonjunkturen unterliegen. In diesem kritischen Sinne lassen sich z.B. die vielfältigen religionspädagogischen Publikationen deuten, die seit 2015 zuerst zur Migration, anschließend verstärkt zu Rechtsradikalismus oder zur Klimakrise veröffentlicht wurden. Hier wechselt ein Problemfokus schnell den nächsten ab, aus einem epochalen Schlüsselproblem würde dann eher eine befristete Problemorientierung. In diesem Sinne wäre auch das vorliegende Buch in diese Reihe einzuordnen, da mit Corona das nächste gesellschaftliche Problem befristeter Reichweite verhandelt wird. Was macht also ein Problem zu einem epochalen Schlüsselproblem? Eine präzise thematische Konturierung von Schlüsselproblemen ist schwierig. Denn wie bereits skizziert, hängen Migration, Klima- und Corona-Krise untrennbar miteinander zusammen. Auch Verbindungen mit Rechtspopulismus sind für den Klimadiskurs offensichtlich, wie bereits ein kurzer Blick auf die Äußerungen von AfD, Bolsonaro oder Trump zur Klimakrise zeigen. Die Bearbeitung von epochalen Schlüsselproblemen läuft somit Gefahr, selektiv und unterkomplex auf die Herausforderungen der Gegenwart zu reagieren. In dieser Hinsicht ist auch die religionspädagogische Thematisierung der Klima- und Corona-Krise zu reflektieren. Wie komplex und umfassend ist sie thematisch zu fassen, um religionspädagogisch als epochales Schlüsselproblem bearbeitet zu werden? Ein interdisziplinärer Zugang erscheint hierbei ebenso unerlässlich, wie vorschnelle religionspädagogische Praxiskonkretionen zu vermeiden sind. Wenn Greta Thunberg im RU als neue Prophetin diskutiert, im Pfarrgemeinderat über den Verzicht von Plastikgeschirr debattiert oder Spiritualität zur Bewältigung von Kontingenzerfahrungen bei Corona angeboten wird, dann erhalten diese Krisen zwar alltagsrelevant Einzug in religiös geprägte Diskurse,

16 Vgl. Klafki 2007, S. 56-69.

17 Dressler 2018, S. 296.

ohne dass hierbei aber eine religionspädagogisch wie auch theologisch ausreichend komplexe Bearbeitung dieser Schlüsselprobleme stattfindet. Daher gilt es im weiteren Verlauf stets kritisch zu reflektieren, inwiefern mit dem Nachhaltigkeitsbegriff bzw. dem BNE-Diskurs, unter denen im Folgenden die Klima- bzw. Corona-Krise reflektiert werden, ein epochales Schlüsselproblem angemessen komplex und differenziert verhandelt werden kann.

Konzeptionell sollen anhand von epochalen Schlüsselproblemen (religiöse) Bildungsprozesse initiiert werden, die selbstbestimmtes und kompetentes Handeln auf Zukunft hin ermöglichen. Eine solche Konzeptionierung von Bildung muss sich jedoch fragen, inwiefern sie zum einen Bildung auf Problembearbeitung hin instrumentalisiert, und zum anderen, inwiefern sie überhaupt ermessen kann, welche Herausforderungen in der Zukunft bestehen. »Warum heute zur Schule gehen, wenn ich morgen keine Welt mehr habe?«, fragen die Fridays for Future-Demonstrant*innen. Sie entziehen sich formalen schulischen Bildungsprozessen, weil sie nicht mehr darauf vertrauen, dass sie durch Schule als gut ausgebildete Erwachsene in der Zukunft die Klimakrise bewältigen werden. Ihre Plakate verdeutlichen, wie radikal anders und ungeahnten Ausmaßes die zukünftigen Herausforderungen sein werden, auf die gegenwärtig kaum Bildungsangebote vorbereiten. Und selbst bei der vermeintlich überschaubaren Corona-Erkrankung betonen Virolog*innen mit ausgesprochener Fachexpertise immer wieder, dass es keine festen Konzepte oder Lösungsmuster für die Pandemie gibt. (Religiöse) Bildung wird hierdurch radikal angefragt, denn das Handeln der heutigen Generationen muss so gestaltet sein, dass auch zukünftig Menschen selbständig und frei über sich und ihr Leben entscheiden können und so die Möglichkeit erhalten, selbst Geschichte zu machen.[18] Bildung geschieht somit nicht, um bestehende Probleme zu lösen (Bildung *für* nachhaltige Entwicklung), sondern sie ist ausgerichtet auf eine weitgehend offene Zukunft. Eine Religionspädagogik, die sich mit den aktuellen Krisen auseinandersetzt, muss sich diesen offenen Bildungsmöglichkeiten stellen in der Hoffnung, überhaupt die Voraussetzungen zu bewahren, damit Geschichte weiter möglich ist. Dass eine religiöse Bildungstheorie diese Offenheit in eschatologischer Perspektive genuin mitdenken kann, sei hier nur angerissen.

Dabei muss sich eine Religionspädagogik, die sich an gesellschaftlichen und politischen epochalen Schlüsselproblemen ausrichtet, mit der Kritik auseinandersetzen, sie vernachlässige die Eigenlogik des Religiösen und den Ei-

---

18 Vgl. Eckert 2014, S. 242.

genwert religiöser Tradition, indem es ihr primär um gesellschaftliche Problembewältigung gehe.[19] Welchen spezifisch religiösen Beitrag kann sie somit in problemorientierte Bildungsprozesse einbringen, ohne dabei in die fälschliche Aufteilung von »säkularen Problemen« und »religiöser Bewältigung« abzugleiten? Die Eigenlogik des Religiösen ist daher als »ein handlungs- und orientierungsleitender Deutungszusammenhang [zu verstehen], der als Bestandteil von sozialer Praxis in den Lebenswelten und Lebensformen auch an den Ambivalenzen und Widersprüchen der Lebensformen partizipiert.«[20] Wenn Religion und religiöse Praktiken somit einen Beitrag für eine nachhaltige Gesellschaft leisten wollen, sind sie dennoch zugleich in ihr verstrickt. So hat z.B. das biblische Schöpfungsverständnis zutiefst das westliche Denken des Menschen als Krone und Herrscher über die Erde geprägt und zu einem anthropozentrischen Weltbild geführt, das angesichts der Überschreitung der planetaren Grenzen fatal ist. Daher müssen die religiöse Eigenlogik und der Eigenwert religiöser Traditionen zugleich in kritischer und ggf. transformierender Perspektive eingebracht werden. Sie besitzen keinen Wert sui generis, sondern müssen sich in der Gegenwart und für die Zukunft bewähren. »Tradition wird in den Spuren von ›Anti-Tradition‹ freigelegt«[21] und als eine Praxis verstanden, die im Ringen um Nachhaltigkeit in der Hoffnung eingebracht wird, dass ein solidarisches und gerechtes Leben möglich ist.

Damit sind erste Orientierungspunkte für eine »Religiöse Bildung für nachhaltige Entwicklung in einer verwundeten Welt« markiert. Eine hieran ausgerichtete Religionspädagogik schreibt sich in eine aktuelle religionspädagogische Entwicklung ein, die als »Renaissance der politischen Dimension«[22] oder als eine »neue politische Religionspädagogik«[23] bezeichnet werden kann. Die bislang vorliegenden Ansätze einer neuen politischen Religionspädagogik bewegen sich vielfach auf einer grundlagentheoretischen Ebene mit normativer oder appellativer Argumentation.[24] Insbesondere auf der mittle-

19 So lautet ein zentraler Kritikpunkt am Problemorientierter RU und an gegenwärtigen Ansätzen, die sich in dieser Tradition verstehen. (Vgl. Grümme 2020.) Gleichwohl zeigt eine differenziertere Auseinandersetzung mit insbesondere katholischen Ansätzen eines Problemorientierten RU, dass hierin durchaus religiösen Traditionen und theologische Reflexionen relevant waren. (Vgl. Gärtner und Herbst 2020c, S. 616.)

20 Knauth 2020, S. 77f.

21 Knauth 2020, S. 78.

22 Mendl 2019, S. 62.

23 Herbst 2019a.

24 Vgl. Mendl 2019, S. 72.

ren Theorieebene bei der konkreten Identifizierung und Bearbeitung von epochalen Schlüsselproblemen wie der Nachhaltigkeit »bedarf es jedoch oftmals noch vertiefende und thematisch ausgeschärfte Verbindungen von Grundlagentheorie und Praxisreflexion.«[25] Es gilt somit die grundlagentheoretischen Debatten themenspezifisch zu konkretisieren, ohne vorschnelle Praxisentwürfe zu gestalten. Das geplante Buch füllt eben diese Lücke, indem es eine politische religiöse BNE thematisch zugespitzt entwirft.

Aus diesen einleitenden Überlegungen ergibt sich die grundlegende Struktur des Buches. Die aktuellen Krisen von Klimawandel und Corona sind in ihrer Komplexität interdisziplinär zu fassen und in Verbindung von Grundlagentheorie und Praxiskonkretion religionspädagogisch zu transformieren. Dies geschieht im Horizont des Diskurses um BNE, wobei eine Auseinandersetzung mit Kritischer Pädagogik und kritisch-politischer Bildung hilfreich ist (Kap. 2). Anschließend werden die kontextuellen Hürden und Gelingensbedingungen von religiöser BNE analysiert, wobei insbesondere psychologische, soziologische und didaktisch-methodische Dimensionen reflektiert werden (Kap. 3). Um die religiöse Eigenlogik in eine religiöse BNE einbringen zu können, wird im folgenden Kapitel Nachhaltigkeit theologisch perspektiviert (Kap. 4), so dass hieraus erste Konturen einer religiösen BNE gezeichnet werden können (Kap. 5). Abschließend werden thematische Lerngegenstände religiöser BNE exemplarisch didaktisch reflektiert (Kap. 6).

25 Gärtner und Herbst 2020b, S. 640f.

2 Bildung für nachhaltige Entwicklung im interdisziplinären Gespräch

Religiöse BNE kann, wie einleitend skizziert, an einen breiten, weit verzweigten BNE-Diskurs anknüpfen. In einem ersten Schritt (Kap. 2.1) sollen daher grob zentrale Entwicklungslinien und Charakteristika von BNE dargestellt werden. Bereits bei dieser holzschnittartigen Sichtung wird deutlich, dass aus religionspädagogischer Perspektive hieran nicht naht- und problemlos angeknüpft werden kann. Daher wird anschließend vertiefend der Diskurs mit der Kritischen Pädagogik gesucht, um Problemstellungen von BNE auszuschärfen und erste Orientierungspunkte für eine religionspädagogische Bearbeitung zu gewinnen (Kap. 2.2). Anschließend werden Beiträge einer kritisch-politischen Bildung reflektiert, die sich in den letzten Jahren verstärkt der Frage nach ihrer normativen Ausrichtung und der damit einhergehenden Gefahr der Überwältigung und Indoktrinierung widmen (Kap. 2.3). Anhand von sechs dort entwickelten Grundsätzen sind Anregungen für eine religiöse BNE zu erwarten, die im weiteren Verlauf für religionspädagogische Überlegungen fruchtbar gemacht werden.

2.1 Ein erster Zugang

Klima und Corona – diese und andere Krisen lassen sich unter dem weiten Begriff der Nachhaltigkeit analysieren und debattieren.[1] Entsprechend weit

1 Der Begriff Nachhaltigkeit entstammt der Forstwirtschaft und unterliegt daher von seinem Ursprung her einer ökonomischen Logik. (Vgl. Pufé 2017; Kluwick und Zemanek 2019.) Natur wird dabei als zu erhaltende Ressource für das ökonomische System betrachtet. (Vgl. Prescher 2019.)

ist auch der BNE-Diskurs, an dem z.B. die Geographiedidaktik ebenso beteiligt ist wie Ansätze Globalen Lernens. Inklusion kann hierunter genauso verhandelt werden wie geschlechtergerechtes Lernen. Die zentralen Wurzeln besitzt BNE im ökologischen Lernen, wobei sich BNE in seinem Selbstverständnis maßgeblich von der Umweltbildung abgrenzt, die seit den 1980er Jahren entwickelt wurde. Diese setze teilweise auf Angstmachen, sei stark normativ auf Verhaltensänderung und zu wenig partizipativ ausgerichtet.[2] Damit sei sie zu politisch, überwältigend oder indoktrinierend. Eine konsequente Kompetenzorientierung sollte diesen Problemstellungen entgehen. Mit Nachhaltigkeit griff die BNE einen zentralen Begriff auf, der auch in der Politik an Relevanz gewann und sich in ähnlicher Weise von der Umweltpolitik und Konzepten der politischen Ökologie abgrenzte. Diese umfassten auch grundlegende Konsum-, Kapitalismus- und Technologiekritik und zielten auf eine umfassende sozial-ökologische Transformation der Gesellschaft, führten aber zu einer zunehmenden Polarisierung zwischen Ökologie und Ökonomie. Der Nachhaltigkeitsbegriff ermöglichte spätestens seit der auf der Klimakonferenz der UN 1992 in Rio de Janeiro beschlossenen »Agenda 21« einen Brückenschlag über die ideologischen Grabenkämpfe hinweg. Einerseits berücksichtigt er entscheidende Elemente der Diagnose der politischen Ökologie.

> »Andererseits erforderte das Leitbild der Nachhaltigkeit aber eben nicht die radikale Abkehr vom Kapitalismus, vom Konsum, vom Prinzip des Wachstums und vom technologischen Fortschritt. Vielmehr ebnete es den Weg für die sehr viel intensivere wissenschaftliche Erforschung von Umweltveränderungen, ihren Ursachen, ihren Auswirkungen und von aussichtsreichen Gegenstrategien.«[3]

In diesem Horizont gewann auch die wissenschaftliche Entwicklung von BNE national und international an Bedeutung. 1999 startete in Deutschland die Bund-Länder-Kommission die Programme »21« (1999-2004) und »Transfer 21« (2004-2008), die sich dezidiert als BNE von der Umwelterziehung abgrenzten. International wurde 2002 auf dem Weltklimagipfel der UN in Johannesburg die »Weltdekade Bildung für nachhaltige Entwicklung« (2005-2014) ausgerufen, an der sich Deutschland mit dem Nationalen Aktionsplan (2005) anschließt. Als Folgeprogramm gilt die 2015 von der UN verabschiedete Agen-

---

2 Vgl. Haan 1999, S. 275-278.

3 Blühdorn 2019b, S. 73.

da 2030 mit 17 Nachhaltigkeitszielen (Sustainable Development Goals (SDG); Abb. 1), die sicherstellen sollen,

> »dass alle Lernenden die notwendigen Kenntnisse und Qualifikationen zur Förderung nachhaltiger Entwicklung erwerben, unter anderem durch Bildung für nachhaltige Entwicklung und nachhaltige Lebensweisen, Menschenrechte, Geschlechtergleichstellung, eine Kultur des Friedens und der Gewaltlosigkeit, Weltbürgerschaft und die Wertschätzung kultureller Vielfalt und des Beitrags der Kultur zu nachhaltiger Entwicklung.«[4]

Religiöse Bildung, die den Umgang mit Klima und Corona nicht unterkomplex bearbeiten möchte, kann an einem solch breiten Verständnis anknüpfen. Doch obwohl BNE ein derart breites Feld aufspannt, wird vornehmlich eine spezifische Form der BNE im deutschen Bildungssystem wie auch in internationalen Bildungsplänen[5] rezipiert und implementiert.[6] Dabei ist der Erwerb von fach- und domänenübergreifender »Gestaltungskompetenz« leitendes Konzept, wie es von Gerhard de Haan et al. maßgeblich ausdifferenziert wurde.[7] Mit Hilfe von 12 Teilkompetenzen, die entlang der Bereiche »Interaktive Anwendung von Medien und Mitteln zum reflektierten Umgang mit Wissen«, »Interagieren in heterogenen Gruppen« und »eigenständiges Handeln« entfaltet werden, sollen Schüler*innen zur nachhaltigen Gestaltung der Welt befähigt werden. Dabei sind die Kompetenzen vornehmlich formal-strategisch und nicht inhaltlich formuliert. Auf dieser Ebene ergeben sich auf den ersten Blick durchaus Nähen zu religiösen Kompetenzen, wenn Kompetenzen zur Perspektivübernahme, zur Bewältigung individueller Entscheidungsdilemmata oder zum moralischen Handeln aufgeführt werden.[8] Bederna weist jedoch auf Differenzen zu entsprechenden religiösen Kompetenzen hin. So sei z.B. in diesem BNE-Diskurs mit moralischem Handeln »nicht die Fähigkeit zu vernünftiger Selbstbestimmung unter Absehung von eigenen Interessen« gemeint, es werde vielmehr »in einem Atemzug mit ›entscheidungsstrategischer‹ Kompetenz genannt.«[9] Dies scheint ein Grund zu sein, warum die kompetenzorientierte Form von BNE so breit rezipiert

4 Vereinte Nationen 2015, Art. 4.7.
5 Vgl. OECD 2018.
6 Vgl. Bederna 2019, S. 220-224.
7 Vgl. Haan und Kamp 2008.
8 Vgl. Haan und Kamp 2008, S. 237-242.
9 Bederna 2019, S. 228.

wird, denn durch den Fokus auf den Erwerb strategisch-formaler Fähigkeiten ist BNE für viele, auch divergierende Fachdisziplinen, Diskurse und Praxen breit anschlussfähig. Wenn es z.B. heißt, Schüler*innen »können Meinungsverschiedenheiten und Konflikte in Bezug auf Fragen der (nicht) nachhaltigen Entwicklung konstruktiv bewältigen«[10], so ist diese Kompetenz konsensfähig, verschleiert aber, wie entsprechende Konflikte bewältigt werden können. Denn wie entscheiden, wenn ökonomische, ökologische oder soziale Logiken im Widerstreit stehen? In den Debatten um die Lockerungen der Corona-Beschränkungen entsteht genau hier der Streit: Wie stark darf die ökonomische Perspektive über Gesundheitsfragen mitentscheiden? Wie sind psychologische oder soziale Faktoren zu gewichten? Hier bieten die formal-strategischen Kompetenzen keine normative oder inhaltliche Orientierung. BNE-Kompetenzen gehen somit weitgehend von einer konfliktfreien Gestaltung von Nachhaltigkeit aus bzw. wollen zum kompetenten Umgang mit entstehenden Konflikten befähigen, ohne diese Konflikte selbst inhaltlich perspektivieren zu müssen. Damit steht BNE in der Kritik, Nachhaltigkeit »zu einer bildungspolitischen Konsensmaschine weichgespült«[11] zu haben, denn mit Bezug auf intergenerative Gerechtigkeit und Nachhaltigkeit wird ausschließlich ein sehr weiter normativer Rahmen gesetzt. Damit besitzt BNE deutliche Parallelen zum gesellschaftspolitischen Diskurs über Nachhaltigkeit, denn auch dort war die

> »Rahmung und Debatte der ökologischen Frage im Zeichen des Nachhaltigkeitsparadigmas stets bemüht [...], normative Fragen zu vermeiden, und umweltpolitische Problemlagen als wissenschaftliche, technologische, ökonomische oder administrative Fragen auszubuchstabieren und damit zu entpolitisieren.«[12]

Folgerichtig zeichnet sich auf der Grundlage evaluierter internationaler BNE-Projekte ab: »From the review it is quite clear that the ethical dimension is rather weak, if not absent, in most of the documents and cases reviewed.«[13] Zugleich wird durch die Kompetenzorientierung die Verantwortung und Last der Konfliktlösung und -bewältigung in die kompetenten Subjekte verlegt, wodurch gesellschaftliche sowie politische Strukturen

10 Haan und Kamp 2008, S. 240.
11 Hasse 2006, S. 29. Ähnlich Bederna 2019, S. 231.
12 Blühdorn 2019b, S. 76.
13 Huckle und Wals 2015, S. 500, mit Bezug auf die Evaluation von Tilbury 2011, S. 82.

ausgeblendet bzw. pädagogisiert werden.[14] Damit ist diese Form von BNE auf der einen Seite zwar normativ offen, inhaltlich meist frei von Kritik und entgeht somit den Gefahren einer überwältigenden Umweltbildung, auf der anderen Seite ist sie jedoch »in höchstem Maße normativ und politisch involviert«[15]. Denn die formal-strategische Kompetenzorientierung mit ihrer eher vagen normativen Orientierung am Gerechtigkeitsbegriff erweist sich damit zugleich als ideologieanfällig, indem sie ihre neoliberalen und kolonialen Wurzeln nicht mitreflektiert.[16] Hierdurch werden Spannungen zwischen Ökologie, Ökonomie und Sozialem nicht bearbeitet, vielmehr habe die UNESCO die Weltdekade für BNE getrimmt und gezähmt »that it does not challenge neoliberalism«[17]. Und so überrascht es nicht, dass in Schwellen- und Entwicklungsländern BNE andere Zielsetzungen verfolgt. »Deren Absichten fokussieren sich auf die Sicherung von Menschenrechten, der Armutsbekämpfung, auf das Voranbringen einer Industrialisierung und wirtschaftlichem Wachstum [...]. Das Ziel dieser Länder ist, durch BNE, an die Standards der weiter entwickelten Nationen anzuknüpfen.«[18] Daher muss nach Yvonne Kehren der politische Charakter von BNE reaktiviert werden.[19] Zudem stelle die Ausweitung auf breite Nachhaltigkeitsziele, die anhand von individuellen Kompetenzen anzustreben sind, eine anthropozentrische Verengung der ökologischen Krise dar. Im Vergleich zur Umweltbildung repräsentiere BNE »the shift towards greater anthropocentric orientation in EE [Environmental Education] there is a real danger of losing ›environment‹ from the aim of EE.«[20] Eine religiöse Bildung für nachhaltige Entwicklung, im Folgenden als religiöse BNE abgekürzt, sollte somit nicht unkritisch auf derzeit dominierende BNE-Konzepte rekurrieren.

Etwas leichter religionspädagogisch anschlussfähig erscheint der »Orientierungsrahmen Globales Lernen«, in dem BNE mit Prinzipien Globalen Ler-

---

14 Vgl. Kehren 2016, S. 135; 165.

15 Hamborg 2017, S. 25. Zugleich ist diese Konstruktion von Umweltbildung und Abgrenzung zu BNE unterkomplex und besitzt selbst wiederum einen ideologischen Subtext, den es zu reflektieren gilt.

16 Vgl. Seitz 2017. Der auch im Folgenden immer wieder verwendete Begriff des Neoliberalismus umschreibt ein äußerst heterogenes Feld an Phänomenen und Ansätzen und wird nicht selten breit, unscharf und auch kämpferisch verwendet. (Vgl. hierzu einführend Biebricher 2012.)

17 Huckle und Wals 2015, S. 497.

18 Breßler und Kappler 2017.

19 Vgl. Kehren 2016, S. 162.

20 Kopnina 2012, S. 712.

nens verknüpft wird und beide Begrifflichkeiten synonym verwendet werden. Die hier zugrunde liegenden Kompetenzstufen Globalen Lernens werden in den Stufen »Erkennen, Bewerten, Handeln« entfaltet und besitzen damit eine Nähe zum gleichlautenden sozialethischen Dreischritt[21] oder dem praktisch-theologischen Dreischritt »Sehen – Urteilen – Handeln«. Zwar läuft auch diese Konzeption Gefahr, den ökologischen Fokus zu diffundieren und Zielkonflikte nicht deutlich genug zu thematisieren. Aber dennoch eröffnet der Orientierungsrahmen der Fächergruppe Religion/Ethik die Bedeutung, diese Aspekte zu diskutieren, indem ihr

> »die Aufgabe zu[kommt], gewissermaßen ›quer‹ zu den übrigen Fächern übergreifende (ethische) Fragestellungen zu thematisieren und so zu bearbeiten, dass dem Kohärenzaspekt besondere Aufmerksamkeit gewidmet wird. [...] Auf diese Weise wird in der Fächergruppe gewissermaßen das Herzstück globaler Entwicklung selbst nochmals verhandelt und in kritischer Reflexion thematisiert: Das Leitbild einer nachhaltigen globalen Entwicklung ist als solches bereits ethisch ›aufgeladen‹, weil es ja handlungsorientierend und handlungsleitend sein soll.«[22]

An diese kritische Reflexion kann eine religiöse BNE anknüpfen, religionspädagogisch ausbuchstabiert ist diese jedoch bislang noch bei weitem nicht.[23]

2.2 Bildung für nachhaltige Entwicklung im Diskurs mit Kritischer Pädagogik

Im vorangegangenen Kapitel wurde bereits auf Kritikpunkte an BNE-Konzeptionen hingewiesen, die auch seitens einer Kritischen Pädagogik reflektiert werden: BNE laufe Gefahr, globale Herausforderungen und Konflikte zu pädagogisieren und zu individualisieren, wobei Pädagogik zugleich instrumentalisiert werde.

> »Die BNE-Konzeption ist geprägt von einer sachlichen Verkennung und Individualisierung globaler Krisen. Statt Empörung über und Politisierung

21 Vgl. Bederna 2019, S. 227.

22 Bundesministerium für wirtschaftliche Zusammenarbeit und Entwicklung und Kultusminister Konferenz 2016, S. 272.

23 Vgl. Bederna 2019 als wichtiger Beitrag hierzu.

der globalen Widersprüche steht eine widerspruchsfreie Verhältnisbestimmung von ökonomischen, ökologischen und sozialen Aspekten im Zentrum des Konzepts einer BNE. Anstelle einer Kritik an und Sensibilisierung für die Widersprüche globaler Vergesellschaftung, wird die Verantwortung für deren Ausgleich in Form einer ›Gestaltungskompetenz‹ an die Subjekte übereignet.«[24]

Aus einer solchen Kritik an BNE ergibt sich die Frage, wie Nachhaltigkeit in Bildungsprozesse eingebracht werden kann, die sowohl die in verbreiteten BNE-Konzeptionen inhärenten ideologischen Verstrickungen konstruktiv bearbeiten können, ohne jedoch selbst wiederum ideologieanfällig, überwältigend oder indoktrinierend zu werden, wie dies an Teilen der Umwelterziehung kritisiert wurde.[25] Zur Bearbeitung dieser Fragen werden im Folgenden Ansätze Kritischer Pädagogik hinzugezogen, die explizit eine herrschafts- und ideologiekritische Perspektive auf Erziehungs- und Bildungsprozesse einnehmen, wobei sie ihr »emanzipatives Erkenntnisinteresse offen darzulegen und einer ständigen Selbstüberprüfung zu unterziehen«[26] haben.

In der Kritischen Pädagogik wird umfassend die Instrumentalisierung von Pädagogik in BNE-Konzeptionen herausgestellt, die ihre Verstrickung in neoliberale Strukturen nicht offenlegen, sondern vielmehr Problemlösungen Heranwachsenden zuweisen, die sie strukturell weitgehend gar nicht bewältigen können. Es dürfe nicht einfach das,

> »was politisch nicht gelingt, zur pädagogischen Aufgabe erklärt werden. Bildung als unerlässliche Voraussetzung für die Förderung nachhaltiger Entwicklung wird in den zentralen (bildungs-)politischen Dokumenten rein funktional als soziales Steuerungs- und Umsetzungsinstrument verstanden und greift damit deutlich zu kurz.«[27]

Dabei entstehe eine auffällige Schieflage. Auf der einen Seite werden Pädagogik und Individuum überfordert, auf der anderen Seite erweist sich eine so ausgerichtete BNE als inhaltlich unterbestimmt, da sie weitgehend auf

---

24 Kehren 2016, S. 135.

25 So wird die Umwelterziehung als »moralisch aufgeladene Erziehung zu umweltgerechtem Verhalten« (Haan und Kamp 2008, S. 63) kritisiert, der es an eigenständiger Urteilsbildung mangele.

26 Bernhard et al. 2018, S. 18.

27 Kehren und Winkler 2019, S. 376.

formale, überfachliche Kompetenzen ausgerichtet ist. Damit unterliegt BNE einem Dilemma, das Euler grundlegend bei der Kompetenzorientierung ausmacht:

> »Dieses besteht zum einen darin, dass die Sachinhalte, um die es in der Bildung zu gehen hat, zu »Könnensformeln« verdünnt werden und zum anderen in einer normativen Neutralität, die die Gründe, weswegen eine kritische Bildungsorientierung gesellschaftlich von Nöten ist, in allgemeinen Veränderungs- und Gestaltungsmetaphern auflöst.«[28]

Inwiefern diese breite und fundamentale Kritik an Kompetenzorientierung allgemein durchträgt, kann hier nicht weiter diskutiert werden.[29] In Hinblick auf die in der Tradition von de Haan et al. entwickelte Gestaltungskompetenz erscheint sie aber berechtigt. Die vornehmlich formal entwickelten Kompetenzen werden gerade nicht aus Fachlogiken abgeleitet, wie bereits an den Kompetenzen zur Perspektivübernahme, zur Bewältigung individueller Entscheidungsdilemmata oder zum moralischen Handeln deutlich wurde (Kap. 2.1). Kehren bemängelt folglich das Fehlen einer systematischen Verbindung zwischen Sachanalyse, Kompetenzentwicklung und fachlichen Grundlagen.[30] Daher plädiert sie zum einen für eine deutlichere Fachorientierung mit entsprechender Sachanalyse von Nachhaltigkeitsthemen. Dabei sind die Grenzen der jeweiligen Fachlichkeit deutlich zu berücksichtigen, sowohl in Hinblick auf die Nicht-Nachhaltigkeit des eigenen Fachs als auch in Hinblick auf den Geltungsanspruch des Fachs. Diese werden oftmals jedoch erst deutlich im interdisziplinären Diskurs. Die Verbindung verdeutlichen Kehren & Winkler in folgender Grafik (Abb. 2).

Eine kritische BNE umfasst alle drei Stufen, wobei diese von oben nach unten oder umgekehrt begangen werden können. (Nicht-)nachhaltige Sachverhalte werden somit problemorientiert mehrperspektivisch (ökologisch, sozial, ökonomisch...) betrachtet und zu ihren jeweiligen Themen-, Problem- und Handlungsfeldern in Beziehung gesetzt. Dies geht fachlich fundiert nur, wenn dieser interdisziplinäre Diskurs aus den jeweiligen Fachdisziplinen (selbst-)kritisch reflektiert wird. »Als solches sind die Zugangs- und Zugriffsweisen des jeweiligen Faches bewusst zu machen bzw. bewusst zu

28 Euler 2014, S. 171.

29 Vgl. die – ebenfalls sehr pointierte – Kritik an der Kompetenzorientierung von Hellgermann 2018.

30 Vgl. Kehren 2016, S. 156f; 165.

Abb. 2: Fachorientierung von BNE nach Yvonne Kehren und Christine Winkler[31]

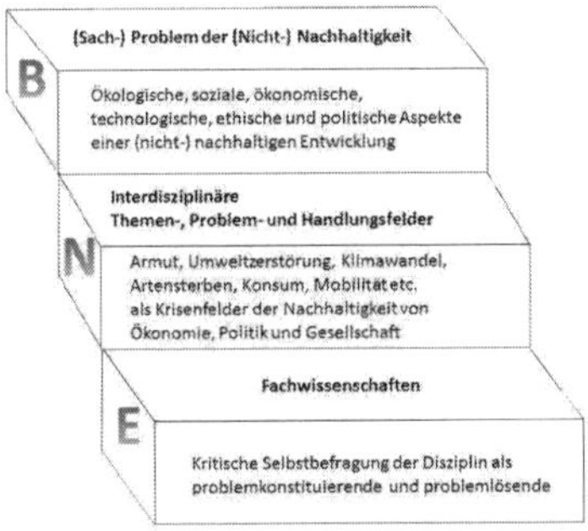

halten und die Fachwissenschaften zu einer kritischen Selbstbefragung als problemkonstituierende wie problemlösende Disziplinen angehalten«[32], was Euler als eine reflektierte Sachkompetenz bezeichnet.[33]

Diese Fokussierung auf Fachlichkeit, Interdisziplinarität, Problemorientierung und mehrperspektivisch anzuwendende Fachlogiken erscheint auf den ersten Blick selbstverständlich. Ohne hier umfassender religionspädagogische Konkretisierungen vorwegzunehmen, sei jedoch die religionspädagogische Relevanz dieser Fokussierung exemplarisch verdeutlicht. Wo bleibt in vielen Unterrichtsreihen zur Schöpfungstheologie die theologische Perspektivierung der Umweltproblematik? Wie häufig wird Schöpfungstheologie ethisch kupiert und individualistisch auf z.B. Müllsammeln reduziert? Hierbei werden zum einen interdisziplinäre Perspektiven ausgeblendet, z.B. ökonomische (Warum wird so viel produziert, was als Müll entsorgt wird?), ethische, globale (In welche Länder wird der gesammelte Müll entsorgt?), soziale (Wer macht eigentlich den Dreck weg?) oder politische (Warum gibt es keine strengeren Vorgaben zur Verpackungsvermeidung?). Zum anderen tauchen in entsprechenden religionspädagogischen Materialien theologische Logiken, wie die Unterscheidung von Immanenz und Transzendenz, von

31 Abb. aus Kehren und Winkler 2019, S. 386.
32 Kehren und Winkler 2019, S. 386.
33 Vgl. Euler 1999, S. 267-291.

creatio continua, von menschlicher Freiheit, Verantwortung und göttlicher Erlösung, wenn überhaupt, nur randständig auf. Doch gerade diese Fachlichkeit und Fachlogik in den BNE-Diskurs einzubringen, ist die Herausforderung einer religiösen BNE, ohne dabei die Grenzen des eigenen Fachs zu negieren. In Kapitel 4 wird daher vertieft nach der Fachlichkeit und Fachlogik einer religiösen BNE zu fragen sein.

Aus dieser verstärkt fachlichen Interdisziplinarität des BNE-Diskurses ergeben sich konfliktöse, widersprüchliche Konstellationen, insbesondere in der Verknüpfung ökologischer, ökonomischer, sozialer und technologischer Perspektivierung von Nachhaltigkeitsproblemen. Ansätze einer kritischen BNE fokussieren eben diese Konstellationen, denn ihnen geht es

> »nicht um die sandkastenartige Befähigung dazu, etwas zur Lösung von vermeintlich feststehenden Problemen nachhaltiger Entwicklung beitragen zu können, sondern darum, Themen nachhaltiger Entwicklung als mitunter konfliktbehaftete ›public issues‹ aufzufassen und zum Ausgangspunkt von Lern- und Beteiligungsprozessen zu machen«[34].

Eine entsprechende Konflikt- und Widerspruchsanalyse führt somit auch zur Re-Politisierung von BNE, wenn deutlich wird, welche Sach- und Fachlogiken hierbei dominieren (z.B. ökonomische, neoliberale) und welche verschleiert oder unterdrückt werden (z.B. globale, soziale).[35] Aus der Perspektive Kritischer Bildungstheorie werden somit nicht primär Antworten auf die drängenden Nachhaltigkeitsfragen gegeben, sondern Kritische Bildung »prozessiert vielmehr eine Problemstellung, die jedoch vielfältig produktiv werden kann: als Öffnung und Verschiebung sozialer Ordnungen«[36]. Die Thematisierung von Klimakatastrophe oder Corona beschränkt sich damit nicht auf Lösungsansätze wie CO_2-Einsparungen, Hygienemaßnahmen oder auch Regionalisierung von Produktionsketten, sondern nimmt auch soziale Kontexte und ihre Dynamiken mit in den Blick: Wer leidet besonders unter diesen Krisen und wie sollte unsere Gesellschaft organisiert sein, damit die Lasten nicht so ungleich verteilt sind? Die durch die Corona-Pandemie aufbrechenden Fragen nach systemrelevanten Berufen und ihrer Bezahlung z.B. im Gesundheits- und Pflegebereich sind Anzeichen solcher Öffnung und Verschiebung sozialer

34 Hamborg 2017, S. 23.
35 Vgl. Kehren 2016, S. 162.
36 Bünger 2013, S. 58.

Ordnungen. Damit werden zugleich eine Pädagogisierung und Instrumentalisierung von Bildung als Problemlösung für Nachhaltigkeit zurückgewiesen.

Kontrovers diskutiert wird hingegen, wie solche Konflikt- und Widerspruchsanalysen in eine Bewertung überführt werden können. Wer kann sich warum ein Urteil anmaßen, nach welchen Fach- und Sachlogiken (nicht) gehandelt werden soll? Inwiefern gibt es übergreifende Kriterien und Logiken, die helfen, Konflikt- und Widerspruchskonstellationen auszuhalten, auszutragen oder gar zu lösen? In den Gestaltungskompetenzen heißt es hierzu lapidar: Schüler*innen

> »ermitteln und demonstrieren Verfahren der Verständigung über Ziele und Prozesse nachhaltiger und gerechter Entwicklung bei normativen und politischen Differenzen (z.B. in Form von Planspielen, Mediationen) [...und] können Meinungsverschiedenheiten und Konflikte in Bezug auf Fragen der (nicht) nachhaltigen Entwicklung konstruktiv bewältigen.«[37]

Dabei stößt eine formale Bewältigung jedoch an ihre Grenzen, da hierzu eine normative Rahmung erforderlich ist. Eine solche wird auch bei de Haan et al. eingeführt, wenn sie als weitere Kompetenz formulieren, dass Schüler*innen »Vorstellungen von Gerechtigkeit als Entscheidungs- und Handlungsgrundlage nutzen können«[38]. Inwiefern reicht jedoch die Orientierung an Gerechtigkeit für eine kritische BNE aus, um mit Widersprüchen und Konflikten umzugehen? Wie normativ darf bzw. muss eine BNE ausgerichtet sein? Und woher nimmt BNE überhaupt eine solche normative Orientierung?

BNE nimmt diesbezüglich eine Ausdifferenzierung in Hinblick auf intra- und intergenerative Gerechtigkeit vor. Gerechtigkeit wird hierbei als Handlungsnorm nicht ausschließlich auf die Gegenwart bezogen, sondern auch intergenerativ auf Zukunft hin gedacht. Sowohl zukünftiges Leben als auch das Verhältnis von heutigen und zukünftigen Generationen muss an Gerechtigkeit ausgerichtet sein. Inwiefern jedoch Ungeborene bereits als Subjekte in moralische Überlegungen mit einbezogen werden müssen, ist moralphilosophisch nicht trivial.[39] Dennoch lassen sich moralphilosophisch gute Grün-

37 Haan und Kamp 2008, S. 240.

38 Haan und Kamp 2008, S. 241.

39 So wird gefragt, inwiefern z.B. zukünftige Personen Rechte haben, die heute schon in moralische Entscheidungen einbezogen werden müssen. Wie ist zu beurteilen, inwiefern eine heute nicht geborene Person zukünftig durch den Klimawandel geschädigt wird? (Vgl. Siebke 2018.)

de für ein »normative[s] Recht auf Klimastabilisierung«[40] benennen. Hieraus kann dann Nachhaltigkeit ein normativer Status in pädagogischem Handeln zugewiesen werden, wenn sie an intergenerative Gerechtigkeit gebunden ist. Somit muss das

> »Handeln der heutigen Generationen [...] in der Art geschehen, dass auch zukünftige Generationen in der Lage sind, selbständig über sich und die Art ihrer Bedürfnisbefriedigung zu entscheiden, also die Möglichkeit erhalten, ihre Geschichte zu gestalten [...]. Negativ ausgedrückt wird die Gefahr gesehen, dass jetziges Handeln zukünftiges Handeln unmöglich machen kann.«[41]

Damit trägt die Orientierung an Nachhaltigkeit dazu bei, dass zukünftigen Generationen überhaupt die Möglichkeit zu einem selbstbestimmten Leben eröffnet bleibt. »Creating green citiziens«[42] ist in dieser Perspektive nicht indoktrinierend oder überwältigend, sondern eine normativ an Gerechtigkeit und Nachhaltigkeit ausgerichtete Kritische Pädagogik ist grundlegend emanzipatorisch, indem sie die Möglichkeit zum Erhalt von Freiheit und Selbstbestimmung in Zukunft anstrebt.

Zugleich ist eine Orientierung von BNE an intergenerativer Gerechtigkeit problematisch. Denn es ist vermessen – oder naiv – davon auszugehen, dass durch eine so orientierte schulische Bildung die Welt verändert werden könne. »But the idea that formal schooling will change the world is nonsense—especially if it is the only thing changing within a world that remains the same. This makes the strong transformative expectations often attached to environmental education look somewhat silly«[43]. Bereits 1968 warnte Klaus Mollenhauer davor, Pädagogik an großen, aber zugleich unscharfen Begriffen wie »Humanität« auszurichten. »Solche Ausdrücke sind Leerformeln und für konkretes Argumentieren längst unbrauchbar geworden. Aber gerade deshalb eignen sie sich gut dazu, Interessen dienstbar zu werden, die am Bestehenden nichts ändern wollen«[44]. In ähnlicher Weise scheint der Begriff der intergenerativen Gerechtigkeit Gefahr zu laufen, Konflikte zu übergehen und damit Machtansprüche zu verschleiern, wie die Diskussion um eine formalstrategische Ausrichtung der BNE gezeigt hat. Daher kommt auch eine BNE,

40 Siebke 2018, S. 56.
41 Eckert 2014, S. 242
42 Bell 2004.
43 Schinkel, S. 523f.
44 Mollenhauer 1977, S. 112.

die sich an intergenerativer Gerechtigkeit orientiert, nicht um eine operationalisierbare Bestimmung von Nachhaltigkeit umhin, die gesellschaftlich und politisch ausgehandelt werden muss.

> »Die nachhaltigkeitspolitische Zentralfrage, was für wen, in welchem Maße, mit welcher Begründung, mit welchen Mitteln und für wie lange erhalten werden soll, ist wissenschaftlich nicht zu klären, sondern bleibt allemal eine Angelegenheit sozialer Normen und politischer Entscheidungen.«[45]

Doch auch wenn es einen solchen sozialen und politischen Konsens gäbe, fiele es aus inhaltlichen Gründen schwer, Nachhaltigkeit und intergenerative Gerechtigkeit stärker zu konkretisieren, ohne die Zukunft vorschnell zu schließen. Eine kritische BNE stößt hier in dreifacher Hinsicht an ihre Grenzen. Erstens muss die Kritische Pädagogik ihren Blick selbstreflexiv auf die Realisierung von Gerechtigkeit in Gegenwart und Vergangenheit richten. Dabei muss sie ihre eigenen Verstrickungen in Nichtnachhaltigkeit reflektieren, auch auf Seiten der Bildner*innen, Erziehenden und Lehrenden. So fordern Su & Su: »Instead of educating to change society by changing the children, we will shift our focus to asking what kind of world we want to leave behind.«[46] Eine an intergenerativer Gerechtigkeit orientierte kritische BNE sollte somit selbstkritisch auch nach ihrer eigenen Verantwortung in Vergangenheit und Gegenwart fragen. Zweitens ist es grundsätzlich im Horizont einer Kritischen Pädagogik problematisch, Bildungsprozesse auf Zukunft hin zu orientieren, wie dies z.B. religiöse, aufklärerische oder humanistische Pädagogiken anzielen. Nach dem Ende der großen Erzählungen besitzen solche Orientierungen weder allgemeinverbindlichen Charakter noch scheinen sie die Versprechen von Emanzipation und Subjektwerdung radikal genug ernst zu nehmen, da das Ziel von Bildung immer schon »im Dienst des historischen Fortschritts«[47] festzustehen scheint. Diesbezüglich muss sich die Kritik der Kritischen Pädagogik hier auch an sich selbst wenden. Hieraus resultiert, dass »sich kritisch-emanzipatorische Bildung heute entlang des Unvermögens, an die Erzählungen menschheitlicher Emanzipation bruchlos anzuknüpfen«[48], zeigt. Drittens erscheint angesichts der dramatischen Veränderungen der Welt die

45 Blühdorn 2019b, S. 76.
46 Su und Su 2019.
47 Rieger-Ladich 2002, S. 167
48 Bünger 2020, S. 341.

Zukunft so offen wie selten zuvor. Nicht nur Gesellschaft und Politik, sondern grundlegend der Planet befinden sich im derartig rasanten, menschengemachten Wandel, dass seriöse Aussagen über die Herausforderungen der Zukunft kaum zu treffen sind. Sollten die von Klimaforscher*innen befürchteten Kippelemente im Klimawandel eintreten, dann drohen hier Dominoeffekte, auf die Heranwachsende nicht vorbereitet werden und die sie ggf. auch gar nicht mehr beeinflussen können. Im Anthropozän muss daher auch die Sach- und Welterschließung von Bildung radikal offen gedacht werden, eine Instrumentalisierung von BNE für die Lösung von Schlüsselproblemen erscheint diesbezüglich verfehlt. In »the era of the Anthropocene, educational alibis of utilitarianism and instrumentality, which continue to bind the supposed purpose of schooling to the image of the future, are now obsolete.«[49] In dieser Hinsicht erweisen sich auch Ansätze einer transformativen Bildung, wie sie vom »Wissenschaftlichen Beirat der Bundesregierung Globale Umweltveränderungen« (WBGU) entwickelt wurden, vermutlich als zu kurz gegriffen.[50] Pädagogik wird hierbei primär auf Transformation hin ausgerichtet, ohne dabei eine kritische Reflexion von Transformation selbst zu umfassen. Damit läuft transformative Bildung ebenfalls Gefahr, zu stark auf Problemlösekompetenz zu zielen.[51] Religiöse BNE steht somit vor der Herausforderung, Bildungsprozesse radikal offen und doch zukunftsorientiert auszurichten, ohne das eigene Handeln im Hier und Jetzt zu vernachlässigen. Im Horizont von eschatologischen Denkfiguren erscheint es möglich, an die skizzierten Spannungen und Ambivalenzen einer intergenerativ ausgerichteten, dabei zugleich radikal offenen und transformativen BNE anzuknüpfen,[52] wie im weiteren Verlauf noch genauer zu zeigen ist (Kap. 4.2; 5.2).

BNE wird jedoch angesichts des radikalen Wandels der Welt im Anthropozän noch weitergehender hinterfragt. Denn das emanzipierte Subjekt als zentrale bildungstheoretische Größe muss in zweifacher Hinsicht selbst angefragt werden. Zum einen gilt es zu reflektieren, inwiefern der implizierte Anthropozentrismus von Bildung mit seinem Freiheitsversprechen die hemmungslosen planetaren Grenzüberschreitungen der Menschen mitverursacht hat. Es stellt sich somit die Frage,

49 Le Grange 2019.

50 Vgl. Wissenschaftlicher Beirat Globale Umweltveränderungen 2011, S. 375-380.

51 Vgl. Kehren 2016, S. 138; Le Grange 2019.

52 Vgl. Bederna und Gärtner 2020.

»wie Emanzipation, Freiheit und Befreiung jenseits von jener folgenschweren Fixierung auf den Menschen zu denken und zu praktizieren sind, deren handfeste Konsequenzen wir auch aktuell und wohl für die kommenden Jahrzehnte oder gar Jahrhunderte mit dem gerade eintretenden Szenario der ›ökologischen Katastrophe‹ verbinden.«[53]

Darüber hinaus ist offen, wie sich Menschsein zukünftig an die Umweltveränderungen anpassen muss, um überlebensfähig zu bleiben. Auch ist unklar, welche Rolle hierbei der digitale Wandel und Entwicklungen des Transhumanismus spielen. Eine Kritische Pädagogik wird nicht umhinkommen, diesbezüglich neu über ihr Menschen-, Subjekt- und Emanzipationsverständnis nachzudenken.[54] Dies bedeutet aber auch für die Religionspädagogik, ihr zugrundeliegendes Menschenbild mit ihrem über Jahrtausende tradierten impliziten Anthropozentrismus kritisch zu reflektieren.[55]

2.3 Bildung für nachhaltige Entwicklung im Diskurs mit kritisch-politischer Bildung

Mit der Orientierung am intergenerativ ausgerichteten Gerechtigkeitsbegriff findet BNE eine, wenn auch vage, normative Rahmung und Begründung. Bei den bereits skizzierten Diskussionen tritt dabei immer wieder die Frage auf, wie normativ Bildung sein darf. Dahinter stehen zumindest zwei miteinander verwandte Konfliktlinien. Die erste wird entlang der Frage aufgeworfen, wie sich eine normativ an Nachhaltigkeit orientierte Bildung im öffentlichen Bildungssystem legitimieren lässt. Müsste diese nicht vielmehr staatlicher Neutralität folgen? Die zweite Konfliktlinie entsteht anhand der Frage, inwiefern

53 Horstmann 2020, S. 184f.

54 So z.B. die Überlegungen von Lesley Le Grange: »The subject of [environmental] education who is post-anthropocentric is not an atomised individual but is ecological; embedded in the material flows of the earth/cosmos, constitutive of these flows, making the subject imperceptible. Pedagogies that are produced in the classroom are not performed on the earth but bent by the earth – teacher and student/learner become imperceptible and represent a microcosm of the living wholeness of the earth/cosmos [...]. [I]mprovisation could also be expanded to not only be concerned with the human that reverberates from within and is animated, but to include the vibrations of the earth, its flows, rhythms and creative intensities.« (Le Grange 2016, S. 34.)

55 Vgl. Bederna und Gärtner 2020; Horstmann 2020.

solche Bildungskonzepte die Edukanden zu sehr beeinflussen oder überwältigen und somit im Kontrast zu einem an Emanzipation und Subjektwerdung ausgerichteten Bildungsverständnis stehen. Diesen Fragen soll im Folgenden insbesondere anhand von Debatten über Möglichkeiten und Grenzen einer kritisch-politischen Bildung nachgegangen werden. Denn diese weisen insbesondere in ihrer Auseinandersetzung um den sog. Beutelsbacher Konsens eine hohe Sensibilität für Fragen nach normativer Fundierung von Bildung, nach Überwältigung und Kontroversität auf.

Bereits in den 1970er Jahren entbrannten in der politischen Bildung Diskussionen, wie normativ oder parteiisch politische Bildung sein dürfe. In dem sogenannten »Beutelsbacher Konsens« wurden 1976 mit Überwältigungsverbot, Kontroversitätsprinzip und Schüler*innenorientierung drei Grundsätze formuliert, die seitdem das Selbstverständnis des Faches stark geprägt haben und oftmals auf andere Schulfächer übertragen werden, ohne dass dies in der ursprünglichen Zielperspektive des Konsenses liegt.[56] Insbesondere das Überwältigungsverbot wird immer wieder Gegenstand kontroverser Debatten, zurzeit beispielsweise aufgrund der AfD-Aktion »Neutrale Schule«, die sich u.a. auf den Beutelsbacher Konsens bezieht. Die AfD interpretiert das Überwältigungsverbot als politisches Neutralitätsgebot, um damit jegliche Kritik an ihrer Politik in Bildungskontexten zu unterbinden. Hier wird die Problematik des Verbots deutlich. Wer entscheidet was für wen wann überwältigend ist? In Hinblick auf BNE wäre somit zu fragen: Ist es überwältigend, Schüler*innen zu umweltbewusstem Handeln motivieren zu wollen oder Lernsettings zu entwerfen, die auf reduzierten Konsum zielen?

Der Beutelsbacher Konsens hat dazu beigetragen, dass die Debatten über die Ausrichtung politischer Bildung für einige Jahrzehnte ruhiger geworden sind. Zugleich wurde er oftmals als Neutralitätsgebot von Bildung missverstanden. Dies führt u.a. dazu, dass einer Umfrage zufolge, Politiklehrer*innen teilweise nicht kritisch auf rassistische und extremistische Beiträge von Schüler*innen im Unterricht eingehen, weil dies eine unzulässige Positionierung der Lehrkraft sei, die der Neutralität und dem Überwältigungsverbot von Schule widerspreche.[57] Die eher formal-strategische Ausrichtung der BNE liegt tendenziell in dieser Diskurslinie. Sie deutet das Bildungssystem weitgehend als neutralen Rahmen, in dem explizit weltanschauliche Positionierungen unterbleiben.

---

56 Vgl. Widmaier und Zorn 2016; Wehling 2016; Herbst 2019b.

57 Vgl. Oberle et al. 2018.

Mittlerweile wird jedoch der Beutelsbacher Konsens wieder debattiert, nicht nur aus Perspektive der AfD. Aber am Beispiel der AfD-Interpretation des Beutelsbacher Konsens wird deutlich, dass Bildung nicht neutral sein kann. In diesem Sinne ist derzeit eine Wiederbelebung kritisch-politischer Bildungsansätze wahrzunehmen.[58] Doch wie kritisch und politisch dürfen Bildungsangebote sein? 2015 wurde hierzu die sogenannte »Frankfurter Erklärung für eine kritisch-emanzipatorische Politische Bildung« (FfE) veröffentlicht, die den Beutelsbacher Konsens kritisch weiterdenken und das Selbstverständnis politischer Bildung im Horizont aktueller gesellschaftlicher Krisen und Umbrüchen aktualisieren möchte.[59] Die in der Erklärung entfalteten sechs Grundsätze stellen ein hilfreiches Kriteriengerüst dar, um BNE kritisch-politisch zu reflektieren und zu konkretisieren. Eine formal-strategische Kompetenzorientierung von BNE kann damit transparent in eine normativ fundierte und orientierte BNE überführt werden. Dabei zielen die folgenden Ausführungen auch darauf, Anknüpfungspunkte für eine religiöse BNE zu finden, um diese in folgenden Kapiteln vertieft reflektieren und inhaltlich konturieren zu können.

a) Krisenorientierung

Politische Bildung stellt sich den Krisen der jeweiligen Zeit und versteht Bildung als Selbst- und Welterschließung, die sich auch auf epochale Schlüsselprobleme bezieht (Kap. 1).[60] Dabei müssen zum einen diese Krisen für die Lernenden Relevanz besitzen, kritisch-politische Bildung muss somit diesbezüglich schüler*innenorientiert sein. Dass die Klimakatastrophe und Corona-Pandemie derzeit als Teilkrisen von Nachhaltigkeit für Schüler*innen relevant sind, ist unstrittig. Zum anderen muss die Komplexität dieser Krisen ebenso wahrgenommen werden, wie die damit verbundenen gesellschaftlichen Widersprüche und Rahmenbedingungen. Insbesondere durch die Verortung der Klima- und Corona-Krise in die Diskurse um sozial-ökologische Nachhaltigkeit werden vielfältige Krisen deutlich, die miteinander verquickt sind: Migration, soziale Ungerechtigkeit, Globalisierung, Populismus, Gesundheitswesen u.v.m. Werden Klima und Corona im Horizont von Nachhaltigkeit interdisziplinär reflektiert, so ergeben sich insbesondere in der Verbindung von

58 Vgl. Lösch und Thimmel 2011; Lösch 2020.

59 Vgl. Eis 2016.

60 Vgl. Lösch 2020, S. 392.

sozialen, ökonomischen und ökologischen Perspektiven Konflikte. Eine Religionspädagogik, die von der Klima- und Corona-Krise ausgeht, sollte diese somit als Nachhaltigkeitsfragen im Horizont interdependenter Krisen verorten.

b) Kontroversität

Nach dem zweiten Grundsatz der FfE bedeutet kritisch-emanzipatorische Bildung, »Konflikte und Dissens sichtbar zu machen und um Alternativen zu streiten.«[61] Auch die skizzierte Form formal-strategisch ausgerichteter BNE blendet Konflikte nicht aus, sondern will »zur konstruktiven Bewältigung dilemmatischer Entscheidungslagen befähigen und den Entscheider darin befördern, auch angesichts unvereinbarer Zielsetzungen handlungsfähig zu bleiben«[62] Auffällig ist jedoch, dass der Umgang mit diesen Konflikten vornehmlich in die Handlungsfähigkeit der Subjekte verlagert wird und darauf abzielt, dass diese handlungsfähig bleiben. Kritisch politische Bildung jedoch »erschöpft sich nicht in ›allgemeinverbindlichen‹ Problemlösungen« (FfE 2), vielmehr geht es ihr um kritisches Nachdenken über die Komplexität von Problemstellungen und um kritische Diskussion vorliegender Lösungsansätze. Mit Nachhaltigkeitsdilemmata umgehen kann dann auch bedeuten, die zugrundeliegenden Prämissen und Strukturen ideologiekritisch zu hinterfragen. Wahrgenommene Konflikte zwischen Ökologie, Sozialem und Ökonomie lassen sich somit auch diskutieren, indem leitende Vorannahmen wie z.B. der Zusammenhang zwischen Wirtschaftswachstum und Wohlstand oder die Definition von Wohlstand anhand des Bruttoinlandsprodukts kritisiert werden. Dazu ist es aber unabdingbar, Konflikte und Dilemmata bei Nachhaltigkeitsfragen in interdisziplinäre, kontroverse Diskurse sowie konkrete Kontexte einzubinden und vorschnelle individualisierte Handlungs- und Lösungsoptionen zu vermeiden. Diese anspruchsvolle Aufgabe kann nach dem bereits zitierten »Orientierungsplan Globales Lernen« in Fächern wie Religion und Philosophie bearbeitet werden, da diesen die Aufgabe zukomme, »quer« zu anderen Fächern und Disziplinen übergreifende (ethische) Fragestellungen zu thematisieren und eben diese Kontroversität dabei auch sichtbar und ggf. bearbeitbar zu machen. Religiöse BNE ist somit herausgefordert, die Komplexität und Kontroversität hoch zu halten und diese

---

61 Frankfurter Erklärung (2015), Grundsatz 2; im Folgenden abgekürzt als FfE direkt im Text belegt.

62 Haan und Kamp 2008, S. 232.

nicht vorschnell aus spezifisch religiöser Perspektive (problembewältigend) zu schließen, z.B. indem mit dem Verweis auf christliche Hoffnung ein (naiver) Zukunftsoptimismus verbreitet wird,[63] indem Klimaopfer caritativ unterstützt werden, sich an veränderte klimatische Bedingungen anzupassen (Brunnenbau, Bewässerungsanlagen, ...), oder indem die Opfer von Klimakatastrophen eschatologisch auf das Jenseits vertröstet werden. Vielmehr muss hieraus die Aufgabe resultieren, genuin theologische oder religiöse Perspektiven kontrovers in die Diskurse um Nachhaltigkeit einzubringen, die zu einer sozial-ökologischen Transformation der Weltgesellschaft und damit auch zur Mitigation der Klimakatastrophe beitragen. Dabei steht die Theologie bzw. Religionspädagogik vor der Herausforderung, dass sie diese durchaus vielfältigen und relevanten theologischen Perspektiven, wie sie z.B. Papst Franziskus in *Laudato si'* entfaltet hat, für einen interdisziplinären, (post-)säkularen Dialog übersetzen und plausibilisieren muss, wie dies in Konzeptionen von öffentlicher Theologie bzw. öffentlicher Religionspädagogik[64] angezielt wird (Kap. 4.5; 5.6).

c) Machtkritik

»Aufgabe einer kritisch-emanzipatorischen politischen Bildungsarbeit ist es, ausgeschlossene und benachteiligte Positionen sichtbar zu machen. [...] Politische Bildung thematisiert, wie Ausschlüsse produziert und Grenzen gezogen werden« (FfE 3). Im BNE-Diskurs sind in dieser Perspektive vor allem drei Aspekte machtkritisch zu reflektieren. Erstens ist BNE global und intergenerativ perspektiviert, doch zugleich sind im Nachhaltigkeitsdiskurs zukünftige Generationen nicht vertreten. Und obwohl mit der Agenda 2030 BNE als globales Bildungskonzept implementiert wurde, herrschen de facto gravierende Ausschlüsse und Ungleichheiten zwischen dem globalen Süden und Norden vor. Nicht alle Heranwachsenden können gleichberechtigt an BNE partizipieren, vielmehr werden hier koloniale Strukturen, Macht- und Herrschaftsverhältnisse erneut abgebildet.[65] Diese konzeptionelle Schieflage verschärft sich durch die bildungsoptimistischen Grundannahmen der Agenda 2030, die von Transformation durch Bildung ausgehen. Evaluationen von BNE-Projekten zeigen jedoch, dass insbesondere in den

63 Vgl. z.B. einen entsprechenden Fortschrittsoptimismus bei Kober 2020.

64 Vgl. Pirner et al. 2018; Grümme 2015, 2019; Herbst 2020.

65 Vgl. Danielzik 2013, S. 23; ähnlich Hamborg 2017, S. 27.

»Schwellen- und Entwicklungsländern des Südens Top-Down-Prozesse notwendig [sind], weil autozentriertes Lernen weit entwickelte Bildungssysteme voraussetzt, die in diesen Ländern größtenteils (noch) nicht vorhanden sind. [...] Wie bei anderen gesellschaftlichen Krisenphänomenen werden auch hier die Grenzen eines bildungsorientierten Ansatzes zur Umgestaltung der Gesellschaft deutlich, die letztlich darin liegen, dass – vereinfacht gesprochen – Schule und Bildung nicht die Defizite ›ausbügeln‹ können, die in Politik und Gesellschaft nicht aufgelöst werden.«[66]

Ohlmeier & Brunold sprechen hiermit einen zweiten machtkritisch zu reflektierenden Bereich an, nämlich das Verhältnis von Bildung und Politik. Bildung das Potenzial zuzuschreiben, Gesellschaft zu nachhaltigem Leben zu transformieren, wie dies die Agenda 2030 impliziert, übersieht die politischen, gesellschaftlichen und letztlich auch ökonomischen Abhängigkeitsverhältnisse, in denen auch BNE verstrickt ist.

»Eine solche gesellschaftliche ›Transformation durch Bildung‹ setzt jedoch eine deutliche politische Profilierung in der Konzeption einer auf Nachhaltigkeit ausgerichteten Bildungspolitik und eine vollständige Durchdringung dieses Leitbildes in der gesamten Gesellschaft voraus.«[67]

Drittens geht BNE vom Zusammenhang von Ökologie, Sozialem und Ökonomie aus. Die hieraus abgeleiteten 17 Nachhaltigkeitsziele stehen in BNE-Konzeptionen gleichberechtigt nebeneinander. Machtkritisch muss jedoch analysiert werden, dass oftmals de facto die Ökonomie primärer Entscheidungsträger ist.[68] Und umgekehrt ist zu fragen, inwiefern ökologische Nachhaltigkeitsziele erst das Fundament sicherstellen, auf dem ökonomisches und soziales Handeln überhaupt ermöglicht wird. Papst Franziskus fordert 2015 in seiner Enzyklika *Laudato si'* entsprechend machtkritisch:

»Die Wirtschaft nimmt jede technologische Entwicklung im Hinblick auf den Ertrag an, ohne auf mögliche negative Auswirkungen für den Menschen zu achten. [...] Der Markt von sich aus gewährleistet aber nicht die ganzheitliche Entwicklung des Menschen und die soziale Inklusion. Unterdessen

66 Ohlmeier und Brunold 2015, S. 311.

67 Ohlmeier und Brunold 2015, S. 308.

68 Für demokratische Systeme hat dies pointiert Crouch mit seinem Begriff der Postdemokratie zum Ausdruck gebracht, wonach Entscheidungen in Demokratien stark von nicht politisch legitimierten, oftmals ökonomischen Interessensvertretungen getroffen bzw. beeinflusst werden. (Vgl. Crouch 2017.)

verzeichnen wir ›eine Art verschwenderische und konsumorientierte Überentwicklung, die in unannehmbarem Kontrast zu anhaltenden Situationen entmenschlichenden Elends steht‹, und es werden nicht schnell genug wirtschaftliche Einrichtungen und soziale Programme erarbeitet, die den Ärmsten einen regulären Zugang zu den Grundressourcen ermöglichen. [...] Es müsste einen anderen Blick geben, ein Denken, eine Politik, ein Erziehungsprogramm, einen Lebensstil und eine Spiritualität, die einen Widerstand gegen den Vormarsch des technokratischen Paradigmas bilden.«[69]

Religion besitzt ein solches ideologiekritisches Potenzial, indem sie diesen anderen Blick eröffnet, der letztlich in der Alterität Gottes gründet.

d) Reflexivität

Kritisch-politische Bildner*innen müssen reflektieren und transparent machen, dass sowohl ihre Bildungsangebote als auch sie selbst nicht herrschaftsfrei sind, wenn z.B. milieuspezifische, geschlechtliche und ethnisierende Normierungen wirken. »Dadurch bieten sie den Teilnehmenden einen Schutz vor Überwältigung und stärken deren Recht auf Eigensinn und Selbstbestimmung.« (FfE 4) In Hinblick auf BNE gilt es insbesondere zu reflektieren, dass die derzeitigen Klimademonstrationen mehrheitlich von weiblichen, gut ausgebildeten und in Deutschland geborenen Jugendlichen mit bildungsbürgerlichem familiärem Hintergrund getragen werden.[70] Diese Jugendlichen entstammen dadurch oftmals ähnlichen Milieus wie die Lehrkräfte, die somit das jugendliche Engagement verstärken oder auch neue Ausschlüsse provozieren können. Ökologisches Bewusstsein ist vor allem in der gut ausgebildeten urbanen Mittelschicht vertreten und fungiert oftmals auch als soziales Distinktionsmerkmal (Kap. 3.2). Denn insbesondere nachhaltiger Konsum in Form von hochwertig produzierten Bioprodukten und ein nachhaltiger Lebensstil versprechen einen sozialen Abstand »durch ein besonderes Wissen, dessen immaterieller Wert zu einem neuen Statussymbol gerinnt und sich über kulturelle Präferenzen für Nachhaltigkeit, Bildung und

---

69 Papst Franziskus 2015, Art. 108; 111 mit Bezug auf Benedikt XVI., Enzyklika Caritas in veritate (2009), Art. 35.

70 Vgl. Sommer et al. 2019, die bei Fridays for Future rund 60 % Frauen und 97 % in Deutschland geborene Jugendliche ausmachen, die sich selbst der Mittelschicht zurechnen und weitgehend mindestens eine (Fach-)Hochschulreife anstreben bzw. besitzen (Sommer et al. 2019. S. 11-14).

Gesundheit definiert.«[71] Damit kann dies bei BNE zu milieuspezifischen Gemeinsamkeiten von nachhaltigkeitssensiblen Lehrenden und Lernenden führen, was zugleich neue Ausgrenzungen hervorbringt, insbesondere wenn der nachhaltige Lebensstil als moralisch überlegen bewertet wird und sich damit gegenüber Kritik immunisiert.[72] Kritisch-politische Bildung muss somit reflektieren, »dass Nachhaltigkeit nicht nur gesellschaftliche Probleme zu lösen verspricht, sondern ihrerseits Probleme in der Gesellschaft erzeugt«[73], die Widerstände und Polarisierungen hervorrufen.

Zugleich ist zu fragen, inwiefern das Desinteresse anderer Heranwachsender auch durch das Bildungssystem selbst hervorgerufen wird. Wenn Bildungsinstitutionen primär in ihrer Selektionsfunktion fungieren und auf Berufsbefähigung ausgerichtet sind, dann überrascht nicht, dass das Interesse der Lernenden insbesondere im mittleren und unteren Bildungssegment eher auf Marktkonformität und auf Anpassung an den neoliberalen Arbeitsmarkt ausgerichtet ist und weniger auf Nachhaltigkeit oder gesellschaftliche Transformation. Es geht darum, überhaupt erst einmal Anschluss an die Mittelschicht zu gewinnen bzw. zu halten, bevor man diese als nicht nachhaltig kritisieren und transformieren kann.

Für religiöse BNE gilt darüber hinaus, dass Religionslehrkräfte Nachhaltigkeit dezidiert aus einer konfessionellen Perspektive thematisieren und damit einen normativen Standpunkt einnehmen, den es zu reflektieren und transparent zu machen gilt. Aus Sicht einer kritisch-politischen Bildung kann dies als eine »Provokation ersten Ranges«[74] wahrgenommen werden, da Lehrkräfte hier im hohen Maße parteiisch sind. Dennoch scheint in dieser dezidierten Konfessionalität möglicherweise auch ein ideologiekritisches Potenzial durch, wenn die Lehrkraft diesen normativen Standpunkt reflektiert einnimmt und transparent macht.[75] Es gilt somit stets zu prüfen, inwiefern der Gefahr von konfessioneller Überwältigung und parteiischer Beeinflussung durch Transparenz und Reflexion entgegnet werden kann. Vielleicht ist ggf. religiöse BNE dann sogar transparenter und reflektierter als die skizzier-

71 Neckel 2018, S. 70.

72 Vgl. Neckel 2018, S. 70. So wird oftmals in der nachhaltigkeitssensiblen Mittelschicht übersehen, dass diese einen sehr hohen Ressourcenverbrauch besitzt, der deutlich höher ausfällt als z.B. in prekären Milieus ohne Umweltbewusstsein.

73 Neckel 2018, S. 71.

74 Grümme 2009, S. 243.

75 Vgl. Herbst 2019b.

te Form von BNE, deren neoliberale und koloniale Prägungen nicht immer offensichtlich sind.

e) Ermutigung

Kritisch-politische Bildung soll Erfahrungen von Macht und Ohnmacht thematisieren und zugleich ermutigende Lernsettings anbieten (FfE 6). Dies korreliert mit Erkenntnissen der BNE und Umweltpädagogik, dass ermutigende Lernumgebungen motivierender sind als eine auf Angst zielende »Katastrophendidaktik«.[76] Dabei ist jedoch Ermutigung nicht mit naivem Optimismus zu verwechseln, indem z.B. den gewaltigen ökologischen und sozialen Herausforderungen allein mit dem Vertrauen auf technologischen Fortschritt entgegnet wird. Ermutigende Lernsettings können angesichts von Krisen in diesem Sinne als hoffnungsvolle, aber nicht zwangsläufig als optimistische Settings entworfen werden.[77] Diese Spannung zwischen Ermutigung und Katastrophe, Hoffnung und fehlendem Optimismus kann theologisch im eschatologischen Horizont reflektiert werden, wie noch genauer zu zeigen sein wird (Kap. 4.1; 5.2). Denn christliche Hoffnung gründet sich in der Dialektik von wahrgenommenem Leid und Scheitern und der Hoffnung auf Erlösung, vom Einsatz für eine bessere Welt und dem Bewusstsein, dass das Reich Gottes nicht vom Menschen allein realisiert wird. Und zugleich bietet das Christentum Ressourcen, um diese Spannung auszuhalten, Quellen des Widerstands zu entdecken und hieraus Kraft zum (veränderten) Handeln zu schöpfen. Insbesondere im Horizont der (neuen) Politischen Theologie wird seit Ende der 1960er Jahre eine solch widerständig-hoffnungsgeleitete Hermeneutik der christlichen Tradition entworfen. Mystik und Politik, Tradition und Widerstand werden hierbei zu Orientierungsmarkern christlichen Denkens, Urteilens und Handelns,[78] die seit einigen Jahren in einer sich erneut verstärkt politisch verstehenden Theologie wiederentdeckt werden.[79]

Darüber hinaus basiert kritisch-politisches Lernen und Handeln nicht ausschließlich auf »rationalen Analysen und Entscheidungen, sondern […] hat neben den kognitiven Prozessen eine leiblich-emotionale Komponente.« (FfE 5) An diese Erfahrungen will kritisch-politische Bildung anknüpfen und ermutigende Lernumgebungen schaffen. Aus der BNE-Forschung ist hinläng-

76 Vgl. Gagel 2005, S. 123; 304, 1994; Haan und Kamp 2008, S. 182.
77 Vgl. Eagleton 2016.
78 Vgl. exemplarisch Sölle und Steffensky 2014; Schillebeeckx 1988.
79 Vgl. Engel 2017; Kreutzer 2017; Geitzhaus und Ramminger 2018.

lich belegt, dass die Bereitschaft zum nachhaltigen Handeln stark von eben solchen leiblich-emotionalen Aspekten geprägt ist. Diesbezüglich hat religiöse BNE großes Potenzial,[80] denn sie erschöpft sich nicht in Dogmen und Schriften, sondern ereignet sich auch z.B. in sozialen, ästhetischen, spirituellen oder symbolischen Praktiken (Kap. 4.5). Religiöse BNE ist somit entsprechend mehrdimensional auszurichten. Gerade hierin liegen Chancen einer religiösen BNE, wenn es ihr gelingt, die notwendige »Konstellation zwischen religiösen, individuellen, sozialen und politischen Momenten herzustellen.«[81]

f) Veränderung

BNE möchte alle Menschen befähigen, kompetent nachhaltig handeln zu können und damit auch eine gesellschaftliche Transformation zu ermöglichen. Kritisch-politische Bildung zielt ebenfalls auf verändernde Bildungsprozesse, betont aber zugleich explizit die kritische, auch konflikthafte Dimension derartiger Bildungsprozesse. »Dies geschieht durch Kritik, Widerspruch und Protest gegenüber den bestehenden sozialen Herrschaftsverhältnissen.« (FfE 6) Die Transformationsforschung unterstreicht, dass bei solchen Veränderungsprozessen unkonventionelle, alternative Lernerfahrungen eine zentrale Rolle spielen, »die in den Nischen der Gesellschaft entstehen [...]. Die Gesellschaft greift auf alternative Lernerfahrungen zurück, die sich in den Nischen vollzogen, wenn Krisen sie dazu zwingen, weil die herkömmlichen Lösungsmuster versagen.«[82] In dieser Perspektive formuliert z.B. Danielle Zwarthoed als Bildungsziel, Heranwachsende zu einem genügsamen (»frugal«) Konsum und Lebensstil zu befähigen. Sie betrachtet dieses normativ fundierte Bildungsziel auch im Horizont von liberalen Bildungstheorien als legitim, da »liberal egalitarianism expects educational institutions to equip children with the abilities and virtues needed to live well [... and] frugatility enables prospective adults to live well with their fair share of scarce resources, and even with less. [...] Frugality increases autonomy and facilitates its exercises.«[83] Vielfach eröffnet gerade religiöse Praxis zumindest in der westlichen Welt alternative Lebensformen in den Nischen der Gesellschaft, die zu solchen Lebensentwürfen motivieren und diese bestärken: Pfadfinderlager in der Natur, freiwilliges Leben in Armut flankiert von einer praktischen Option für die

80 Vgl. Bederna 2019, S. 256-266.
81 Grümme 2015, S. 110.
82 Seitz 2017, S. 167.
83 Zwarthoed 2015, S. 307.

Armen, Zeiten des Verzichts und des Fastens, jahreszeitlicher Lebensrhythmus u.v.m. können alternative Lernanlässe sein, die Kontrasterfahrungen, veränderte nachhaltige Lebenspraxen und gesellschaftliche Transformation anregen (Kap. 6.1; 6.2). Denn zentrale Entwicklungsherausforderungen des 21. Jahrhunderts sind nicht nur technologischer oder ökonomischer Art, »sie rufen vielmehr nach kulturellen und sozialen Innovationen«[84]. Inwiefern solche Nischenprojekte ihr Potenzial für eine Gesellschaftstransformation entfalten oder auch scheitern können, muss im weiteren Verlauf noch kritisch reflektiert werden. Daher werden im folgenden Kapitel umfassend Hürden und Gelingensbedingungen (religiöser) BNE untersucht.

84 Seitz 2017, S. 167.

3 Hürden und Gelingensbedingungen für Bildung für nachhaltige Entwicklung

Spätestens seit den Fridays for Future-Streiks ist die Klimakrise allseits bekannt. Die Zahl der Klimawandelleugner*innen ist in Deutschland vergleichsweise gering, obwohl sie insbesondere im Internet starke Präsenz zeigen und versuchen, sich des Klimadiskurses zu bemächtigen. Dennoch handeln nicht nur die politischen Akteur*innen, sondern auch weite Teile der Bevölkerung nicht nachhaltig und ökologisch. Trotz Debatten um Flugscham wird der Flug- oder Individualverkehr nicht reduziert und die Zahl der neuzugelassenen SUV steigt stetig an, zumindest bis die Corona-Pandemie das gesellschaftliche und wirtschaftliche Leben weitgehend lahmlegte. Zwar sind im sog. low-cost-Bereich, wie z.B. beim Verzicht auf Plastiktüten, veränderte Verhaltensweisen wahrnehmbar, aber die Einsparungen in diesen Bereichen sind minimal. So müsse man einer Modellrechnung zufolge ungefähr 200 Jahre auf Plastiktüten verzichten, um so viel CO_2 einzusparen, wie ein Flug nach Mallorca freisetzt.[1] Doch warum fliegen wir überhaupt weiterhin in den Urlaub, wenn dies nachweislich dazu beiträgt, unseren Planeten zu zerstören? Warum handeln wir nicht entsprechend unserem Wissen? Und warum wurde bei der rasanten Ausbreitung des Corona-Virus so schnell und entschieden gehandelt? Warum gelingt es bei Corona, dass ohne großen Widerstand nahezu der gesamte Flugverkehr zum Erliegen kommt, während es im Klimadiskurs noch nicht einmal möglich erscheint, Tempo 130 auf Autobahnen einzuführen oder die Kerosinabgabe zu erhöhen (Kap. 1)? Wie wird also nachhaltiges Handeln gefördert, welcher Bedingungen bedarf es, damit nachhaltiges Handeln gelingt? Und wie kann BNE zu nachhaltigem Handeln befähigen?

1 Vgl. Deeg 2020.

Um diese Fragen zu bearbeiten, werden im folgenden Kapitel drei Zugänge gewählt, ohne dabei den Anspruch zu besitzen, die Thematik hiermit erschöpfend zu erörtern:[2] eine psychologische (Kap. 3.1), eine soziologische (3.2) sowie eine pädagogische Perspektive (3.3). Ein abschließendes Zwischenfazit (3.4) bündelt die Ergebnisse in Hinblick auf religiöse BNE.

3.1 Psychologische Perspektive: Der *mind-behavior-gap* als Herausforderung für (religiöse) Bildung für nachhaltige Entwicklung

»Sie tun nicht, was sie wissen«[3], so überschreibt Annett Enzian ihre Dissertation und verweist damit auf die nicht nur im Bereich Nachhaltigkeit wahrzunehmende Kluft zwischen Wissen, Bewusstsein und Handeln, auf den sog. *mind-behavior-gap*.[4] So scheint Wissen für nachhaltiges Handeln zwar eine notwendige, aber keine hinreichende Voraussetzung zu sein.[5] Dies stellt insbesondere für schulische BNE eine Chance und zugleich Herausforderung dar, da schulisches Lernen weitgehend kognitiv und wissensorientiert ausgerichtet ist. Zwar ist gesteigertes Wissen und Verständnis für ökologische Zusammenhänge notwendig, um ökologische Problemstellungen zu verstehen, insbesondere in ihren komplexen und vernetzten Strukturen. Beispielsweise sind immer noch weitgehende Fehlvorstellungen vom Klimawandel vorhanden, indem dieser z.B. auf das Ozonloch zurückgeführt wird.[6] Ohne differenzierte Sachkenntnis ist es schwer, zum nachhaltigen Handeln zu befähigen und ein Verständnis für notwendige Handlungsmaßnahmen auszubilden. Aber zugleich sind die empirischen Befunde überreichlich, dass die kognitiven Effekte der wissensbasierten Lernsettings kaum signifikante Veränderungen bei Einstellungen und Verhalten der Akteure hervorrufen (Kap. 3.3).[7] Wissen ist somit keine hinreichende Voraussetzung zum nachhaltigen Handeln.

---

2 So wurden z.B. psychoanalytische Analysen nicht hinzugezogen. Vgl. hierzu Prescher 2019.

3 Vgl. Entzian 2015.

4 Vgl. Kuckartz 2010, S. 144.

5 Vgl. Kruse 2013, S. 44.

6 Vgl. Niebert und Gropengießer 2011.

7 Vgl. Niebert 2019, S. 1.

Was hindert somit Akteure, aus ihrem Wissen entsprechende Handlungen abzuleiten? Lenelis Kruse macht auf der Grundlage vorliegender empirischer Einzelstudien personale, soziale und strukturelle Bedingungen aus, die für umweltrelevantes und nachhaltiges Handeln förderlich bzw. hinderlich sind.[8] Zu den personalen Einflussfaktoren zählt sie vor allem Probleme der Wahrnehmung und Informationsverarbeitung, da das vermittelte Wissen oftmals abstrakt und ohne lebensweltlich relevante Bezüge bleibt. Die planetaren Grenzüberschreitungen sind in Deutschland oftmals nicht direkt wahrnehmbar: Wassermangel, steigende Meeresspiegel, Verlust der Biodiversität, Versauerung der Meere u.v.m. sind weitgehend in Deutschland noch nicht so spürbar, dass sie die Lebensqualität von Lernenden direkt betreffen. Durch die zunehmende Hitze und Dürre der letzten Jahre zeichnen sich hier jedoch deutlich lebensweltnähere Bezüge ab. Dennoch bleibt, dass der Klimawandel ein nur zeitlich verzögert wahrzunehmendes und bislang weitgehend regional entferntes Phänomen darstellt. Ein ähnliches Handlungsschema ließ sich bei Corona erkennen. Als die Epidemie in China wütete, war Europa passiv und anfänglich desinteressiert. Erst als die Ausmaße mit aller Wucht in Italien und dann in den von deutschen Urlaubern frequentierten Skigebieten sichtbar wurden, handelte Deutschland entschieden. Dabei sind die ökologischen, ökonomischen und sozialen Zusammenhänge so komplex, dass weder monokausale Erklärungen noch einfache Handlungsmuster aus dem erworbenen Wissen abgeleitet werden können. Dies führt zugleich dazu, dass Menschen in einzelnen Bereichen nachhaltig handeln können, wie z.B. bei Bioprodukten, Mülltrennung, Fahrradfahren, und durch selektive Aufmerksamkeit ihren individuellen *mind-behavior-gap* überbrücken, obwohl sie in anderen Bereichen überhaupt nicht nachhaltig leben. »Im Ergebnis führt dieser Mechanismus der selektiven Aufmerksamkeit dazu, dass in Umfragen ein Großteil der Befragten sein eigenes Verhalten als überdurchschnittlich umweltorientiert einstuft und für die eigene Person keine identitätsgefährdende Einstellungs- oder Verhaltenslücke anerkennt.«[9] Ein besonders relevanter Faktor ist zudem die geringe Wirkung individuellen Handelns. Warum soll ich meine Konsumgewohnheiten ändern, wenn in den USA ungebremst fossile Energie gefördert wird oder der brasilianische Regenwald verbrannt wird? Die Wahrnehmung mangelnder Selbstwirksamkeit stellt eine bedeutsame Hürde dar, um Wissen in Handlung zu überführen, insbesondere wenn

8 Vgl. Kruse 2013; Kruse-Graumann 2003.
9 Diekmann und Preisendörfer 2019, S. 183.

das eigene Handeln trotz marginalem Beitrag zur Nachhaltigkeit mit persönlichen Einschränkungen, wie z.B. dem Verzicht auf das Auto oder dem Umzug in eine kleinere Wohnung, verbunden ist[10] und wenn der damit zusammenhängende Nutzen erst in Zukunft und ggf. auch noch räumlich weit entfernt sichtbar wird.[11] Umgekehrt motiviert die Möglichkeit, tatsächlich Dinge verändern zu können.

Darüber hinaus werden Einstellungen, Werte und Haltungen für nachhaltiges Handeln als relevant eingeschätzt.[12] Demnach unterstützen z.B. Altruismus oder Verzichtbereitschaft, Wissen in nachhaltiges Handeln zu überführen, wodurch Akteure bei gleichem Wissensstand zu unterschiedlichen Handlungsoptionen neigen. Dabei wird der Einfluss des Umwelt- bzw. Nachhaltigkeitsbewusstseins unterschiedlich eingeschätzt. Viele Lernsettings zielen darauf, eben ein solches Bewusstsein auszubilden, in der Annahme, die Handlungsmotivation zu erhöhen. Der Effekt von Nachhaltigkeits- und Umweltbewusstsein auf nachhaltiges Handeln ist jedoch nicht eindeutig (Kap. 3.3).

Einen stärkeren Einfluss auf Einstellungen, Werte und Haltungen besitzen soziale Bezugsgruppen der jeweiligen Akteure. Als zweite zentrale Kategorie macht Kruse daher interpersonale und soziale Bedingungen nachhaltigen Handelns aus. In sozialen Gruppen und Netzwerken werden in besonderem Maße Werte und Normen ausgehandelt und geteilt. Sozial anerkannte Vorbilder können dabei modellbildend und handlungsprägend wirken. Umgekehrt lässt sich hieraus aber auch ableiten, dass nachhaltiges Handeln in einem nicht-nachhaltigen Umfeld deutlich erschwert wird (Kap. 3.2).

Drittens besitzen externe, strukturelle Bedingungen einen großen Effekt auf nachhaltiges Handeln. Demnach wird dieses gefördert, wenn es entsprechende Handlungsmöglichkeiten und -angebote gibt. Ohne guten öffentlichen Nahverkehr ist es schwer, auf das eigene Auto zu verzichten, bei Wohnungsknappheit müssen Mieter*innen auch in unzureichend gedämmten Wohnungen mit Ölheizung wohnen. Hilfreich sind zudem klare Angaben, welche Angebote nachhaltiger sind. Wenn Produkte mit transparenten Siegeln oder mit Angaben zum CO_2-Verbrauch versehen

10 Interessanterweise wurde bei der Corona-Krise stets die Relevanz des individuellen Verhaltens unterstrichen und jeglicher individuelle Verstoß – und sei es das Betreten von Kinderspielplätzen – konnte strafrechtlich geahndet werden.

11 Vgl. Ernst 2010, S. 134.

12 Vgl. Bundesministerium für wirtschaftliche Zusammenarbeit und Entwicklung und Kultusminister Konferenz 2017, S. 11; OECD 2018, S. 18.

werden, können nachhaltige Kaufentscheidungen befördert werden. Wie sollen Kund*innen auch sonst entscheiden können, ob die Biobutter von heimischen Kühen nachhaltiger als die vegane Margarine mit Palmöl ist oder ob Biobaumwollshirts eine bessere Ökobilanz haben als konventionell hergestellte? Und wie können dazu soziale Faktoren gewichtet werden, wie z.B. Arbeitsbedingungen von Näher*innen oder Erntehelfer*innen? Entsprechende Produkthinweise können somit nachhaltiges Handeln anstoßen, wobei auch bei Siegeln das Problem bestehen bleibt, dass sehr komplexe Produktions- und Distributionsketten mit vielfältigen ökologischen Einflussfaktoren in ein transparentes, bewertendes Siegel überführt werden müssen.

»Nudging«[13] ist ein in den 2000er Jahren entwickeltes Konzept, das mit extrinsischen Anreizen Akteure zu bestimmten Handlungen motivieren will, wie z.B. abschreckende Fotos auf Zigarettenpackungen, um vom Rauchen abzuhalten. Dieses Konzept wird auch im Nachhaltigkeitsdiskurs intensiv diskutiert, da hierdurch – ganz in liberalem Verständnis – die Handlungsentscheidung beim Individuum verbleibt und zugleich Handlungen in die gewünschte Richtung orientiert werden, wenn z.B. Standardeinstellungen bei Druckern auf beidseitiges Drucken eingestellt oder CO_2-Kompensationszahlungen bei Flugreisen mit einem Click getätigt werden können. Dass die derzeit dominierenden Anreizsysteme weitgehend in der Struktur des Wirtschaftswachstums verbleiben und dabei den Individuen und nicht den politisch-gesellschaftlichen Akteuren die Verantwortung angelastet wird, sei hier nur angemerkt.[14] Inwiefern solche Anreizsysteme tatsächlich zu einem nachhaltigen Lebensstil führen, muss im weiteren Verlauf noch kritisch betrachtet werden (Kap. 3.2). Dennoch stellen extrinsische (finanzielle Anreize, Imagegewinn) und intrinsische (Spaß, Lebensqualität) Trigger wichtige externe, strukturelle Bedingungen dar, um nachhaltiges Handeln zu fördern.

Die zusammengetragenen empirisch fundierten Erkenntnisse deuten darauf hin, dass der *mind-behavior-gap* nicht einfach zu überbrücken und die Transformation von Wissen in Handeln aus psychologischer Perspektive äußerst komplex an viele Faktoren geknüpft ist, die didaktisch zu berücksichtigen sind. Ergänzt werden können diese im Bereich BNE und Umweltbildung gewonnenen Ergebnisse durch moralphilosophische und -psychologische

13 Thaler und Sunstein 2009.

14 Vgl. Mock 2019.

Überlegungen, die grundlegend nach dem Verhältnis von *mind* und *behavior*, nach Wissen, Reflexion und (moralischem) Handeln fragen. Aufschlussreich ist diesbezüglich der Ansatz des amerikanischen Philosophen John M. Doris, der im Schnittfeld von Praktischer Philosophie, Neurowissenschaften und Psychologie forscht und seine moralphilosophischen Argumentationen entsprechend moralpsychologisch empirisch begründet. Aus dieser Verknüpfung entwickelt er ein Verständnis von Handlungsbefähigung (*agency*), das auch in Hinblick auf nachhaltiges Handeln relevant ist. Denn seine Überlegungen kreisen um die in der BNE zentralen Fragen: »(1) How *much* do people reflect? (2) How *effective* is this reflection in facilitating agency (or promoting other goods)? And (3) by what *means* how do they do it?«[15] Doris versteht unter Handlungsbefähigung, dass Menschen fähig sind, »to shape their lives in ways that express their values«[16]. Dabei ist er grundsätzlich skeptisch, wie groß der Einfluss von Reflexion und Rationalität auf Handlungsbefähigung ist. Er bestreitet nicht, dass Reflexion grundsätzlich einen Beitrag zum (verantwortlichen) Handeln besitzt. »I continue to insist, however, that philosophers of reflectivist persuasion have overemphasized the importance of reflection, especially accurate reflection, in morally responsible agency«.[17] Diese Positionierung untermauert er mit vielfältigen psychologischen Experimenten und Beobachtungen, dass moralisches Handeln oftmals nicht auf Wissen oder Reflexion gründet (*rational choice*), sondern Handlungen oder Handlungsveränderungen aus ganz anderen Quellen gespeist werden, wenn z.B. mehr Spenden überwiesen werden, weil diese via Smartphone abgebucht werden können. Auch viele moralische Handlungen entspringen Gewohnheiten, geschehen unbewusst und können nur schwer verändert werden. Eine besondere Ressource sind für Doris dabei soziale Interaktionen. Im sozialen Austausch, in Aushandlungsprozessen und Interaktionen konstruieren und entwickeln Akteure nach Doris ihre Biografien und bringen zugleich ihre biografisch geronnenen Werte und Haltungen zum Ausdruck.[18] Für ihn entsteht somit Handlungsbefähigung in sozialer Interaktion durch

15 Doris 2018a, S. 781.

16 Doris 2015, S. 153. Diese Verbindung von Handlungsbefähigung und Expression von Werten führt auch zu Kritik an Doris Position. Die Schwierigkeit, sich überhaupt seiner eigenen Werte bewusst zu werden, sei unterschätzt. »Sometimes Doris writes as if it's obvious and unproblematic what we value and that expressing what we value is agentic (through whatever mechanism).« (Tiberius 2018, S. 762).

17 Doris 2018a, S. 781.

18 Vgl. Doris 2015, S. 153.

»reciprocal exchange of rationalizations for judgement and behavior«[19]. Legt man diese Überlegungen dem BNE-Diskurs zugrunde, dann werden Ansätze, die auf Wissensvermittlung, auf Reflexion und Bewusstseinsbildung zielen, zum einen relativiert, da viele auf Nachhaltigkeit zielende Handlungen nach Doris von externen Faktoren bedingt bzw. nicht Ergebnis eines bewussten, wertebasierten Urteils sind. Zum anderen wird BNE hierdurch deutlich auf soziale Interaktionen fokussiert. Folgt man Doris, dann entsteht nachhaltiges Handeln maßgeblich durch und in Gemeinschaft. Es bedarf somit eines Kontextes, der eben solche sozialen Interaktionen unterstützt, damit Akteure zum nachhaltigen Handeln, im Sinne eines wertebasierten, verantworteten Handelns, befähigt werden. Auch bei der Corona-Krise wurde eine solche Gemeinschaft immer wieder beschworen: Slogans wie »Gemeinsam gegen Corona« oder »#WirBleibenzuHause« wurden auf allen medialen Kanälen von Prominenten unterschiedlichster kultureller und gesellschaftlicher Milieus verbreitet. Entsprechend geben auch fast vier Fünftel der Jugendlichen an, dass ihr Verhalten durch das Umweltverhalten von anderen beeinflusst werde. »Wenn umweltfreundliches Verhalten zu einer akzeptierten und breit praktizierten Norm würde, sähen diese Befragten darin einen Anlass, auch sich selbst stärker um ein solches Verhalten zu bemühen.«[20] Damit rückt die Lerngruppe als soziale Größe verstärkt in den Blick, wobei insbesondere für schulische BNE kritisch zu fragen ist, inwiefern im Unterricht soziale, wertebezogene Aushandlungsprozesse stattfinden (können) oder ob hierfür die Schulgemeinschaft ein geeigneter Kontext ist. Diese Frage wiegt umso schwerer, wenn man mit Doris und vielen Evaluationsstudien (Kap. 3.3) davon ausgeht, dass Werte und Einstellungen stabil und nur schwer veränderbar sind. Im weiteren Verlauf der Arbeit muss daher reflektiert werden, welche Potenziale, aber auch welche Hürden soziale wie auch religiöse Formen der Vergemeinschaftung besitzen. In diesem Sinne werden im Folgenden Erträge aus dem soziologischen Nachhaltigkeitsdiskurs vorgestellt und auf ihre Implikationen für (religiöse) BNE reflektiert.

19 Doris 2018b, S. 752.
20 Bundesministerium für Umwelt et al. 2018, S. 44.

3.2 Soziologische Perspektive: Gesellschaftliche Rahmenbedingungen für (religiöse) Bildung für nachhaltige Entwicklung

In diesem soziologisch ausgerichteten Kapitel wird zuerst untersucht, inwiefern einzelne Faktoren, wie z.B. Alter oder Geschlecht, Einfluss auf Einstellung und Handlung individueller Akteure nehmen, bevor anschließend größere soziale Einheiten wie Milieu, Religion und Gesellschaft in den Blick genommen werden. Dabei spiegelt sich die unterschiedliche Komplexität der jeweiligen sozialen Einheiten und ihr Verhältnis zu Nachhaltigkeitsfragen auch in der unterschiedlichen Intensität und im Umfang der folgenden Erörterungen wider. So wird das Verhältnis von Alter und Geschlecht zu Nachhaltigkeit primär quantitativ-empirisch beschrieben, wohingegen Milieu, Religion und Gesellschaft als komplexere Systeme zusätzlich durch umfassendere soziologische Theorien gedeutet werden.

3.2.1 Alter

Jugendliche und junge Erwachsene demonstrieren derzeit besonders aktiv für mehr Klimagerechtigkeit und Klimaschutz.[21] Das Nachhaltigkeitsbewusstsein scheint in dieser Generation hoch zu sein. Schon ist von einer »Generation Greta«[22] die Rede. So sehen ca. 75 % der Jugendlichen Umweltverschmutzung als größtes Problem an, 65 % haben Angst vor dem Klimawandel.[23] Knapp 55 % diskutieren häufig über die Klimakrise und ca. 20 % haben mindestens einmal an einer Fridays for Future-Demonstration teilgenommen.[24] Nach eigenen Angaben leben viele Jugendliche umweltbewusst: 28 % verzichten auf Autofahrten, gar 43 % auf Kurzstreckenflüge, 46 % kaufen regionale und saisonale Produkte und 14 % engagieren sich klimapolitisch.[25] Hohe Wellen schlug entsprechend ein Lied des WDR-Kinderchores, in dem Ende 2019 eine fiktive Oma als »alte Umweltsau« bezeichnet wurde. Die Klimakrise wird in diesen Debatten als Generationenkonflikt dargestellt: die jungen, umweltbewussten Jugendlichen gegen die alten, SUV-fahrenden,

21 Vgl. Wetzel 2019.
22 Hurrelmann und Albrecht 2020.
23 Vgl. Albert et al. 2019, S. 56.
24 Vgl. Hornig und Greiner 2019.
25 Vgl. Hornig und Greiner 2019.

Discounterfleisch essenden Alten. Ganz ins Bild passt dazu, dass es nur wenige junge Klimawandelleugner*innen bzw. -skeptiker*innen gibt,[26] vielfach handelt es sich um ältere, weiße Männer.

Dieses optimistische Bild einer jungen, nachhaltig lebenden Generation bekommt allerdings Risse, wenn der Blick nicht mehr auf Selbstaussagen begrenzt wird. Denn dann lässt sich nicht nur ein *mind-behavior-gap*, sondern auch ein *mind-perception-gap* erkennen. Dies bedeutet, dass viele Menschen ihr eigenes Verhalten deutlich nachhaltiger wahrnehmen als es z.B. gemessen am CO_2-Verbrauch tatsächlich ist. Dieser *gap* ist insbesondere bei jungen Erwachsenen besonders groß.[27] So handeln die meisten Jugendlichen (91 %) umweltbewusst durch Mülltrennung, Energiesparen[28] oder durch Plastiktütenverzicht (45 %), Second Hand Käufe (41 %) oder die Verwendung von Recyclingpapier,[29] ohne dabei alle Bereiche ihres Handelns (z.B. Reisen, Wohnen) unter Nachhaltigkeitsaspekten zu reflektieren. Und umgekehrt verhalten sich viele ältere Personen umweltbewusster als es ihre expliziten Einstellungen zum Thema vermuten lassen. Hier spielen erneut unbewusste Alltagsroutinen eine Rolle, die nicht unter Nachhaltigkeitsaspekten reflektiert werden,[30] wie z.B. sparsamer Ressourcenverbrauch, der in der Kriegs- und Nachkriegsgeneration von früh auf gelernt wurde.[31] Mangelnde Mobilität im Alter oder niedrige Renten führen ebenfalls oftmals zu einem nachhaltigeren Lebensstil. Nachhaltiges Handeln kann somit auch ohne dezidiert ökologische Handlungsmotivation nichtintentional geschehen. Zwar ist die Sensibilität für Nachhaltigkeitsfragen bei jungen Menschen besonders hoch, aber Alter ist dennoch kein Indikator, ob tatsächlich gegenwärtig oder zukünftig nachhaltig gehandelt wird, wie die folgenden Analysen unterstreichen.

---

26 Vgl. z.B. die insbesondere in rechten Medien als Anti-Greta stilisierte Münsteranerin Naomi Seibt (Theurer 2020.) Auffallend ist nicht nur bei Naomi Seibt die oftmals enge Verknüpfung von rechtsextremen bzw. rechtspopulistischen Positionen mit der Leugnung des Klimawandels.

27 Vgl. Entzian 2015, S. 206.

28 Vgl. Michelsen et al. 2015b, S. 147.

29 Vgl. Bundesministerium für Umwelt et al. 2018, S. 43.

30 Vgl. Entzian 2015, S. 205.

31 Vgl. Bundesministerium für Umwelt et al. 2017, S. 72f.

3.2.2 Gender

Bereits bei Jugendlichen lassen sich gendersensibel deutliche Unterschiede bei nachhaltigem Verhalten und entsprechenden Einstellungen aufzeigen. Auf Grundlage empirischer Befragungen entwickelt eine Studie des Bundesministeriums für Umwelt, Naturschutz und nukleare Sicherheit (BMU) verschiedene Nachhaltigkeitstypen. Dabei gehören dem idealistischen Typ, der besonders nachhaltig eingestellt ist, mehr Mädchen und junge Frauen (55 %) an.[32] Auch die Teilnahme an den Fridays for Future-Demonstrationen weist ein deutliches Gendergefälle auf. So protestierten in Berlin und Bremen knapp 60 % Frauen, in der Gruppe der Schüler*innen lag der Anteil der weiblichen Teilnehmenden gar bei fast 65 % Prozent.[33] Dass die Prädominanz von Frauen im Nachhaltigkeitsdiskurs auch medial und sozial konstruiert und beeinflusst ist, wird an einem bearbeiteten Pressefoto, das Fridays for Future-Aktivistinnen in Davos 2020 zeigt, deutlich. Die Presseagentur AP verbreitete ein Bild von drei jungen Frauen um Greta Thunberg. Die dunkelhäutige Klimaaktivistin Vanessa Nakate aus Uganda wurde kurzerhand aus dem Bild weggeschnitten.[34] Inwiefern es sich dabei um eine gezielte, rassistisch motivierte Bildbearbeitung handelt, kann hier nicht weiter diskutiert werden. Dennoch führt die Berichterstattung zu einer Homogenisierung in der Wahrnehmung von Klimaaktivistinnen als weiß, weiblich und jung.

Bei einzelnen nachhaltigkeitsrelevanten Bereichen lässt sich aufweisen, dass sich Mädchen und Frauen stärker nachhaltig verhalten, insbesondere im Bereich Ernährung. So sagen 20 % Prozent der männlichen Befragten von sich selbst aus, weniger Fleisch zu essen, bei den weiblichen Befragten sind dies nahezu doppelt so viele (39 %).[35] Inwiefern im Bereich Ernährung auch andere sozio-kulturelle Faktoren eine Rolle spielen, wie z.B. Gesundheitsbewusstsein, Körpervorstellungen oder sozio-kulturelle Praktiken bei Essenszubereitung und Mahlzeiten,[36] sei hier nur erwähnt. Unterschiedliche Verhaltensweisen schlagen sich auch im Gesamtenergieverbrauch nieder, der bei Männern höher ausfällt.[37] Tendenziell scheinen mehr Männer die Klimakrise durch technische Anpassungs- oder Lösungsstrategien bewältigen zu wollen

32 Vgl. Bundesministerium für Umwelt et al. 2018, S. 59.
33 Vgl. Sommer et al. 2019, S. 11.
34 Vgl. Nakate 2020; Thorwarth 2020.
35 Vgl. Bundesministerium für Umwelt et al. 2018, S. 43.
36 Vgl. Paulitz und Winter 2017.
37 Vgl. Rätya, Riitta/Carlsson-Kanyama, Anika, zit.n. Appel 2010, S. 54.

als Frauen, die eher auf einen veränderten Lebensstil und sinkenden Energieverbrauch setzen.[38]

3.2.3 Milieu

Deuten die kurzen Einblicke bereits an, dass das Nachhaltigkeitsbewusstsein in der Bevölkerung ungleich verteilt ist, so wird dies in milieutheoretischer Perspektive noch deutlicher. In Anlehnung an die Sinusmilieustudien zeichnen sich bei Jugendlichen fünf unterschiedliche Nachhaltigkeitstypen ab.[39]

1. *Nachhaltigkeitsaffine Jugendlichen* (ca. 32 %): Diese Jugendlichen stammen häufig aus gebildeten Elternhäuser, haben bessere Schulnoten und gehören vielfach dem sozialökologischen Milieu an. Unterrepräsentiert sind hingegen Jugendliche aus den hedonistischen resp. prekären Milieus. Auch die Teilnehmenden der Fridays for Future-Demonstrationen lassen sich diesem Typenprofil zuordnen. Die Demonstrierenden betrachten sich ebenfalls als obere Mittelschicht und gehören dem Bildungsbürgertum an, wobei überproportional viele aus einem akademisch geprägten Elternhaus stammen.[40]
2. *Nachhaltigkeitsrenitente* (16 %): Diese Jugendlichen stehen der Nachhaltigkeitsthematik eher ablehnend oder skeptisch gegenüber. Sie entstammen überdurchschnittlich häufig dem adaptiv-pragmatischen Milieu.
3. *Nachhaltigkeitsaktive ohne inneren Anlass* (ca. 16 %): Insbesondere konservativ-bürgerliche oder experimentalistische Hedonisten gehören diesem Verhaltenstyp an. Sie handeln z.B. aus Tradition oder Gewohnheit nachhaltig, ohne dies besonders zu reflektieren.
4. *Nachhaltigkeitsinteressierte ohne Verhaltenskonsequenzen* (ca. 20 %): Adaptiv-pragmatische Jugendliche, oftmals Realschüler*innen, zeigen durchaus Interesse an der Thematik, ziehen aus der Auseinandersetzung mit Nachhaltigkeit jedoch keine entsprechenden Handlungskonsequenzen.
5. *Nachhaltigkeitslethargiker* (ca. 15 %): Diesen Jugendlichen ist Nachhaltigkeit weitgehend egal. Hedonisten und Prekäre sind hier überrepräsentiert.

---

38 Vgl. Appel 2010, S. 54. Birkel macht 2002 bei Jungen ein höheres Wissen in Umweltfragen aus, bei den Mädchen eine höhere Verantwortungsbereitschaft. (Vgl. Birkel 2002, S. 206-208.)

39 Vgl. zum Folgenden Michelsen et al. 2015a.

40 Vgl. Sommer et al. 2019, S. 12f.

Grundsätzlich sind jedoch in jedem Sinusmilieu alle Nachhaltigkeitstypen vertreten, die Typisierung weist lediglich Tendenzen aus. Zugleich sagt die Zuordnung nichts über das reale Umweltverhalten aus. So verbrauchen Prekäre z.B. deutlich weniger CO_2, auch weil sie weniger finanzielle Ressourcen für nicht-nachhaltigen Konsum besitzen.[41] Hierin zeichnet sich bereits ab, dass zum einen nachhaltiges Handeln intersektional mit sozialem und kulturellem Kapital verbunden ist und zum anderen auch bei nachhaltigkeitsaffinen Akteuren der beschriebene *mind-perception-* bzw. *mind-behavior-gap* vorherrscht. So beruht die Wertschätzung von Nachhaltigkeit nicht allein auf ethischen Präferenzen, sondern insbesondere bei der gesellschaftlichen Mitte ebenso auf dem Wunsch nach Distinktion (Kap. 3.2.3). Denn bei der oberen Mittelschicht ist eine Diskrepanz auszumachen zwischen nachhaltigkeitsaffinem Bewusstsein auf der einen Seite und großem »ökologische Fußabdruck« auf der anderen Seite.[42] Dieser *gap* lässt sich weniger ethisch oder ökologisch, sondern vielmehr sozio-kulturell und ökonomisch erklären. Sighard Neckel sieht die Nachhaltigkeitsaffinität der Mittelschicht eng verbunden mit deren Statusarbeit, nämlich in der stetigen Investition in den möglichst dauerhaften sozialen Aufstieg und in der Abgrenzung zur Unterschicht. Hierzu müsse die Mittelschicht nachhaltig mit ihren Ressourcen haushalten, da diese »bei den Mittelschichten eben begrenzt und nicht beliebig vermehrbar sind. Daraus ergibt sich eine Art strukturelle Homologie, eine Wahlverwandtschaft zwischen der Lebensführung der Mittelschichten und den Prinzipien ökologischer Nachhaltigkeit«[43], nämlich so mit den verfügbaren Ressourcen zu haushalten, um die eigene Statussicherung nachhaltig zu sichern. Ein nachhaltiger Lebensstil erstreckt sich damit auf ganz unterschiedliche Bereiche: Ernährung (gesund, schlank, attraktiv bleiben), Bildung (lebenslanges Lernen) oder Konsum (hochwertige, langlebige Güter), Finanzen (lukrative Nachhaltigkeitsfonds) u.v.m. Diese zielen zum einen auf den Anschluss an höhere Milieus und grenzen sich zum anderen deutlich von der Unterschicht durch Distinktion ab. Daher ist es auch folgerichtig, wenn auf ungesunde Ernährung oder nicht-ökologisch produzierte Massenware verächtlich als nicht nachhaltige Lebensweise herabgeschaut wird. Ein solcher Zugriff auf Nachhaltigkeit ist somit stark funktional und nutzenorientiert auf den Wohlstand der Akteure ausgerichtet – und eben nicht ausschließlich auf ein ökologisches

41 Vgl. Bederna 2019, S. 215; Kleinhückelkotten et al. 2016, S. 85.

42 Vgl. Kleinhückelkotten et al. 2016, S. 84-87.

43 Neckel 2018, S. 65.

Gleichgewicht, das die planetaren Grenzen ebenso im Blick hat wie das Wohlergehen der globalen Menschheit, Tiere und Natur. »Am ökologischen Lebensstil ist diese aufstiegsorientierte Mitte vor allem insofern interessiert, als er der Erhöhung ihrer Lebensqualität dient. Bleibt diese aus, wird die Unterstützung für Nachhaltigkeit brüchig«[44]. Sicherlich sind nicht alle nachhaltigkeitsaffinen Mittelschichtsangehörigen allein auf ihren distinktiven Lebensstil ausgerichtet. Die Bereitschaft sich für eine ökologisch-soziale Wende einzusetzen, ist hier deutlich größer als in anderen Milieus. Ebenfalls nehmen zahlreiche Akteure die beschriebenen Diskrepanzen in ihrem eigenen Leben wahr und suchen nach Lösungen hierfür.[45] Dennoch zeichnet sich z.B. bei Stammwähler*innen der Grünen diese Fokussierung auf den individuellen Wohlstand ab. »Ein überraschend hoher Anteil der Wähler versteht sich sogar als unpolitisch und präferiert die Partei vor allem aus Lifestyle-Gründen (etwa beim Kauf von Bio-Lebensmitteln)«[46]. Somit überrascht es nicht, dass mit diesen nachhaltigkeitsaffinen Milieus durchaus ein hoher ökologischer Ressourcenverbrauch einhergehen kann, wenn der erstrebte Lebensstil z.B. eine hohe Mobilität oder eine Altbauwohnung umfasst. Neckel bezeichnet dieses Verhalten als »Öko-Bigotterie«[47] mit einer großen Diskrepanz zwischen Anspruch und Wirklichkeit. Denn selbst grüner Konsum oder umweltbewusstes Reisen verbraucht Ressourcen, so dass die Einspareffekte durch dieses Konsumverhalten nicht ausreichen, um den »weit über dem Durchschnitt liegenden Verbrauch energetischer und stofflicher Ressourcen aufzufangen.«[48] Exzessiver Konsum kann vielmehr als zentrales Problem der wohlhabenden und reichen Nachhaltigkeits- und Umweltbewussten bezeichnet werden.[49] »The data speak a clear language: […] Both environmental impact and pro-environmental attitudes increase steadily with rising income. In a nutshell: Any influence of proenvironmental attitudes is counterbalanced by the income effect.«[50] Dieses Ergebnis kann eventuell auch ein ernüchterndes Bild auf die

---

44 Neckel 2018, S. 61f.

45 Vgl. Bundesministerium für Umwelt et al. 2017, S. 76.

46 Decker 2018.

47 Neckel 2018, S. 63.

48 Kleinhückelkotten et al., S. 85.

49 »Recycling a Starbucks cup or Coke bottle does nothing to address the subjugation and marginalisation of the world's least protected peoples and most vulnerable ecosystems…yet such efforts are now defining feature of environmentalism in wealthy countries.« (Dauvergne 2016, S. 42.)

50 Niebert 2019, S. 2.

junge Fridays for Future Generation werfen: Werden diese weiterhin auf Flüge und Autos verzichten, wenn sie beruflich arriviert und ökonomisch etabliert sind?

3.2.4 Gesellschaft

Folgt aus den vorangegangenen Überlegungen, dass Einkommen und Wohlstand gesenkt werden müssen, um die planetaren Grenzen nicht weiter zu überschreiten? Einkommen und Reichtum sind in der Tat kaum zu unterschätzende Faktoren, die nahezu alle Lebensbereiche bzw. Systeme prägen und grundlegend mit Nachhaltigkeit konfligieren. Daher betrachtet der Philosoph Christian Neuhäuser Reichtum als moralisches Problem, nicht nur in ökologischer, sondern insbesondere auch in sozialer wie politischer Hinsicht.[51] Er fordert deshalb, Reichtum zu begrenzen, wobei die Höhe gesellschaftlich auszuhandeln sei. Losgelöst von der Frage, ob die von ihm eingeforderten politischen und ökonomischen Maßnahmen (z.B. Anhebung des Spitzensteuersatzes, Erbschaftssteuer) auf nationaler und globaler Ebene durchsetzbar sind und damit eine gesellschaftliche Umorientierung bei Werten und Einstellungen eintritt,[52] verbleiben auch bei einer Begrenzung des Reichtums noch enorme Ressourcen in der Mittelschicht, die mit dem beschriebenen nicht-nachhaltigem Verhalten einhergehen. Daher soll im Folgenden der Blick nicht ausschließlich auf Einkommen und Kapitalakkumulation als Einflussgröße nachhaltigen Handelns geworfen, sondern der milieusensible Blick auf Nachhaltigkeit nochmals gesamtgesellschaftlich ausgeweitet werden. Angesichts der Komplexität der Thematik kann dies nur holzschnitthaft und anhand ausgewählter Theorieansätze geschehen.

Wie bereits durch die (moral-)psychologischen Überlegungen verdeutlicht, wird nachhaltiges Handeln in besonderem Maße durch soziale und gesellschaftliche Faktoren geprägt. Die Transformationsforschung untersucht daher, wie die Gesellschaft als gesamte nachhaltig transformiert werden kann. Entsprechende Ansätze liegen zahlreich vor und entwickeln auch vor dem Hintergrund historischer Transformationsprozesse[53] Modelle einer zukünftigen nachhaltigen Gesellschaft. Programmatisch wird hierbei

---

51 Vgl. Neuhäuser 2018.

52 Insbesondere die Realisierbarkeit dieses moralphilosophischen Ansatzes wurde vor allem von ökonomischer Seite vehement kritisiert. (Vgl. z B. Kaube 2020.)

53 Vgl. Polanyi 2017; vgl. zum Folgenden auch Deflorian 2019.

von einer »großen Transformation«[54] gesprochen. Der Weg dorthin wird maßgeblich durch zwei miteinander verbundene Ansätze beschrieben. Nach Ronald Inglehart findet seit den 1970er Jahren ein Wertewandel von materiellen zu postmateriellen Werten statt, wobei sich letztere verstärkt an Freiheit, Emanzipation und Lebensqualität orientieren und in Richtung einer humanistischeren Gesellschaft weisen.[55] Dieser Ansatz findet derzeit empirische Bestätigung in dem bereits skizzierten Erstarken ökologischer und postmaterieller Werte bei den protestierenden Jugendlichen sowie der nachhaltigkeitsaffinen Milieus (Kap. 3.2.3). Eng damit verbunden sind Ansätze, die eine nachhaltige Gesellschaft bereits in aktivistischen Gruppierungen präfiguriert sehen.[56] Essenskooperativen, Car-Sharing-Gemeinschaften, Repair-Cafés, ökologische Agrarkooperativen u.v.m., die zumeist von Personen aus postmateriellen, nachhaltigkeitsaffinen Milieus bestritten werden,[57] zeigen demnach, wie ein als gut wahrgenommenes und zugleich nachhaltiges Leben möglich ist.[58] Sie unterstreichen auch die bereits (moral-)psychologisch dargelegten Mechanismen, dass nachhaltiges Handeln sozial verankert und befördert wird. Solche Initiativen werden somit als »Pioniere des Wandels«[59] und als Keimzelle einer nachhaltigen Gesellschaft betrachtet. »Die Transformationsforschung kann uns dabei vor Augen führen, welch zentrale Rolle unkonventionelle, alternative Lernerfahrungen, die in den Nischen der Gesellschaft entstehen, für einen konstruktiven gesellschaftlichen Umbruch spielen können […], weil herkömmliche Lösungsmuster versagen.«[60] Auf diesen Ansätzen gründen auch – wie im weiteren Verlauf noch zu zeigen ist – zahlreiche pädagogische Ansätze, z.B. wenn im *whole school approach* BNE nicht nur im Unterricht thematisiert, sondern Nachhaltigkeit im gesamten Schulleben verankert wird, z.B. durch entsprechendes Mensaessen, Kleidertauschbörsen, einen grünen Schulhof und Schulgarten. Allerdings zeichnen sich bei der näheren Analyse mindestens zwei Problemstellungen ab. Erstens erstrecken sich viele dieser nachhaltigen »Nischen« nur auf einzelne Teilbereiche gesellschaftlichen Lebens wie Ernährung, Konsum, Mobilität usw.

54 Wissenschaftlicher Beirat Globale Umweltveränderungen 2011.
55 Vgl. Inglehart 1998.
56 Vgl. Wright 2017. Der Begriff »präfigurativ« ist in Anlehnung an Präfigurative Politik gewählt. (Vgl. Yates 2015.)
57 Vgl. Eversberg und Schmelzer 2016.
58 Vgl. zahlreiche Projekte und Modelle bei Sommer und Welzer 2014.
59 Vgl. Wissenschaftlicher Beirat Globale Umweltveränderungen 2011, S. 256-280.
60 Seitz 2017, S. 167.

Aktivist*innen können somit an Essenskooperativen partizipieren, zugleich aber im Bereich Mobilität nicht-nachhaltige Formen wählen. Erhebungen belegen entsprechend, dass das ökologische Verhalten der Aktivist*innen oftmals hoch widersprüchlich ist.[61] Diese Inkonsistenzen – so lässt sich argumentieren – werden geringer, wenn die alternativen Praktiken aus den Nischen der Gesellschaft herauskommen und breitere gesellschaftliche Felder durchdringen. Gegen eine solche sukzessive Entwicklung und Durchdringung transformativer Projekte spricht allerdings zweitens, dass bereits seit den 1970er Jahren ökologische und soziale Nischenprojekte von Aktivist*innen entwickelt und gelebt werden, die sich jedoch immer noch nicht auf breiter Ebene durchsetzen konnten. Bei den gegenwärtigen Bewegungen ist wenig »wirklich neu, und es ist nicht einfach ersichtlich, warum diese heutigen Initiativen mehr transformative Kraft entfalten und bessere Erfolgsaussichten haben sollten als ihre Vorgänger.«[62] Zwar lässt das gegenwärtige Erstarken des ökologischen Bewusstseins und der Klimaschutzproteste einen Entwicklungsschub erhoffen, aber zugleich sind gesamtgesellschaftlich und global betrachtet gewichtige Gegentendenzen erkennbar. Weder auf Bundes- noch Europaebene zeichnen sich derzeit grundlegende Transformationsbemühungen ab. Alle noch so zögerlich getroffenen Maßnahmen verbleiben innerhalb des bestehenden neoliberalen, auf Wachstum getrimmten Systems. Selbst die Grünen haben sich weitgehend von einer grundlegenden Systemtransformation verabschiedet.[63] Global gesehen erlebt mit dem Erstarken von populistischen Parteien und autokratischen Staatsführern wie Bolsonaro und Trump ein ungebremster Kapitalismus Konjunktur, der gänzlich von einer ökologisch und nachhaltig ausgerichteten Wirtschaft und Politik abrückt. Auch das Programm der AfD ist eindeutig in diese Richtung aufgestellt. Empirisch ist daher die Transformationsforschung in ihrer Hoffnung auf transformative Entwicklung durch Nachhaltigkeitspioniere, durch Aktivist*innen oder steigende postmaterielle Werte herausgefordert. Dass die Corona-Krise hier ein Umdenken bewirkt, ist zwar zu hoffen, aber auch nach der Finanzkrise von 2008 sind ähnliche Hoffnungen schnell verflogen. Was sind somit Gründe für das Ausbleiben der großen Transformation, wenn doch die Notwendigkeit scheinbar so offensichtlich ist? Über die psychologisch begründbaren individuellen

61 Vgl. Eversberg 2015.
62 Blühdorn 2019d, S. 42.
63 Vgl. Blühdorn 2019d, S. 46.

Hürden nachhaltigen Handelns hinaus (Kap. 3.1), lassen sich weitreichende soziologische Grenzen erkennen, die im Folgenden kurz skizziert werden.

Für Blühdorn et al. greifen zwei Begründungsansätze ineinander, die das Ausbleiben der großen Transformation erklären und eine Deutungsfolie darstellen, um von einer derzeit bestehenden *nachhaltigen Nicht-Nachhaltigkeit* zu sprechen.[64] Zum einen betrachten sie den hegemonialen Kapitalismus bzw. Neoliberalismus als dominante globale Größe, die alle anderen gesellschaftlichen Bereiche durchdringt und bestimmt. Diese Verflechtung ermögliche es weder für Individuen noch für Institutionen oder Gesellschaften, sich der kapitalistischen und neoliberalen Wachstumslogik zu entziehen. In dieser Perspektive werden alle auf exzessiven Konsum eingeschworen, da nur dieser weiteres Wachstum ermögliche, an dem zugleich der erreichte Wohlstand gebunden sei. Die prominente *green economy* oder der von Ursula von der Leyen ausgelobte europäische *Green New Deal* bedienen sich dieser kapitalistischen Wachstumslogik ebenso wie die CO_2-Bepreisung, die zwar zu ökologischerem Wirtschaften führt, aber dennoch weiter auf eine ökonomische Regulierung setzt. Auch in der Corona-Krise zielen neben kurzfristigen Soforthilfen die milliardenschweren Investitionsprogramme primär auf Wirtschaftswachstum und Konsumsteigerung. Für Blühdorn et al. erfährt jedoch ein zweiter Begründungsansatz derzeit weniger Beachtung, den sie als Emanzipation zweiter Ordnung bezeichnen und der eng mit der derzeitigen Demokratiekrise und dem Neoliberalismus zusammenhängt. Demnach herrsche in der ökologischen Bewegung seit Beginn ein auf Mündigkeit und Emanzipation gründendes Subjektverständnis vor, wobei sich die ökologische Bewegung das authentische, nicht entfremdete Subjekt als eine »Art normativen Fixpunkt und objektiven Referenzwert vorgestellt«[65] habe. Allerdings erwies sich bereits früh, dass sich die Subjekte zumeist weder entfremdet fühlten noch befreit werden wollten. Bereits in der frühen Kritischen Theorie wurde wahrgenommen, »dass den Menschen der Konsum zur zweiten Natur wird, und dass das Leiden, das Entfremdungsgefühl sowie die Sehnsucht nach grundsätzlichen Alternativen damit letztlich verschwinden.«[66] Eine fortschreitende Befreiung aus Konsumzwängen und kapitalistischen Verquickungen hin zu einem nachhaltigen, freieren Leben fand weitgehend nicht statt. Zugleich setzte sich das Emanzipationsprojekt deutlich verändert weiter fort. Dabei

64 Vgl. Blühdorn et al. 2019.

65 Blühdorn 2019b, S. 96.

66 Blühdorn 2019b, S. 106.

wird Identität immer stärker materialistisch durch Konsum ausgeprägt, wodurch sowohl Wachstum als auch Ressourcenverbrauch ansteigen. Gleichzeitig gilt umgekehrt, dass die Wachstumslogik selbst eine solche konsumorientierte Identitätsprägung erfordert, wodurch sich beides wechselseitig verstärkt. Zudem ist das Subjekt stets herausgefordert, sich selbst – ganz emanzipativ – neu zu entwerfen, mit allen Freiheiten und Risiken. Individualisierung, Selbst-Kultur, Risikogesellschaft und Patchworkbiografien wurden zu Schlagworten, die diese Entwicklung beschreiben, die sich bis in die Gegenwart fortsetzt. Als unternehmerisches Selbst,[67] das in einer Gesellschaft der Singularitäten[68] und in einer flüchtigen Moderne[69] lebt, wird derzeit (auch in der Theologie) dieser Subjektbegriff diskutiert und problematisiert. Auf den Nachhaltigkeitsdiskurs hat ein solches Subjektverständnis große Auswirkungen, denn das unternehmerische Selbst muss ständig in sich selbst und seine Singularität investieren, was sowohl hohe materielle als auch immaterielle Ressourcen verschlingt.

> »Vielschichtige, anpassungsfähige und auch für Widersprüche jederzeit offene Selbstverständnisse erlauben eine sehr viel reichhaltigere Lebensführung, Welterfahrung und Selbstverwirklichung. [...] Das konsequente Festhalten an unverbrüchlichen Regeln oder Prinzipien ist demgegenüber eine immer weniger aussichtsreiche Strategie oder erwartete Haltung, sondern mit Blick auf das Management des eigenen Lebens geradezu verantwortungslos.«[70]

Damit wird auch das widersprüchliche Verhalten bei Aktivist*innen und die »Öko-Bigotterie« der gesellschaftlichen Mitte (Kap. 3.2.3) deutbar. In dieser Perspektive handelt es sich weniger um moralische Fehltritte noch um mangelnde Selbstreflexion oder Emanzipation, sondern um eine in der flüchtigen Moderne eingeübte Strategie unterschiedliche Werte, Handlungen und Einstellungen nebeneinander stehen zu lassen. Somit werden Widersprüche »bewältigt, indem unterschiedliche sets of values in verschiedenen diskursiven Arenen angesiedelt und ausgelebt werden.«[71] Und zugleich können durch den Konsum grüner Güter Identitätsentwürfe, soziale Distinktion und zugleich der Wunsch nach Nachhaltigkeit (vermeintlich) zusammengebracht

67 Vgl. Bröckling 2016.
68 Vgl. Reckwitz 2017.
69 Vgl. Bauman 2016.
70 Blühdorn 2019b, S. 101f.
71 Blühdorn 2019b, S. 110.

werden.[72] In Hinblick auf die Transformation von Gesellschaft bedeutet dies jedoch auch, dass aus diesen selektiven, fluiden und oftmals in sich widersprüchlichen individuellen Praktiken nur schwer eine Transformation von Gesellschaft als gesamte hervortritt.

Zugleich hat sich nach Blühdorn et al. das moderne Subjekt noch weiter emanzipiert und zwar aus Mündigkeit und Verantwortung, aus Verpflichtungen, Beschränkungen und Prinzipien, »die frühere Emanzipationsbewegungen sich im Namen dieser Vernunft selbst politisch gesetzt hatten, die inzwischen aber ihrerseits zur Behinderung geworden sind.«[73] Denn in dem Maße, wie die neoliberale Logik auch auf das unternehmerische Selbst bezogen wird, sind solche Beschränkungen des Emanzipationsprojekts hinderlich. Sobald gegenwärtig (nicht-nachhaltiges) Verhalten reguliert werden soll, werden durch alle politischen Lager und Milieus hindurch nahezu reflexartig diese individuellen Freiheiten beschworen, was zugleich zu einer Freisetzung aus Verantwortung und Verpflichtung, aber auch aus Mündigkeit, Rationalität und Reflexivität führen kann. Damit wird mehr denn je »jede politische Regulierung im Namen übergeordneter Werte oder kollektiver Ziele als bevormundender Eingriff in persönliche Freiheiten zurückgewiesen. […] Zu ihrer Verfestigung trägt der hegemoniale Neoliberalismus wesentlich bei.«[74] So haben bspw. auch die Grünen angesichts von gescheiterten Vorstößen wie dem sog. *Veggie-Day* weitgehend aufgehört, in die als individuell betrachteten Lebensbereiche einzugreifen.

> »Jedenfalls scheuen die Grünen deutlich sichtbar vor der zentralen Aufgabe zurück, ihre Leitidee der Emanzipation grundsätzlich zu überdenken und der fortschreitenden Befreiung – auch von ökologischen und sozialen Verantwortlichkeiten – ein Projekt der neuen Grenzziehung und Beschränkung entgegenzusetzen.«[75]

Plakativ formuliert dies auf einem Wahlplakat 2019 ein Nationalratsabgeordneter der SPÖ: »Klimaschutz: Ja! Bevormundung: Nein! …das sage ich als Lin-

---

72 Vgl. Deflorian 2019, S. 214.

73 Blühdorn 2019b, S. 103. Hierbei handelt es sich um eine »Befreiung aus dem, was Almond und Verba als civic culture bezeichneten […], was Hans Jonas Das Prinzip Verantwortung nannte […] und was Dobson und andere später als den Kern von »environmental citizenship« […] betrachteten.« (Blühdorn 2019b, S. 102.)

74 Blühdorn 2019b, S. 100.

75 Blühdorn 2019d, S. 46.

ker.«[76] Zugleich stößt die Einschränkung individueller Freiheiten auf deutlich größere Zustimmung, wenn das eigene Wohl direkt bedroht ist, wie die Corona-Krise zeigt, die tiefgreifende Einschnitte der Grundrechte nach sich zieht. Nahezu diskussionslos wurden hier zu Beginn der Pandemie gravierende Eingriffe in die Grundrechte vorgenommen, wohingegen bereits deutlich geringfügigere Freiheitsbeschränkungen, wie Tempolimit oder Fleischverzicht immer wieder abgelehnt werden.

Diese Emanzipation zweiter Ordnung hat massive Auswirkungen auf die Gestaltung einer (nachhaltigen) demokratischen Gesellschaft, denn hiermit gehen der Demokratie zugleich Voraussetzungen verloren, die sie – entsprechend dem berühmten Böckenförde-Theorem – selbst nicht hervorbringen kann.[77] In dieser Lesart folgen nicht nur die nicht-nachhaltige Gesellschaft sondern z.B. auch das Erstarken von Rechtspopulismus und -radikalismus oder die Demokratiekrise aus eben dieser Emanzipation zweiter Ordnung, da sich das Individuum in seinem Freiheitsstreben aus Verantwortung und Mündigkeit emanzipiert habe. Damit wird das Wohl des Einzelnen über das Wohl der Gemeinschaft gestellt, wobei die Demokratie zunehmend zu einem Instrument wird, um das individuelle Wohlergehen abzusichern. Durch Wirtschaftswachstum konnte zumindest in den westlichen Gesellschaften die Spannung zwischen Individual- und Gemeinwohl überdeckt werden, wenngleich kleinere Gesellschaftsschichten deutlich mehr vom wachsenden Wohlstand profitierten als andere. Global betrachtet geht diese Verbindung jedoch überhaupt nicht auf, sondern das Wirtschaftswachstum des globalen Nordens geht auf Kosten des globalen Südens. In dieser Hinsicht sprechen die Politikwissenschaftler Ulrich Brand und Markus Wissen von einer imperialen Lebensweise, die die sozialen und ökologischen Kosten räumlich externalisiert.[78] Doch durch Globalisierung und die Überschreitung der planetaren Grenzen sickert die Erkenntnis ins Bewusstsein, dass die Ressourcen nicht mehr für alle reichen. Damit gerät die Demokratie unter Druck, die moderne Lebensweise angesichts knapper werdender Ressourcen weiterhin politisch zu sichern und zu legitimieren. Insbesondere die auch klimabedingten Migrationsbewegungen sorgen dafür, dass der Verteilungskampf vermehrt als

76 Zit.n. Blühdorn 2019b, S. 78.

77 Ernst-Wolfgang Böckenförde formulierte erstmals 1964: »Der freiheitliche, säkularisierte Staat lebt von Voraussetzungen, die er selbst nicht garantieren kann« (Böckenförde 1991, S. 112.)

78 Vgl. Brand und Wissen 2017, S. 62-65; vgl. a. Lessenich 2016.

ein nationaler betrachtet wird. So werden nationalistische und rechtspopulistische Dynamiken verstärkt. Die ökologische Krise und die planetaren Grenzüberschreitungen führen dazu, dass die

> »bedrohte Mehrheit also nicht etwa die viel zitierten Modernisierungsverlierer*innen [sind], die immer wieder als der Kern rechtspopulistischer Bewegungen gesehen werden, sondern weit darüber hinaus eine breite Allianz ganz verschiedener gesellschaftlicher Gruppen, die – mitunter gegeneinander, aber doch gemeinschaftlich – den post-ökologischen Verteidigungskonsens [...] tragen, den stillen Gesellschaftsvertrag für die nachhaltige Nicht-Nachhaltigkeit.«[79]

Hieraus zeichnet sich eine *implizite* Komplizenschaft ganz unterschiedlicher Bevölkerungsteile ab, wie z.B. der nachhaltigkeitsaffinen Mittelschicht und rechtspopulistischen Gruppen. Denn indem letzteres z.B. massiv gegen eine liberalere Flüchtlingspolitik protestiert, können sozial-ökologische, alternative Milieus weiterhin ihre Menschenrechtswerte aufrecht halten, ohne zugleich ihren Wohlstand mit zu vielen Geflüchteten teilen zu müssen. »Der Verdacht drängt sich auf, dass der unmoralische und entzivilisierte Pöbel hier vielleicht eine dreckige Arbeit übernimmt, die das gepflegte Bürgertum zwar weit von sich weist, die ihm aber doch unverzichtbar ist.«[80] Denn ihre imperiale Lebensweise muss natürliche Ressourcen und Arbeitskräfte aus anderen Weltregionen ausbeuten, um den erreichten Lebensstandard zu halten.[81] Der Kampf um Beatmungsgeräte und Gesichtsmasken während der Corona-Krise zeigt erschreckend, wie stark Verteilungskämpfe global und innerhalb der EU geführt werden. Demokratisch die begrenzten Ressourcen zu sichern, gelingt somit zunehmend nur noch durch Ausgrenzung, Marginalisierung von schwachen Minderheiten und damit durch Aufrechterhaltung von Ungleichheit, was zur Polarisierung führt.[82] Wenn somit die normative Basis für Gleichheit, sozialen Ausgleich und Inklusion zunehmend erodiert und –

---

79 Blühdorn 2019a, S. 311.

80 Blühdorn 2019c, S. 18.

81 Vgl. Brand und Wissen 2017, S. 43f.

82 »Das Ziel ist dabei allemal, per Mehrheitsbeschluss Ballast abzuwerfen und nicht mehr wachsende Ressourcen für eine verkleinerte Gemeinschaft zu reservieren. Zum Ballast gehören aus dieser Perspektive Ideale der Gleichheit und Gerechtigkeit ebenso wie ökologische Verantwortlichkeiten, internationale Abkommen zum Klimaschutz oder universale Menschenrechte.« (Blühdorn 2019a, S. 312.)

mit Böckenförde – ein freiheitlicher, säkularer Staat diese auch nicht garantieren kann, schrumpfen die politischen Gestaltungsspielräume. Im Bereich Nachhaltigkeit wird dies umso schwerer, da der Nachhaltigkeitsdiskurs – wie aufgezeigt – bislang weitgehend normative Fragen ausklammert, was die Akzeptanz des Nachhaltigkeitskonzepts erhöht, sich aber in einer polarisierten Gesellschaft und einer vornehmlich verwaltenden Politik als problematisch erweist. Es sieht derzeit nicht danach aus, dass Parteien in dieses normative Vakuum einsteigen, um sich »selbst als Formationen zu verstehen, die im Sinne einer Mitwirkung am politischen Willen aktiv auf die Bürger*innen einwirken. Dies ist zum einen eine Selbstaufgabe und zum anderen verloren gegangenes Vertrauen der Bürger*innen in die Parteien.«[83] Vielmehr scheint sich Politik auf die Organisation der Verteilung knapper Ressourcen zu konzentrieren und auf die Frage, »wie die klar absehbaren und unvermeidlichen Konsequenzen dieser Politik individuell und gesamtgesellschaftlich bewältigt und erträglich gemacht werden.«[84] In der Corona-Krise zeigt sich dies darin, dass die Regierung das Krisenmanagement verwaltet: Masken ankaufen, Gelder für Intensivplätze in Krankenhäuser bereitstellen, neue Ressourcen für Beatmungsgeräte erschließen. Gleichzeitig sind die Parteien, zu Beginn außergewöhnlich harmonisch und konsequent, normativ in die Debatten eingestiegen. Es gelte strenge Einschränkungen einzuführen, ökonomischen Abschwung in Kauf zu nehmen, um Leben zu schützen. Hier hat eine explizit normative Haltung und entsprechende öffentliche Positionierung und Kommunikation dazu geführt, dass weite Bevölkerungsteile diese normative Ausrichtung insbesondere in den ersten Wochen mitgetragen haben. Ob diese Erfahrungen auch einen Einfluss auf die Bewältigung anderer Krisen haben werden, bleibt abzuwarten.

Die vehementen Klimaproteste der jungen Generation sind – zumindest in Teilen – ebenfalls als ein Kampf um Ressourcen zu deuten. Zwar geht es der Fridays For Future-Bewegung zentral um globale Klimagerechtigkeit, aber die hohe Mobilisierungsrate lässt sich auch durch den gefährdeten individuellen Wohlstand erklären. Denn die protestierenden Jugendlichen gehören weitgehend nachhaltigkeitsaffinen Milieus mit ihrer zugleich nicht-nachhaltigen, auf Selbstoptimierung und Selbstverwirklichung zielenden Lebensweise an, die zukünftig vermutlich so nicht aufrechtzuhalten sein wird.

---

83 Butzlaff 2019, S. 198.

84 Blühdorn 2019b, S. 122.

Diese soziologischen Beschreibungen skizzieren mit sehr grobem Strich und auch unter Auslassung zentraler weiterer Faktoren, wie z.B. dem Einfluss von Digitalisierung,[85] warum eine nachhaltige Politik und Gesellschaft derzeit trotz Konjunktur des Nachhaltigkeitskonzepts nicht oder nur in Ansätzen realisiert wird. Dabei bewegen sich die Ausführungen auf einer deskriptiven und nicht auf einer präskriptiven Ebene. Wie eine nachhaltige Gesellschaft aussehen kann und welche Wege dorthin erfolgreich sein können, ist hieraus noch nicht ableitbar. Die Analysen dienen vielmehr als kritische Deutungsfolie, um sowohl einzelne politische, gesellschaftliche, aber auch pädagogische und didaktische Konzeptionierungen von Nachhaltigkeit im größeren Kontext einer multiplen Krise und gesellschaftlicher Entwicklungen soziologisch kritisch deuten und bewerten zu können. Die Gestaltungsräume, wie sie z.B. in den Nachhaltigkeitsnischen gefunden werden, erscheinen hierbei auf Grund der skizzierten Interdependenz von Subjektivierung, Emanzipation zweiter Ordnung mit hegemonialem Neoliberalismus und Kapitalismus begrenzt. Im Folgenden soll daher untersucht werden, ob Religion(en) Räume und Ressourcen für die Transformation in eine nachhaltige Gesellschaft bereitstellen können.

3.2.5 Religion

Christentum und Kirche besitzen nach Ansicht zahlreicher theologischer Entwürfe in Anlehnung an Michel Foucault das Potenzial, Heterotopien hervorzubringen.[86] Diese Anders-Orte sollen einen Möglichkeitssinn für »wirkliche[...] Möglichkeiten statt Utopien möglicher Wirklichkeiten«[87] eröffnen und Räume bieten für »alternative Praktiken und Erfahrungen zum kulturell hegemonialen Kapitalismus«[88]. Angesichts der skizzierten gesellschaftlichen »Großwetterlage« stellt sich jedoch die Frage, inwiefern solche Heterotopien überhaupt noch existieren können bzw. relevant genug sind, um Gesellschaft ihrerseits mitzugestalten. Wie viel Andersartigkeit können religiöse Räume und Strukturen heute noch eröffnen und wie stark wirken diese wiederum in Gesellschaft zurück? Besitzen Religionen dadurch auch Potenzial für nachhaltiges Handeln oder gar für eine nachhaltige gesellschaftliche Transformation außerhalb religiöser Gemeinschaften? Oder sind

---

85 Vgl. Blühdorn 2020; Blühdorn und Kalke 2020.

86 Vgl. Sander 2009; Bauer 2003.

87 Bauer 2016, S. 18.

88 Bucher 2019, S. 162.

diese Heterotopien vergleichbar mit den bereits skizzierten Nischenprojekten, die bislang die Gesamtgesellschaft noch nicht nachhaltig gestalten konnten? Entsprechend dem soziologischen Fokus dieses Kapitels geht es im Folgenden nicht um theologische Entwürfe nachhaltiger Heterotopien (Kap. 4), sondern um eine Erkundung institutionellen bzw. individuellen Agierens religiöser Akteure.

Institutionell haben viele christliche Kirchen und religiöse Gemeinschaften in den letzten Jahren in verschiedenster Form ihre Sorge angesichts der ökologischen Krise zum Ausdruck gebracht und zu einem entschiedenen Handeln innerhalb der eigenen Gemeinschaft wie auch in der Weltgemeinschaft aufgerufen. Damit melden sie theologische Beiträge zu Nachhaltigkeitsfragen an, die in die Gesellschaft hineinwirken sollen. So hat der Ökumenische Rat der Kirchen bereits 1975 in Nairobi eine nachhaltige und verantwortliche Gesellschaftsordnung gefordert, als der Begriff der Nachhaltigkeit kaum im politischen und gesellschaftlichen Bewusstsein war. Auf evangelikaler Seite forderten z.B. über 200 amerikanische Leitungspersonen in »Climate Change: An Evangelical Call to Action«[89] die US-Regierung zu Klimaschutzmaßnahmen auf, da der Klimawandel eine Aufforderung sei »for evangelical Christians to respond to the climate change problem with moral passion and concrete action.«[90] In der Katholischen Kirche wiederum findet insbesondere Papst Franziskus mit seiner Enzyklika *Laudato si'* weltweite Beachtung, in der er eine radikal neue Postwachstumsgesellschaft fordert und den hegemonialen Kapitalismus für die Klimakatastrophe mit verantwortlich macht. Auf der Amazonassynode 2019 unterstützen zahlreiche lateinamerikanische Bischöfe im sog. »Katakombenpakt für das gemeinsame Haus« den Kampf von Umweltschützer*innen:

> »In Dankbarkeit für deren Heroismus verbünden wir uns in unserer Entscheidung, ihren Einsatz mit Entschlossenheit und Mut fortzusetzen. Es ist ein Gefühl der Dringlichkeit angesichts der Aggressionen, die heute das Amazonasgebiet zerstören, bedroht durch die Gewalt eines ausbeuterischen und konsumorientierten Wirtschaftssystems.«[91]

---

89 Statement of ECI 2006. Ronan konnte jedoch aufzeigen, dass dieses Konsenspapier in den nachfolgenden Jahren nur begrenzt in evangelikalen Gruppierungen Beachtung findet. (Vgl. Ronan 2017.)

90 Statement of ECI 2006.

91 Teilnehmende der Synode für Amazonien 2019.

Auch die Deutschen Bischöfe fordern, Kirchen und Religionsgemeinschaften sollten »selbstbewusst und nachdrücklich als Advokaten des Wandels auftreten. Sie haben die konkrete Verantwortung, öffentlich und auch als Gesprächspartner der Politik die notwendigen Transformationen einzufordern und zu begleiten.«[92] Inwiefern diese kirchlichen Verlautbarungen jedoch auf politische und gesellschaftliche Entscheidungen Einfluss nehmen, ist damit noch nicht geklärt. Für die frühen 2000er Jahre zeigt Oliver Reis diesbezüglich auf, dass innerhalb einer systemtheoretischen Deutung der Nachhaltigkeitsdiskurs von der Ökonomie so codiert ist, dass Ökonomie die leitenden Unterscheidungen einbringt, die auch kirchliche Verlautbarungen nicht durchbrechen könnten. Entsprechend würden keine weiterführenden theologischen Impulse in die Debatten um Nachhaltigkeit eingespeist.[93]

Deutlich sichtbarer ist das weltweite diakonische Engagement religiöser Gemeinschaften und ihrer Hilfswerke, um die humanitären Folgen des Klimawandels zu mindern und auf Nachhaltigkeit ausgerichtete Entwicklungs- und Bildungsprojekte zu initiieren. Religionsgemeinschaften werden daher auch von politischer Seite als »Partner für den Wandel«[94] wahrgenommen. So wurde z.B. 2016 auf Initiative des Bundesministeriums für wirtschaftliche Zusammenarbeit und Entwicklung die »International Partnership on Religion and Sustainable Development« gegründet.[95] Sind religiöse Gemeinschaften somit innerhalb eines nicht-nachhaltigen Systems wichtige Helferinnen, um die Folgen der ökologischen Krise abzumildern und stabilisieren sie damit implizit eine nicht-nachhaltige Gesellschafts- und Wirtschaftsordnung? In diese Richtung sind individualethische Apelle deutbar, wie sie z.B. in der »Gemeinsame[n] Erklärung ›Religionen für biologische Vielfalt‹« formuliert wurden: »Wir wollen bewusst machen, dass jeder Mensch etwas für die Erhaltung der biologischen Vielfalt tun und damit zur Bewahrung der Natur

92 Wissenschaftliche Arbeitsgruppe für weltkirchliche Aufgaben der Deutschen Bischofskonferenz (2018), S. 88. In ähnlicher Weise äußern sich auch zahlreiche Veröffentlichungen der Evangelischen Kirche. (Vgl. z.B. Evangelische Kirche in Deutschland 2009, 2018.)

93 Vgl. Reis 2003.

94 Bundesministerium für wirtschaftliche Zusammenarbeit und Entwicklung (BMZ) 2016.

95 Vgl. Müller 2016, S. 20.

für künftige Generationen beitragen kann.«[96] Oder leisten Religionen einen Beitrag zur nachhaltigen Transformation der Gesellschaft?

Hierzu haben Glaab & Fuchs die Interventionen von NGOs auf der Konferenz der Vereinten Nationen über nachhaltige Entwicklung 2012 (Rio+20) untersucht. Dabei machen sie Unterschiede zwischen religiösen und nichtreligiösen Gruppen aus, wonach letztere eine stärker wertebasierte Argumentation aufweisen und ein breiteres Nachhaltigkeitsverständnis besitzen »insofar as they emphasise the non-material dimension of development.«[97] Einige religiöse Akteure stellen dabei, anders als alle (!) nicht-religiösen Akteure, Nachhaltigkeitskonzepte in Frage, die allein auf *green economy* zielen. »They argue instead that a true reflection on Sustainable Development should include a questionning of existing economic trends and shouldn't be equated with the notion of sustainable growth.«[98] Insgesamt, so Glaab & Fuchs, würden die religiösen Akteure bei Rio+20 in stärkerem Maße als andere Gruppierungen eine »imaginative transformative normative agenda«[99] besitzen. Religion könnte somit als ein Faktor gedeutet werden, der zu einer grundlegenden Transformation der Gesellschaft ermutigt und Ressourcen eröffnet, entsprechende Positionierungen in den politischen Diskurs partizipativ einzubringen.

Aus diesem Befund lassen sich jedoch keine verallgemeinerbaren Schlüsse über den Zusammenhang von Religion und nachhaltigem Handeln ziehen, wie Sonya Sachdeva in einem Review internationaler empirischer Studien aufzeigt. Religiöse und konfessionelle Gemeinschaften weisen vielmehr eine starke intrareligiöse und -konfessionelle Pluralität in Nachhaltigkeitsfragen auf, die vielfältig an politische und gesellschaftliche Kontexte gebunden ist. So lassen sich innerhalb des Christentums kontextuell ganz unterschiedliche schöpfungstheologische Deutungen finden mit je spezifischem Einfluss auf Nachhaltigkeit und Ökologie, wie z.B. die Deutung des sog. »Herrschaftsauftrags« in Gen 1, 28.

> »Therefore, it is a somewhat simplistic claim that a mastery or dominion orientation to nature is ubiquitous in adherents of Judeo-Christian principles

96 Micksch et al. 2015, S. 76. Die Tagung wurde vom Bundesamt für Naturschutz in Bonn organisiert, die gemeinsame Erklärung von politischer Seite sowie zahlreichen Religionsgemeinschaften und Umweltverbänden unterzeichnet.

97 Glaab und Fuchs 2018, S. 299. vgl. ähnlich Glaab et al. 2019.

98 Glaab und Fuchs 2018, S. 301.

99 Glaab und Fuchs 2018, S. 305.

[...]. Judeo-Christian beliefs may also give rise to a stewardship or human-as-caretaker models of nature which may promote environmental concern.«[100]

Auch entstehen aus christlichen Eschatologien vielfältige nachhaltigkeitsrelevante Positionen, wenn z.B. die zunehmenden Umweltkatastrophen als apokalyptisches Szenario oder als Zeichen der bevorstehenden Parusie verstanden werden, woraus ein geringeres Umweltengagement resultiert. Wenn die verbleibende irdische Zeit als gering angesehen wird, nimmt tendenziell auch das ökologische Interesse ab.[101] Insgesamt scheinen Religionen in Nachhaltigkeitsfragen stark durch ihren jeweiligen sozio-kulturellen Kontext beeinflusst zu sein. »In other words, being deeply involved with a religion is often as much a social process as it is a cognitive process, and, therefore, the meaning of being religious changes over time as group norms evolve«[102]. Dennoch ist es auffällig, dass in den USA Baptisten und Evangelikale in den Gruppen der Klimawandelleugner oder -ignoranten deutlich überrepräsentiert sind.[103] Zugleich gibt es aber auch evangelikale Subgruppen, die den Klimawandel als menschliche Sünde und Umweltkatastrophen entsprechend als göttliche Strafe betrachten und hieraus deutliche ökologische Handlungsimpulse ableiten.[104] Untersuchungen zum Einfluss von Religionen auf Nachhaltigkeit in Deutschland sind in dieses Review nicht eingeflossen. Insgesamt liegen kaum entsprechende Studien aus Deutschland vor, wobei diese darauf hindeuten, dass Kirchenmitglieder nicht signifikant anders ökologisch handeln als Nicht-Kirchenmitglieder.[105] Dies sagt sicherlich auch etwas über den schwindenden Einfluss institutionalisierter Religion in Deutschland aus.

Insgesamt kommt Sachdeva zu dem Schluss: »religion has a pivotal role to play in shaping our ecological future.«[106] Allerdings muss differenziert wahrgenommen werden, welche religiöse und theologische Perspektive mit ihren Implikationen auf Nachhaltigkeit die jeweiligen religiösen Akteure besitzen und in welchen sozio-kulturellen Kontexten sie sich bewegen.

100 Sachdeva 2016, S. 6.
101 Vgl. Sachdeva 2016, S. 7.
102 Sachdeva 2016, S. 6.
103 Vgl. Ronan 2017; Sachdeva 2016, S. 11.
104 Vgl. Sachdeva 2016, S. 12.
105 Vgl. Kalbheim 2000, S. 119-121.
106 Sachdeva 2016, S. 19.

> »Successful implementation of policy designed to increase conservation or stewardship behavior is not only dependent on increasing scientific or ecological education but might also require a deeper understanding the ways in which people relate to the environment, which is often bound to religious worldviews.«[107]

Differenzierte Kenntnisse über die Zusammenhänge von Religion und Nachhaltigkeit können dann dazu beitragen, Nachhaltigkeitskonzepte auch in pädagogischen Kontexten besser zu initiieren. Die grundlegende Bereitschaft hierzu scheint in der Theologie stark ausgeprägt zu sein. Bei einer Befragung in der Lehrkräftebildung maß die Theologie von allen beteiligten Fächern der BNE die höchste Relevanz zu. Doch scheint diese Bedeutungszuschreibung eher theoretischer Natur zu sein, da sich BNE in den meisten theologischen Ausbildungsordnungen sowie Forschungsaktivitäten bislang noch kaum niederschlägt.[108]

3.3 Pädagogische Perspektive: Didaktisch-methodische Konzepte von Bildung für nachhaltige Entwicklung

Die Entwicklung von BNE ist nicht nur eng mit politischen Entschlüssen auf internationaler und nationaler Ebene verbunden (Kap. 2.1), sondern vollzog sich auch durch die Evaluation entsprechender pädagogischer Praxis. Insbesondere zu Beginn grenzte sich – wie skizziert – BNE stark von der Umwelterziehung ab. Die dort wahrgenommene Ausrichtung folge einer »Katastrophendidaktik«[109] und sei nicht fruchtbar, da sie zur Reaktanz führen könne.[110] Vor allem aus psychologischer Perspektive sollten daher in BNE ermutigende Lernsettings entworfen werden.[111] Die Gestaltungskompetenzen galten dabei als eine konstruktive Form, um Lösungswege zu suchen, anstatt auf Schwierigkeiten zu starren.[112] Dennoch ist die Datenbasis für eine so weitreichende Abkehr von der Umwelterziehung und »Katastrophendidaktik« zu motivierenden, gestaltungsorientierten Lernsettings eher dünn,

107 Sachdeva 2016, S. 20.
108 Vgl. Birke et al. 2020, S. 191-193.
109 Gagel 2005, S. 123; 304, 1994.
110 Vgl. Bederna 2019, S. 136.
111 Vgl. Haan und Kamp 2008, S. 182.
112 Vgl. Bederna 2019, S. 140.

wie auch insgesamt für Umwelterziehung und BNE gilt: »we found only circumstantial evidence related to how or why these programs produce these results.«[113] Zu viele Faktoren sind in entsprechenden Lernprozessen relevant, als dass eine eindeutige Bewertung von didaktischen Konzeptionen vorgenommen werden kann. Zudem stellt sich die Frage, woran der Erfolg eines Lernsettings zu messen ist. In Hinblick auf eine Verhaltens- oder Einstellungsveränderung erscheint BNE eher bescheidene Lernerfolge zu besitzen. Auf Grundlage eines Reviews internationaler Studien kommt Niebert zu dem Schluss: »These large-scale studies mainly confirm a positive cognitive effect of sustainability education. But a consistent finding throughout the studies is, that neither students' attitudes nor their behaviour and associated values are significantly affected by school programs for sustainability.«[114] Selbst in zertifizierten ökologischen bzw. BNE-Schulen konnten keine positiven Effekte auf nachhaltiges Handeln der Schüler*innen aufgezeigt werden.[115] Und auf noch größerer Studienbasis folgern Stern, Powell & Hill, dass kognitiver Wissenserwerb am deutlichsten gemessen werden könne, wohingegen bei Einstellungsänderungen oftmals keine einzelnen Wirkungsfaktoren isoliert werden könnten.[116] Daher lassen sich diesbezüglich eher Hinweise auf Gelingensbedingungen ausmachen als evidenzbasierte Faktoren. In diesem Sinne scheint handlungsorientiertes, experimentelles und projektartiges Lernen anhand lebensweltlicher Umweltprobleme lernförderlich, das auch Selbstwirksamkeitserfahrungen für die Lernenden ermöglicht.[117] Zudem erweist sich Emotionalität als wichtiger Lernfaktor, wobei Emotionen in ganz unterschiedlichen Lernkontexten und -phasen relevant werden können. »The emotional connections were made in multiple ways in the study sample, ranging from interactions with animals and places to extensive group discussion and collaboration involving communities and real-world problems.«[118] Auch ganzheitliches Lernen, das in einer umfassenden Narration eingebettet ist, fördert demnach nachhaltiges Lernen.[119] Um diese förderlichen Lernfaktoren in nachhaltiges Handeln zu überführen, müsste BNE darauf zielen,

113 Stern et al. 2014, S. 602.
114 Niebert 2019, S. 1.
115 Vgl. Boeve-de Pauw und van Petegem 2011; Legault und Pelletier 2000.
116 Vgl. Stern et al. 2014, S. 588.
117 Vgl. Stern et al. 2014, S. 600.
118 Stern et al. 2014, S. 600.
119 Vgl. Stern et al. 2014, S. 601; Kaiser et al. 2008.

emotionale Kompetenzen wie Empathie auszubilden. So resultiert nachhaltiges Handeln oftmals aus einer »unmittelbar körperlich-emotionalen ›Wahrheit‹ des Betroffenseins sowie [der] Kultivierung emotionaler Kompetenzen wie der Empathie.«[120] Die Reflexion dieser Emotionen bildet dann einen Motivationskern, der im Horizont eines wertebezogenen Lebens entfaltet wird und nachhaltiges Handeln begründet.

Doch Studien, die untersuchen, inwiefern diese Einstellungsänderungen auch einen positiven Einfluss auf nachhaltiges Verhalten haben (Kap. 3.1), stimmen skeptisch, dass aus diesem Lernen auch längerfristig verändertes Verhalten resultiert.[121] Denn grundsätzlich erweisen sich personale Dispositionen wie Umweltbewusstsein oder Altruismus als veränderungsresistent und sind nur geringfügig durch formale Bildungsangebote zu beeinflussen.[122] Aufschlussreich sind diesbezüglich Erkenntnisse aus der Evaluation der globalen Implementierung von BNE-Konzepten der UN-Bildungsdekade. Diese stellt im internationalen Vergleich fest, wie stark nachhaltiges Lernen auf politisch und gesellschaftlich unterstützende Kontexte angewiesen ist. Ohne staatlicherseits angestoßene Top-down Maßnahmen, die BNE nicht nur im Sinne von Best Practice-Beispielen fördere, sondern für eine flächendeckende und vor allem verbindliche Implementierung sorge, sei BNE wenig effektiv. Bislang sei es in Deutschland noch nicht gelungen, »den Schritt ›vom Projekt zur Struktur‹ flächendeckend zu vollziehen.«[123] Nach anfänglichen BNE-Erfolgen zeige sich derzeit ein gewisser »Sättigungseffekt«[124], dessen Ursache auch in einer mangelnden Durchdringung des Nachhaltigkeitsleitbildes in Gesellschaft und Politik liegen könne. Hieraus folge der Bedarf, BNE dezidiert auch als politisches Lernen auszurichten. In ähnliche Richtung argumentiert Kai Niebert als Vertreter der Didaktik der Naturwissenschaften, dass naturwissenschaftliche Erkenntnisse zwar wichtig zum Verständnis der Herausforderungen im Anthropozän seien, (Verhaltens-)Veränderungen aber primär auf politischer Ebene zu erreichen wären. Daher müsse BNE insbesondere auch auf politische Mündigkeit und Demokratiefähigkeit zielen.[125] Dennoch lässt sich in den deutschen Bildungs- und Lehrplänen eine Schwer-

120 Degenhardt 2002, S. 44.
121 Vgl. Niebert 2019, S. 3.
122 Vgl. Hallfreðsdóttir 2011.
123 Ohlmeier und Brunold 2015, S. 308.
124 Ohlmeier und Brunold 2015, S. 309.
125 Vgl. Niebert 2019, S. 3.

punktsetzung auf den MINT-Fächern erkennen,[126] wobei interdisziplinäres, fächerübergreifendes Arbeiten zunehmend formal-strukturell und weniger inhaltlich orientiert wird.

> »Zwar bleibt der fächerübergreifende Aspekt von BNE erhalten, jedoch eher in einer unverbindlicheren Weise. Insgesamt geht die Tendenz dahin, dass anstelle des ›vernetzten Denkens‹ zwecks tieferen Erkennens von Zusammenhängen (wie 1980 bereits vorformuliert und in der Forschung 1990 nochmals angemahnt) eher eine Vernetzung auf struktureller Ebene unterstützt wird.«[127]

Es greift somit deutlich zu kurz, bei BNE nach methodisch-didaktischen Gelingensbedingungen zu suchen. Auch der Fokus auf disziplinäres, insbesondere naturwissenschaftliches Wissen reicht nicht aus, um Heranwachsende zu nachhaltigem Verhalten zu befähigen. Wesentliche Gründe hierfür liegen in den beschriebenen gesellschaftlichen, sozialen und ökonomischen Kontexten, in denen individuelles Lernen und Handeln eingebettet ist. BNE bedarf somit grundlegend einer interdisziplinär vernetzten Ausrichtung, die auf politisches und demokratisches Lernen hin orientiert ist. Damit verweisen die pädagogischen Erkenntnisse zugleich auf die soziologischen und psychologischen Überlegungen (Kap. 3.1; 3.2), die ebenfalls das Ausbleiben einer nachhaltigen Gesellschaft durch politische und demokratische Leerstellen begründen. Daher soll im folgenden Fazit der psychologische, soziologische und pädagogische Ertrag gebündelt, verknüpft und in Hinblick auf eine religiöse BNE reflektiert werden.

3.4 Fazit

Während in den psychologischen Analysen förderliche Faktoren für nachhaltiges Handeln ausgemacht werden konnten, die sich auch in den pädagogischen Untersuchungen widerspiegeln, weisen vor allem die soziologischen Reflexionen auf Hürden hin, die nachhaltiges Lernen angesichts des hegemonialen Kapitalismus sowie der imperialen Lebensweise überwinden muss. Dabei sind die Analysen deskriptiv-analytisch, sie skizzieren somit Rahmenbedingungen und Kontexte nachhaltigen (religiösen) Lernens, ohne norma-

126 Vgl. Wanning 2019, S. 300.
127 Wanning 2019, S. 301.

tive oder pädagogische Aussagen zu treffen. Im Folgenden sollen daher zuerst die soziologischen und psychologischen Hürden gebündelt und zusammen mit dem pädagogischen Ertrag in erste theologische und religionspädagogische Überlegungen überführt werden. Damit werden zugleich die größeren politischen und gesellschaftlichen Rahmenbedingungen berücksichtigt, die auch für religiöse BNE zu veranschlagen sind. Anschließend werden aus den vorangegangenen Kapiteln begünstigende pädagogische sowie didaktisch-methodische Elemente herausgestellt, die auch für religiöse BNE relevant werden können.

Soziologisch wurden vor allem zwei zentrale Problemstellungen hervorgehoben (Kap. 3.2), die derzeit die Transformation zu einer nachhaltigen Gesellschaft verhindern. Demnach erodieren zum einen immer stärker die Voraussetzungen für eine demokratische Gesellschaft, indem durch fortschreitende Emanzipation zweiter Ordnung der Gemeinschaftssinn und die Verantwortung schwinden, wodurch die Demokratie unterhöhlt wird. Hiermit eng verwoben bringt zum anderen der hegemoniale Kapitalismus eine auf Selbstoptimierung und unternehmerisches Selbst fokussierte imperiale Lebensweise hervor, die ein nachhaltiges auf Suffizienz zielendes Leben erschwert. Daher fristen (bislang) auch die durchaus existierenden Projekte transformierten, nachhaltigen Handelns immer noch ein Nischendasein. Auch nachhaltigkeitssensible Milieus zeichnen sich weitgehend durch eine selektive Lebensweise und großen ökologischen Fußabdruck aus. Diese gesellschaftlichen und ökonomischen Rahmenbedingungen stellen zugleich zentrale Faktoren dar, die aus psychologischer Perspektive nachhaltiges individuelles Handeln erschweren und maßgeblich den skizzierten *mind-behavior-gap* begründen, der teilweise durch *low-cost*-Handlungen überbrückt wird. Hinzu kommt, dass Menschen nur zu einem geringen Teil ihre Handlungen an rationalen oder moralischen Maßstäben und vielmehr an sozial gerahmten Alltagsroutinen ausrichten. (Religiöse) BNE ist somit durch die »Unzulänglichkeit der Rational Choice Theorie, die Kluft zwischen Umweltbewusstsein und -verhalten, die unzureichende, dem Low-Cost-Modell folgende Patchwork-Ökologisierung, das ökologische Konsumparadox oder auch de[n] Rebound-Effekt«[128] herausgefordert. Daher stoßen BNE-Lernsettings deutlich an ihre Grenzen, wobei der nachweisbare kognitive Lernzuwachs sogar eine Vergrößerung des *mind-behavior-gaps* bewirken kann. Denn aus dem kognitiven Lernzuwachs (*mind*) folgt oftmals kein nachhaltigeres Verhalten

128 Mock 2019, S. 246.

(*behavior*). Auch das Kennenlernen oder Erkunden von alternativen Lebensformen und Projekten läuft, wenn man den soziologischen Analysen folgt, Gefahr, nicht zu längerfristiger Verhaltensänderung zu führen.

Eine besondere Herausforderung stellt die skizzierte Emanzipation zweiter Ordnung dar. Denn nicht nur die allgemeine Pädagogik, sondern auch die Religionspädagogik schreibt sich spätestens seit der Würzburger Synode in das Emanzipationsnarrativ ein. Ziel ist nicht (mehr), Heranwachsende zur (heteronomen) Übernahme von religiösen Traditionen und Doktrinen zu bewegen, sondern sie zu mündigem und verantwortungsvollem Glauben und Handeln zu befähigen. Subjektorientierung wird so zu einem Leitbegriff zeitgenössischer Religionspädagogik. Die vorangegangenen soziologischen Überlegungen sensibilisieren dafür, dass die Emanzipationsbewegung eine Entwicklung genommen hat, die Emanzipation von Mündigkeit, Verantwortung und Kritik oftmals entkoppelt. (Religions-)Pädagogik muss sich somit fragen, welcher Subjektgedanke in (religiöser) BNE stilbildend und welches Verständnis von Emanzipation hierbei leitend sein soll.[129] In dieser Perspektive sind auch (religions-)pädagogische Ansätze kritisch zu reflektieren, die auf die Ausbildung von Resilienzstrategien zielen, damit Subjekte mit den Herausforderungen von Krisen umgehen können. Zwar besitzen Religionen spirituelle Ressourcen und Kontingenzbewältigungskompetenzen, die in BNE eingebracht werden könnten. Aber damit läuft Religionspädagogik Gefahr, ihren Fokus nicht auf die Mitigation der ökologischen Katastrophen zu richten, sondern Strategien zum Umgang mit der Katastrophe zu vermitteln. Die Bedeutung von Religion »in helping people cope with natural disasters«[130] kann und darf sich nicht in der Ausbildung von Resilienzstrategien erschöpfen, was in der weiteren religionspädagogischen Reflexion berücksichtigt werden muss.

Des Weiteren verdeutlichen die vorgenommenen Analysen, wie stark sich Subjekte als Singularität entwerfen müssen, um als unternehmerisches Selbst zu bestehen. Auch wenn diese Verstrickungen in eine neoliberale Marktlogik als Unfreiheit und Ausbeutung verstanden werden kann, so helfen die soziologischen Analysen dennoch zu verstehen, dass in den hegemonialen Logiken die Subjekte selbst ggf. gar nicht befreit werden wollen und das herrschende System nicht hinterfragen. Gesellschaftliche Transformationen werden dann

129 Vgl. Bederna und Gärtner 2020.
130 Sachdeva 2016, S. 20.

nicht als Befreiung von Selbstoptimierungs- oder Distinktionszwang verstanden, sondern schlimmstenfalls als Bedrohung der jetzigen Lebensweise, was Reaktanz hervorruft. In Analogie zur *low-cost*-Nachhaltigkeit könnte man davon sprechen, dass Heranwachsende an einer *low-cost*-BNE interessiert sind. Sie zeigen durchaus Interesse an BNE und setzen sich mit Nachhaltigkeit auseinander, um einzelne Bereiche ihres Tuns und Handelns hierdurch zu verändern. Eine umfassende Transformation ihrer Einstellungen und Handlungen wird jedoch abgelehnt, was angesichts des gesellschaftlich weiter existierenden hegemonialen Kapitalismus logisch und konsequent ist. »Man befreit sich nicht als einzelner«[131], folgerte bereits Pierre Bourdieu entsprechend.

Am deutlichsten wird dies am nicht-nachhaltigen Konsumverhalten von Jugendlichen. So lassen sich bei Jugendlichen vornehmlich zwei Ziele in ihrem Konsumverhalten ausmachen: Individualisierung und Anerkennung.[132] Eine auf Suffizienz und Nachhaltigkeit ausgerichtete Erziehung müsste hier ansetzen, um Alternativen zur Erreichung dieser Ziele anzubieten. Religionspädagogisch liegen entsprechende Ansätze vor, die Anerkennung ins Zentrum ihres religionspädagogischen Handelns setzen.[133] Doch wie plausibel sind diese Ansätze, wenn jenseits der (schulischen) Bildungsangebote gesellschaftliche Anerkennung weiterhin über eine konsumorientierte Lebensweise funktioniert? Am ehesten überzeugen kann daher eine entsprechende religiöse BNE in nachhaltigkeitssensiblen Milieus, in denen Anerkennung und Individualisierung auch über eine nachhaltige Lebensweise geschehen kann. Dies sind zugleich jene Milieus, die tendenziell ebenfalls für religiöse Bildung aufgeschlossener sind, wohingegen religiöse Bildungsangebote prekäre, hedonistische und experimentelle Milieus nur noch selten erreichen, die wiederum oftmals auch weniger nachhaltigkeitssensibel sind. Diese Zusammenhänge muss eine religiöse BNE im weiteren Verlauf kritisch reflektieren.

Zugleich sind nachhaltigkeitsaffine Milieus offen für transformative Nischen, zu denen auch religiöse Heterotopien zählen können. Diese nachhaltigen Anders-Orte aufzusuchen, um eine veränderte Alltagspraxis zu stimulieren, kann religionspädagogisch ein fruchtbarer Ansatz sein, um, wie die psychologischen und pädagogischen Ergebnisse unterstreichen, abträgliche Verhaltensweisen zu verlernen und »soziale positive Erfahrungen [zu] ermöglichen, nach positiven Rollenbildern und alternativen Statussymbolen [zu] su-

131 Bourdieu 1993, S. 70.

132 Vgl. Haan und Kamp 2008, S. 210.

133 Vgl. Altmeyer 2015.

chen.«[134] Dies kann durchaus in den Nischen geschehen, die einen anderen Lebensstil zeigen. Gleichwohl zeichnet sich – wie skizziert – bislang nicht ab, dass diese transformativen Projekte die Gesellschaft auf absehbare Zeit durchdringen und damit auch transformieren. Angesichts des zumindest in Deutschland schwindenden Einflusses von institutionalisierter christlicher Religion (Kap. 3.2.5) ist fraglich, inwiefern religiöse Anders-Orte hierbei einen größeren Einfluss besitzen könnten. Zwar mischen sich Religionen in Nachhaltigkeitsdiskurse durchaus kritisch ein, in Deutschland weitgehend auch in Richtung einer Transformationsgesellschaft, aber zugleich zeigen insbesondere internationale Studien auf, wie stark das (nicht-)nachhaltige Handeln religiöser Akteure kontextuell und nicht primär religiös geprägt ist. Es ist daher soziologisch unterkomplex, hier aus theologischer oder religionspädagogischer Perspektive bei religiösen Heterotopien das biblische Bild vom Sauerteig zu bemühen, der die Gesellschaft nach und nach durchwirkt. Vielmehr bedeutet dies, dass in diesen Anders-Orten immer wieder neu andere Logiken wahrnehmbar und alternative Praxen erfahrbar, eingeübt, aber auch immer wieder (andernorts) ausgesetzt oder vergessen werden. Hier wird eine Dialektik von schon vollzogener nachhaltiger Praxis und immer noch nicht gänzlich nachhaltigem Leben deutlich, die im eschatologischen Horizont deutbar ist und im weiteren Verlauf entsprechend theologisch vertieft werden muss (Kap. 4).

Insbesondere die soziologischen Analysen haben darauf hingewiesen, dass sowohl BNE als auch der Nachhaltigkeitsdiskurs insgesamt normativ unterbestimmt sind. Durch die als zweite Emanzipation bezeichnete Entkopplung der Gesellschaft von Mündigkeit und Verantwortung werden damit zugleich zentrale Voraussetzungen prekär, die der freiheitlich demokratische Staat nach Böckenförde nicht selbst garantieren kann. In den folgenden theologischen und religionspädagogischen Kapiteln muss daher auch reflektiert werden, inwiefern religiöse BNE zu einem normen- und wertebasierten Diskurs beitragen kann, um Voraussetzungen für ein mündiges und kritisch-emanzipiertes, demokratisches Miteinander zu erhalten.

Aus den psychologischen und pädagogischen Überlegungen konnten Gelingensbedingungen und -faktoren herausgestellt werden, die sich in didaktisch-methodischen Lernsettings als förderlich erwiesen haben. Hierzu zählen insbesondere gemeinschaftlich geteilte Werte und Normen, soziale Interaktionen, Emotionalität, Handlungs- und Lebensweltorientierung,

---

134 Bederna 2019, S. 140

projekthaftes und experimentelles Lernen sowie motivierende Lernumgebungen. Bereits ein flüchtiger, religionspädagogischer Blick lässt erkennen, dass eine religiöse BNE hieran gut anknüpfen kann, wie im weiteren Verlauf noch ausführlicher zu zeigen ist.

4 Theologische Perspektivierung von Bildung für nachhaltige Entwicklung

Im Folgenden wird BNE aus theologischer Perspektive reflektiert und damit an die Überlegungen der vorangegangenen Kapitel angeknüpft. Denn gerade in Ergänzung bzw. Korrektur dominierender BNE-Konzeptionen wurde immer wieder die Relevanz von fächerspezifischen Logiken herausgestellt. So unterstreichen die Diskussionen um eine (religionspädagogische) Orientierung, dass hierbei die spezifische Eigenlogik des Religiösen nicht verloren gehen dürfe. Auch in der Kritischen Pädagogik wird die Relevanz der jeweiligen Fachwissenschaften betont, um die eigene Disziplin sowohl als problemkonstituierende als auch problemlösende beurteilen zu können. Nur so könne hieraus eine »reflektierte Sachkompetenz«[1] in BNE eingebracht werden. Aus der Perspektive des Globalen Lernens und einer kritischen Naturwissenschaftsdidaktik wird dabei die Bedeutung von Fächern unterstrichen, die unterschiedliche Fächerlogiken verbinden und diese ethisch oder politisch »querlesen« können. RU wird dieses Potenzial zugemessen. Daher soll im Folgenden der Versuch unternommen werden, spezifisch religiöse bzw. theologische Eigenlogiken zu skizzieren, die für den Nachhaltigkeitsdiskurs und BNE relevant sein könnten. Dies geschieht holzschnittartig ohne den Anspruch, eine umfassende Theologie der Nachhaltigkeit oder eine ökologische Theologie zu entwerfen.[2] Vielmehr gilt es, theologische Grundlinien und -fragen aufzugreifen,[3] die bislang an unterschiedlichen Stellen immer wieder aufbrachen. Diese sollen hier nun systematisch aufgenommen, konkretisiert und in Hinblick auf ihre Relevanz für eine religiöse BNE reflektiert werden.

1 Vgl. Euler 1999, S. 267-291.

2 Vgl. Moltmann 1987; Theobald 2018; Vogt 2013; Keller 2018; Altner 1989.

3 Die Struktur der folgenden Kapitel folgt in Teilen Bederna und Gärtner 2020.

4.1 Alterität

»Alternativlos« wurde 2010 zum Unwort des Jahres gekürt. Damit kritisierte die Gesellschaft für deutsche Sprache, dass Politiker*innen immer wieder ihre Entscheidungen als »alternativlos« deklarierten. Berühmtes Vorbild hierfür ist die britische Premierministerin Margaret Thatcher, die mit »There is no alternative« (Akronym: TINA) die freie Marktwirtschaft verteidigte. Für sie galt: »Deregulation's good, if not God.«[4] Diese apotheotische Alternativlosigkeit wird auch in den gegenwärtigen Klimaschutzdebatten vorgebracht: Wirtschaftswachstum, technischer Fortschritt oder Laufzeiten von Kohlemeilern werden als alternativlos zum Erhalt des Wohlstands bezeichnet. Doch genau gegen diese Alternativlosigkeit wehren sich Klimaaktivist*innen. Auf den Fridays for Future-Demonstrationen skandieren sie: »We Are Unstoppable, Another World Is Possible!«

Aus christlicher Perspektive liegen Ursprung, Grund und Hoffnung auf eine andere Welt in der Alterität Gottes, der die Immanenz und damit auch die vermeintliche Alternativlosigkeit unterbricht und Menschen für das und den ganz Anderen öffnet.[5] Die Offenbarung Gottes, wie sie biblisch sowohl im Alten wie auch Neuen Testament ihren Ausdruck findet, ist ohne die gleichzeitige Betonung der Alterität Gottes nicht zu denken. Gott offenbart sich und entzieht sich zugleich als der ganz Andere dem menschlichen Begreifen. Er überschreitet unsere Vorstellungskraft, er kann weder bildlich dargestellt werden noch ist er durch Rituale und in diesen verfügbar. Selbst die Heiligen Schriften als Gotteswort in Menschenwort zeugen von Gott, ohne über ihn durch seine Worte zu verfügen. Auch bei quälenden Fragen nach Ursprung und Grund des Leidens wie im Buch Hiob wird auf die Größe und Andersartigkeit Gottes verwiesen. Gerade in dieser Alterität gründet das ideologiekritische Potenzial des Christentums, das so den Blick auf das Andere, auf Alternativen eröffnet und sich eben nicht mit der Alternativlosigkeit des Gegebenen zufriedengibt. »Gerade weil Gott als der Andere nicht zu uns passt, kann er uns Kritik und Umkehr ermöglichen.«[6] Nicht nur das Christentum, sondern auch religiöse Bildung muss daher zur »Relativierung unberechtigter Absolutheitsansprüche«[7] beitragen, indem sie »in die dekonstruktive Kraft

4 Flanders 2013.
5 Vgl. Bederna und Gärtner 2020, S. 29.
6 Grümme 2012, S. 125.
7 Sekretariat der Deutschen Bischofskonferenz 1976a, Art. 2.3.4.

relativierenden Bewusstseins und in die schöpferische Kraft transzendierenden Denkens«[8] einführt. Daher fordert bereits die Würzburger Synode in »Der Religionsunterricht in der Schule«, dass sich die Schüler*innen nicht an die »verwaltete Welt« anpassen sollen, sondern dass der RU »auf Proteste gegen Unstimmigkeiten und auf verändernde Taten«[9] ziele. Damit eröffnet eine religiöse Bildung, die sich aus einem alteritätstheologischen Denken speist, Vorstellungs- und Handlungsräume, die alternative Praktiken und Erfahrungen ermöglichen. Aus alteritätstheologischer Perspektive muss somit das Christentum Spielräume des Menschen ausloten und Heterotopien bereitstellen, die »Unterschiede eröffnen, die in den konkreten Existenzen der Menschen einen wirklichen Unterschied machen«[10]. Wie die soziologischen Analysen aufzeigen, sind diesbezüglich insbesondere Alternativen an »der Schnittstelle von Person und Gesellschaft«[11] von Nöten, die zwischen hegemonialem Kapitalismus und dem Zwang des Subjekts zur Selbstoptimierung, zum unternehmerischen Selbst und zur Konsumorientierung anzusiedeln sind. Zusammen mit Fridays for Future muss somit eine an Alterität ausgerichtete Theologie »another world« einklagen. Dass diese »possible« ist, ist theologisch zutiefst im Verständnis von Gott als dem ganz Anderen und in der Botschaft vom Reich Gottes fundiert.

4.2 Zeit

Das Christentum ist maßgeblich eine anamnetische Religion. Sie speist ihre Identität aus der Erinnerung an die vorausgegangenen Heilstaten Gottes, die sich in der jüdisch-christlichen Geschichte offenbart haben. Doch diese Erinnerung ist zugleich zutiefst auf Gegenwart und Zukunft bezogen. Denn Erinnerung meint hier mehr als einen nostalgischen, vielleicht sogar verklärenden Blick in die Vergangenheit. Erinnerung im christlichen Sinne zielt auf die Vergegenwärtigung der Heilstaten Gottes, sie will die Gegenwart unterbrechen und diese im Horizont der Offenbarung neu wahrnehmbar lassen. Johann Baptist Metz spricht deshalb immer wieder von einer gefährlichen Erinnerung, von Religion als (zeitlicher) Unterbrechung des Alltags.

---

8 Englert 2002, S. 7.

9 Sekretariat der Deutschen Bischofskonferenz 176a, Art. 2.3.4.

10 Bucher 2019, S. 149.

11 Bucher 2019, S. 149.

Zu dieser gefährlichen Erinnerung zählt jedoch nicht nur die Heilsgeschichte, sondern auch das Eingedenken der Opfer der Geschichte sowie die damit einhergehende solidarische Option für die Marginalisierten und Leidenden. Zugleich eröffnet die vergegenwärtigende Erinnerung den Blick auf die Zukunft. Insbesondere die Erinnerung an Leben, Tod und Auferstehung Jesu Christi zeigt, dass das Reich Gottes schon angebrochen ist – und doch auf seine Vollendung durch Gott wartet. Vergangenheit, Gegenwart und Zukunft sind somit theologisch untrennbar miteinander verwoben und besitzen weitreichende Implikationen für Glauben und Handeln. Denn die vergegenwärtigende Erinnerung an das bereits angebrochene Reich Gottes besitzt visionär-utopisches Potenzial für menschliches Handeln. Damit stellt sie einerseits die Hoffnungsperspektive dar, dass Rettung möglich ist. »Nur wer Hoffnung hat, kann in hoffnungslos erscheinenden, verfahrenen Situationen einerseits die Utopien ablegen, die hier nicht mehr gehen, und andererseits sich auf das hin umstellen, was jetzt hier nottut.«[12] Andererseits verhindert sie, dass sich Menschen ermächtigen, die Zukunft nach festgelegten Utopien zu gestalten und sich gegen Kritik immunisieren.[13] Denn Utopien erweisen sich nach Metz »schließlich als ›letzte List der Evolution‹ […], wenn nur sie wären und kein Gott (vor dem auch das Vergangene nicht sicher ist).«[14] Utopien lassen den »apokalyptischen Stachel« vermissen und schreiben sich ein in ein evolutionäres Fortschrittsprojekt, das selbst ideologieanfällig ist. Im christlichen Verständnis hingegen liegt die Vollendung des Reiches Gottes sowie die Erlösung der Welt in der Hand Gottes, wodurch zugleich der ideologiekritische und visionäre Gehalt des Christentums und religiöser BNE begründet ist. Denn anamnetisches und eschatologisches Denken durchbricht das alternativlose Denken und entlarvt, dass hierbei geltende Macht- und Opferverhältnisse fortgeschrieben werden (müssen). Zugleich spendet es Trost, Kraft und Hoffnung, dass das Ringen um eine bessere Welt nicht vergebens ist, sondern von Gott vollendet wird.

Angesichts der Klimakatastrophe wird die Ausrichtung christlicher Theologie auf die Zukunft hin noch drängender. Nicht nur eine *memoria passionis* ist notwendig, sondern auch eine antizipatorische Erinnerung, »die Antizipation einer bestimmten Zukunft der Menschheit als einer Zukunft der Leidenden, der Hoffnungslosen, der Unterdrückten, der Beschädigten und

12 Sander 2016, S. 28.

13 Vgl. Vogt 2013, S. 493.

14 Metz 1992, S. 170.

Nutzlosen dieser Erde.«[15] Denn es wird immer deutlicher, wie vergangenes und gegenwärtiges Handeln die Zukunft massiv negativ beeinflusst und bereits jetzt zukünftige Opfer unseres nicht-nachhaltigen Handelns anzunehmen sind. Gerade die Nichtsichtbarkeit der zukünftigen Opfer der Klimakatastrophe unterstreicht, dass nicht nur Erinnerung, sondern auch »Antizipation und visionäres Handeln gefordert«[16] sind. Zeitliche, räumliche und soziale Distanzen zu den Opfern der Klimakatastrophe drohen diese vergessen zu lassen, so dass konsequentes Handeln in Hinblick auf eine gegenwärtige oder zukünftige Minderung der Katastrophe unterbleibt.[17]

Ganz anders bewirkt in der Corona-Krise die zeitliche, räumliche und soziale Nähe zu den Opfern schnelles und konsequentes Handeln. Vergangenheit in Gegenwart und auf Zukunft hin zu denken ist somit eine zentrale zeitliche Matrix eschatologischen Denkens.

> »Das meint kein Aussteigen aus der Geschichte (›In the long run we will be in heaven‹). Es meint auch keine naive Hoffnung auf ›Zukunftsmöglichkeiten‹ [...]. Es meint Unterbrechung des TINA-Denkens [...]: Die gegenwärtige Normalität, in der SUVs, Flugreisen und großer Wohnbedarf soziale Standards setzen, kann als anachronistisch und veränderbar erkannt werden. Das Anbrechen des Reiches Gottes ist immer noch eine Möglichkeit.«[18]

Hierin liegt der Kern einer apokalyptischen Theologie angesichts der Klimakatastrophe. Diese erschöpft sich nicht in der Erwartung der drohenden Tragödie und deutet erst recht nicht fatalistisch die Umweltkatastrophen als apokalyptische Zeichen des Weltuntergangs. »Das apokalyptische Bewusstsein steht nicht primär unter dem Aspekt der Bedrohung und der lähmenden Katastrophenangst, sondern unter dem der Herausforderung zur praktischen Solidarität mit den ›geringsten Brüdern‹«[19]. Eine apokalyptische Theologie ist somit zugleich eine Theologie, die zum solidarischen Handeln mit den Opfern aufruft, damit eine bessere Zukunft möglich ist. Es ist eine apokalyptische »Rede von einem Himmel, in dem dieser Schrei gehört wird.«[20]

---

15 Metz 1992, S. 119.
16 Bederna und Gärtner 2020, S. 28.
17 Vgl. Kruse 2013.
18 Bederna und Gärtner 2020, S. 28.
19 Metz 1992, S. 172.
20 Taxacher 2020, S. 47.

4.3 Mensch

Die Rede vom Anthropozän[21] bringt zum Ausdruck, dass der Mensch ein immenser Einflussfaktor geworden ist, der die Erde in gewaltigem Maße bis in ihre geologische Grundstruktur prägt. In theologischer Perspektive wird mit diesem Begriff deutlich, wie der Mensch in den letzten Jahrhunderten den biblischen Auftrag in Gen 1,28 interpretiert und ausgeführt hat. Der Mensch verstand bzw. versteht sich nicht als Hüter, Pfleger oder treuhänderischer Verwalter der Welt, sondern als Herrscher über die Welt (*dominium terrae*).[22] Die Auswirkungen eines solchen ungezügelten Anthropozentrismus sind anhand der planetaren Grenzüberschreitungen allenthalben zu spüren. Eine nachhaltigkeitsorientierte Theologie hat somit ebenso wie eine religiöse BNE zu bedenken, dass die christliche Anthropologie eine aus ökologischer Perspektive höchst problematische Rezeptionsgeschichte besitzt. Die soziologischen Analysen weisen auch darauf hin, dass gegenwärtig vor allem im Horizont des hegemonialen Kapitalismus ein entfesseltes Emanzipationsbestreben und ein unbegrenzter Liberalismus die Transformation zu einer nachhaltigen Gesellschaft massiv erschweren. Inwiefern kann eine christliche Anthropologie in dieser Lage ein sowohl emanzipatorisches als auch verantwortungsbewusstes und solidarisches Menschenbild entwerfen?

Gegen die Interpretation des Herrschaftsauftrags wird seit dem 20. Jahrhundert verstärkt die Übersetzung vom Menschen als Hüter und Bewahrer der Schöpfung gesetzt. Eine noch deutlichere Abkehr von einem ausbeuterischen Anthropozentrismus liegt in der Schöpfungsdynamik, wonach »nicht der Mensch die Krone der Schöpfung [ist], sondern der Sabbat.«[23] Damit ist die Schöpfung nicht anthropozentrisch, sondern vielmehr theozentrisch ausgerichtet. Im Zentrum steht nicht die Unterwerfung oder das Hüten und Bewahren der Schöpfung, sondern die Heiligung des Sabbats, die Ruhe, die Unterbrechung des Weltenlaufs. Erst in diesem Horizont ist von der Freiheit und dem Auftrag des Menschen zu sprechen. Und zugleich wird in den Schöpfungserzählungen deutlich, dass die jüdisch-christliche Anthropologie zentral den Menschen als Ebenbild Gottes entwirft, wobei die Gottebenbildlichkeit in Jesus Christus konkret und vollendet wird. Der Mensch wird zum

---

21 Der Begriff wurde 2000 von Paul Crutzen und Eugene Stoermer in die Debatte eingebracht. (Vgl. Crutzen 2006.)

22 Vgl. Papst Franziskus 2015, S. 66f.

23 Vogt 2016, S. 139.

Ebenbild Gottes, indem er Jesus nachfolgt. »Diese Theologie der Gottesbildlichkeit verdeutlicht, dass der Mensch nicht dazu verdammt ist, seine Identität überhaupt erst mühsam selbst herstellen zu müssen. Vielmehr ist ihm diese Identität von Gott her je schon geschenkt.«[24] Dies steht nicht im Widerspruch zur Freiheit des Menschen, denn nach dem christlichen Freiheitsverständnis ist der Mensch bereits durch Jesus Christus von Schuld, Angst und Tod befreit. »Nur innere Freiheit sich selbst gegenüber und letztlich ›Freiheit vom Tod‹ erlaubt es, unsere ideologischen und administrativen Fesseln in Frage zu stellen und das Wesentliche christlichen Glaubens glaubwürdig in Erscheinung treten zu lassen.«[25] Menschliche Freiheit meint somit in der christlichen Anthropologie mehr als die Wahlfreiheit zwischen zwei Alternativen, mehr als grenzenlose Selbstverwirklichung. Vielmehr liegt in der Gottebenbildlichkeit eine voraussetzungslose Anerkennung und in Leben, Tod und Auferstehung Jesu Christi eine unbedingte Erlösung des Menschen begründet, die wahre Freiheit bedeutet. Diese Freiheit des Menschen schließt auch seine Sozialität, seine Verwiesenheit und Verbundenheit mit anderen Menschen ein. Religionspädagogisch gewendet, bedeutet dies: »Es ist eine Freiheit des Sich-Öffnens, Anerkennens und Sich-Bindens. Erlebt und reflektiert werden müssen Offenheit, Bedürftigkeit, Sozialität, Leiblichkeit, Zeitlichkeit und Vernetzung der eigenen Freiheit, damit Schüler*innen ihren Ort in der Welt begründet wählen und gestalten können.«[26] In der Corona-Krise wird schmerzhaft deutlich, dass gerade die Begrenzung von Sozialität und Leiblichkeit als wahrer Freiheitsverlust wahrgenommen wird.

In diesem Freiheitsverständnis liegt auch das theologische Armutsverständnis begründet. Denn dieses meint mehr als freiwilligen Verzicht auf überflüssige Konsumgüter, wie dies z.B. im Horizont von Suffizienztheorien im Nachhaltigkeitsdiskurs verstanden wird. Armut im jesuanischen Sinne meint mehr als Suffizienz, sie meint vielmehr die Freiheit, alles zurückzulassen, Jesus nachzufolgen und radikal frei für Jesu Botschaft vom Reich Gottes zu sein. Es geht hier somit primär um die Nachfolge Jesu und seine Gottesbotschaft. Bederna arbeitet in diesem Horizont fünf Merkmale einer Theologie der Armut heraus, die im Nachhaltigkeitsdiskurs relevant sind.[27] Jesuanische Armut fordert erstens zum Verschenken des Besitzes auf. Es geht somit

24 Grümme 2016.

25 Theobald 2018, S. 161.

26 Bederna 2019, S. 209.

27 Vgl. zum Folgenden Bederna 2019, S. 207-209.

ethisch nicht darum, einen möglichst hohen sozialen Nutzen mit dem Geld zu erlangen (z.B. eine Stiftung zu gründen, Geld sozial, ökologisch anzulegen), sondern um die Freiheit von Besitz und die Freiheit für Gott. Hierin liegt zweitens eine gesellschaftliche Dynamik der Umkehrung der Verhältnisse, von reich zu arm, von oben nach unten, wie dies insbesondere in der Biografie des Hl. Franziskus deutlich wird. Ein solches Armutsverständnis ist damit drittens zutiefst kritisch. Es hinterfragt gesellschaftliche, ökonomische, aber auch kirchliche Logiken, wie dies am Pontifikat von Franziskus deutlich wird. Sein Verzicht auf materielle Statussymbole mit Verweis auf den Hl. Franziskus hat zu deutlicher Irritation innerhalb kirchlicher Institutionen geführt. Dieser Verzicht wird christlich aber viertens nicht als Mangel, sondern als Gewinn an Freiheit verstanden. In der mittelalterlichen Mystik führt fünftens Armut über eine radikale Kreuzesnachfolge hin zu einer »Relativierung oder gar Nichtung des Selbst, aller Glaubensinhalte, Gottesvorstellungen und erhebenden frommen Gefühle und darin zugleich Selbst- wie Gottesgegenwart.«[28] Damit wird deutlich, dass Armut im Christentum primär keine ethische, sondern eine spirituelle Fokussierung besitzt, die anthropologisch und theologisch als Freiheitsgeschehen verstanden wird und zutiefst gesellschaftliche und politische Implikationen besitzt.

Doch Menschen verfehlen immer wieder ihr Menschsein. Sie missbrauchen ihre Freiheit, versündigen sich an den Menschen, der Schöpfung und an Gott. Die Bibel ist durchzogen von dieser Dynamik von Freiheit und Sünde, aber zugleich auch von Schuld und Vergebung. Der Mensch wird als sündig beschrieben, der aber dennoch von Gott bedingungslos angenommen wird und von ihm Vergebung und Erlösung erfahren darf. Der Verweis auf die Sündigkeit des Menschen will diesen somit nicht in ein heteronomes, religiös überwachtes Moralsystem einhegen.

> »Die christliche Rede von Schuld und Sünde stellt somit gerade keine Freiheitsgefährdung mit Blick auf die Autonomie des modernen Subjekts dar, sondern will eine freiheitsermöglichende Rede sein, die die Entfremdung des postmodernen Menschen durch die Verdrängung seiner Schulderfahrungen aufhebt. Sie vermeidet zugleich die Entfremdung des Menschen durch moralischen Rigorismus.«[29]

28 Bederna 2019, S. 209, im Original kursiv.
29 Gärtner 2004, S. 52.

Gerade im Hinblick auf gesellschaftliche Debatten um Hypermoral[30] angesichts der Klimakrise ist diese Zielperspektive christlichen Redens von Schuld und Sünde zentral. In diesem Horizont kann es möglich sein, die eigenen und fremden Verstrickungen in ökologisches Fehlverhalten als ersten Schritt wahr- und anzunehmen, um hieraus neue Handlungsimpulse zu gewinnen.

Im Verlauf der Kapitel wurde jedoch immer wieder deutlich, dass nachhaltiges Leben äußerst komplex und in der gegenwärtigen Gesellschaft kaum möglich ist. Hier allein von individuellem Versagen oder Schuld zu sprechen, greift zu kurz. Aus theologischer Perspektive gründet daher nicht-nachhaltiges Leben in individuellen wie auch strukturellen ökologischen Schuldverstrickungen, was mit dem u.a. im II. Vatikanischen Konzil verwendeten Konzept der strukturellen Sünde beschrieben werden kann.[31] Menschen leben in nicht-nachhaltigen Strukturen, aus denen sie sich kaum gänzlich befreien und ein nachhaltiges Leben führen können. Weder gegenseitige Schuldzuweisungen noch Rechtfertigungsbemühungen sind hierauf eine angemessene Reaktion, im Gegenteil. Sie können dazu führen, die herrschenden Strukturen zu verfestigen. »Denn individuelle Schuldgefühle setzen kaum kreative Potentiale der Veränderung frei, sondern haben vor allem eine ruhigstellende und herrschaftsstabilisierende Wirkung«[32], indem sie Strukturen weitgehend unangetastet lassen. Dabei stehen individuelle und strukturelle Sünde im Christentum in einem wechselseitigen Spannungsverhältnis. Die Rede von struktureller Sünde darf nicht dazu führen, »dass man durch soziale Gegebenheiten bestärkt wird, sich vorschnell von der Frage nach der eigenen Verantwortlichkeit zu dispensieren und dazu den Relativismus aller ethischen Meinungen zur Norm zu erklären.«[33] Das Verhältnis von struktureller und individueller Sünde lässt sich in der Bibel als Zeugnis einer Geschichte von Schuld und Umkehr des Volkes Israels näher erkunden. Biblisch ist somit das Wahrnehmen und Eingestehen des eigenen Verschuldens zugleich ein Prozess des gesamten Volkes, eine gemeinsame Umkehr und Suche, wie die unheilvollen Strukturen durchbrochen werden können. »Erst so wird es möglich, dass die Analyse der eigenen Verstrickung in strukturelle Schuldzusammenhänge nicht in Resignation und Schuldgefühle mündet, sondern in der Arbeit an Strategien widerständiger Praxis.«[34] Die theologische Deutung nicht-nachhaltigen Le-

30 Vgl. Grau 2017 mit Rückgriff auf Gehlen 1986.

31 Vgl. Gadium et Spes 25; Sacrosanctum Concilium 109; Lumen Gentium 11.

32 Lis 2015, S. 294f.

33 Gärtner 2004, S. 57.

34 Lis 2015, S. 300f.

bens als individuelle und strukturelle Sünde zielt somit theologisch wie auch religionspädagogisch sowohl auf individuelle als auch strukturelle Veränderungen.

Einleitend wurde bereits unterstrichen, dass der Mensch biblisch weder als Krone noch als uneingeschränkter Herrscher der Schöpfung betrachtet werden kann. Dennoch durchzieht sowohl die Bibel als auch die Geschichte des Christentums ein deutlicher Anthropozentrismus. Angesichts des Anthropozäns mit planetaren Grenzüberschreitungen, aber auch angesichts von Transhumanismus, Tierphilosophie und Tiertheologie stellt sich die Frage, inwiefern eine solche Anthropozentrik sowohl philosophisch bzw. theologisch legitimierbar als auch ethisch vertretbar ist.[35] Diese weitreichenden Fragen können hier inhaltlich nicht einmal angerissen werden.[36] Dennoch kann quasi als Mindestkriterium einer theologalen Anthropologie festgehalten werden, dass es eine »ökologische Aufklärung [...] über ihre Voraussetzungen und Grenzen im Sinne einer ökologischen Humanität«[37] geben muss. Denn der Mensch bleibt verantwortlich für die Schöpfung »und insofern zentral – zugleich aber vernetzt mit allem anderen. [...] Christliche Anthropologie muss Retinität und Anthroporelationalität systematisch einbeziehen, ohne in Antihumanismus oder Biozentrismus umzuschlagen.«[38]

4.4 Schöpfung

Der theologische Umweltdiskurs wurde lange Zeit unter dem synodalen Motto »Schöpfung bewahren« verhandelt. Schöpfung zählt daher vermutlich zu dem am umfangreichsten behandelten theologischen Thema des Nachhaltigkeitsdiskurses, das zugleich mit Anthropologie, Zeit und Gottesfrage zutiefst verbunden ist. Auch religionspädagogisch ist Schöpfung vermutlich das am stärksten aufgegriffene Nachhaltigkeitsthema und hat in entsprechenden Unterrichtsreihen vielfach Eingang gefunden, oftmals mit Appellen an das individuelle Handeln im Nahbereich, behutsam mit der an sich guten Schöpfung

35 Vgl. Horstmann 2020, S. 184f.

36 Vgl. für die Tiertheologie Horstmann et al. 2018.

37 Vogt 2016, S. 137.

38 Bederna und Gärtner 2020, S. 28. Wie ein solche Retinität und Relationalität aussehen kann, dazu hat Bruno Latour mit seiner Akteur-Netzwerk-Theorie, mit der er sowohl ökologische als auch religiöse Fragen bearbeitet, einen umfassenden Entwurf vorgelegt. (Vgl. Latour und Roßler 2014; Latour 2016.)

umzugehen. Bederna zeigt überzeugend auf, inwiefern dies sowohl theologisch als auch pädagogisch eine deutliche Verkürzung darstellt.[39] Aus der Vielfalt schöpfungstheologischer Dimensionen lassen sich vielmehr zwei religionspädagogisch relevante herausstellen: erstens Schöpfung als prophetische Hoffnung und utopische Erinnerung sowie zweitens Schöpfung als Freude, Staunen, Loben und Danken. Dabei beruht die gesamte Schöpfungstheologie darauf, dass es ihr nicht um die Klärung des Ursprungs der Welt geht (*creatio ex nihilo*), sondern um die *creatio continua*, an der Gott und Mensch beteiligt sind.

In diesem Sinne sprechen die Schöpfungstexte erstens von dem Seinsollen einer guten Ordnung, womit sie daran erinnern, wie die Schöpfung von Gott eigentlich als gut und geordnet gedacht war. Zugleich schildern sie die Welt mit all ihrem Chaos und Unheil. Um mit dieser Diskrepanz zwischen guter Schöpfung und leidvoller Welt umzugehen, zeigen die biblischen Texte drei Wege auf.[40] Zum einen zeugen sie immer wieder von Gottes rettendem Handeln in der Welt, das in Tod und Auferweckung Jesu ihren unüberbietbaren Höhepunkt findet. Gott wird die Welt erlösen, die Texte schenken Hoffnung auf die Vollendung der sehr guten Schöpfung. Zum anderen findet sich in der Bibel immer wieder die Klage, in der Gerechtigkeit und Rettung eingefordert sowie erfahrenes Leid vorgebracht wird. Nach Zenger & Löning ist daher der ureigene »Sitz im Leben« der Schöpfungstheologie die Theodizee,[41] die Formen des Umgangs mit Leid und Unheil sucht. Die Nachfolge zeichnet sich dabei als weiterer Weg ab, um mit der nicht vollendeten Schöpfung umzugehen. In der Erinnerung an und zugleich Hoffnung auf die beste Welt, ist der Mensch aufgefordert, Verantwortung für die zweitbeste Welt zu übernehmen.[42] In dieser Hinsicht sind die biblischen Schöpfungstexte als prophetische Texte zu lesen. »Schöpfung geht es um Gerechtigkeit und Befreiung hier und heute. Mit einem Satz: Es geht nicht um spezielle naturwissenschaftliche, sondern um aktuelle sozialethische Fragen.«[43] Durch die Verbundenheit allen Seins sind diese sozialethischen Fragen dabei zugleich Fragen von Ökologie und Nachhaltigkeit (Prinzip der Retinität).

Die zweite theologisch und religionspädagogisch relevante Dimension umfasst Freude, Staunen, Loben und Danken angesichts der Schöpfung

39 Vgl. hier und im Folgenden Bederna 2019, S. 160-209.

40 Vgl. Bederna 2019, S. 165-167.

41 Vgl. Löning und Zenger 1997, S. 44.

42 Vgl. Bederna 2019, S. 167.

43 Benk 2016, S. 252

Gottes.[44] Hierbei stehen keine sozialethischen Überlegungen im Fokus, sondern die Schöpfung wird als Selbstzweck wahrgenommen, ihr kommt eine eigene Dignität zu, die zum Staunen, Loben und Danken auffordert. Aus Nachhaltigkeitsperspektive ist zudem relevant, dass der Natur in den Schöpfungserzählungen die Fähigkeit der Rekreation zugemessen wird, sie bedarf nicht des Menschen, sondern bringt Fruchtbarkeit selbst hervor. Dies wird von Gott als sehr gut betrachtet. Dem Menschen wird von Gott die Aufgabe des Hegens und Pflegens zugewiesen. Er lebt somit als Mandatsträger Gottes in seinem Segen und bewegt sich dankbar und verantwortungsvoll in der sehr guten Schöpfung.[45] Der Impetus, die Schöpfung zu bewahren, resultiert in diesem Sinne nicht aus prophetisch-kritischen Appellen. Es gilt

> »nicht die Furcht oder die Angst vor einer ökologischen Katastrophe als erste geistliche Ressource, wie dies in der prophetischen Drohrede der Fall ist, sondern das Staunen angesichts umsonst geschenkten Lebens und der Gabe der Schöpfung als ganzer; Staunen, das im Osterglauben seine hoffnungsbildende Bestätigung und Erfüllung findet.«[46]

Die visionär-prophetische Deutung der biblischen Schöpfungstexte stellt damit ebenso eine wichtige Ressource für einen nachhaltigen Umgang mit der Welt dar wie der staunende und lobende Zugang zur Schöpfung. Somit ist Schöpfungstheologie »eine eminent politische Theologie, die die angebliche Alternativlosigkeit politischer Weltgestaltung verneint und Menschen davon zu überzeugen versucht, sich am Projekt einer gerechten Welt zu beteiligen und für deren Realisierung einzutreten.«[47] In dieser gesellschaftspolitischen, visionär-prophetischen Lesart der Schöpfungstheologie liegt auch die Aufforderung zu einem suffizienten Umgang mit der Schöpfung begründet. Diese zu bewahren und zu pflegen umfasst eben auch, durch einen suffizienten Lebensstil dazu beizutragen, dass die planetaren Grenzüberschreitungen nicht weiter zunehmen bzw. möglichst vermieden werden. Genügsamkeit und die »Fähigkeit, mit dem Wenigen froh zu sein« (LS 222), werden somit zu zentralen Aspekten in Franziskus Enzyklika *Laudato si'*.

Dennoch erleben wir allenthalben das Scheitern suffizienter Lebensentwürfe, sei es, weil sich Individuen an nichtsuffzienten Strukturen abarbei-

---

44 Vgl. Bederna 2019, S. 167-173.

45 Vgl. Hardmeier und Ott 2015, S. 163.

46 Theobald 2018, S. 236.

47 Benk 2016, S. 263.

ten oder weil Lebensentwürfe heute oftmals von Inkonsistenzen geprägt sind (Kap. 3). Das Verständnis von Schöpfung als auch sündige, chaotische, unheilvolle kann dabei Ressourcen freisetzen, um mit diesen Kontingenzen umzugehen. Denn der Schöpfungsglaube bewährt sich, indem er hieran nicht verzweifelt. »Schöpfungsglaube ist Zustimmung zur Welt trotz ihrer Brüche, Konflikte und Kontingenzen.«[48] Schöpfungstheologie kann in diesem Sinne zur Kontingenzbewältigung beitragen, um die Spannung von Freiheit und Schuld bzw. Sünde, um Lob, Dankbarkeit und Zerstörung, um gute Ordnung und chaotisches Unheil nicht nur ethisch zu bearbeiten, sondern auch spirituell zu ertragen.[49]

4.5 Dimensionen des Christentums

Mit Alterität, Zeit, Mensch und Schöpfung wurden theologische Grundthemen in Hinblick auf nachhaltiges Leben entfaltet, um hieraus eine spezifisch theologische Eigenlogik ableiten und in den Entwurf einer religiösen BNE einbringen zu können. Religionen bzw. das Christentum definieren sich jedoch nicht ausschließlich durch Themen und Inhalte, vielmehr lassen sich Religionen auch durch Dimensionen beschreiben. Dem Religionssoziologen Charles Y. Glock zufolge zeichnen sich alle Religionen durch fünf Dimensionen aus,[50] worunter er die ritualistische, ideologische (bekenntnishafte) und die intellektuelle Dimension sowie die Dimension der religiösen Erfahrung und die Dimension der Konsequenzen aus religiösen Überzeugungen (Ethik) fasst. Diese Dimensionen können unterschiedlich gefüllt werden, so zählen sowohl die Pilgerfahrt nach Mekka, die Eucharistiefeier oder die Schabbatfeier zur ritualistischen Dimension.

Die folgenden Ausführungen greifen das Vorgehen auf, Religion über Dimensionen näher zu beschreiben. Denn hierdurch können erstens die bereits skizzierten nachhaltigkeitsrelevanten theologischen Grundthemen spezifiziert und ergänzt werden. Zweitens wird über den Begriff der Dimension die theologische Perspektivierung von Nachhaltigkeitsdiskursen anschlussfähig für die folgenden religionspädagogischen Reflexionen, da sowohl in der Theologie als auch Religionspädagogik der Dimensionsbegriff in Anlehnung

48 Vogt 2013, S. 493.

49 Vgl. Vogt 2016, S. 143.

50 Vgl. Glock 1969.

an Glock breit rezipiert wird. Durch die Strukturierung anhand von Dimensionen sollen die folgenden Ausführungen somit auch eine Gelenkstelle zwischen Theologie und Religionspädagogik bilden.

Die Rezeption des Glockschen Dimensionsbegriffs in Theologie und Religionspädagogik führt jedoch immer wieder zu unterschiedlichen Ausdifferenzierungen. So werden die fünf Dimensionen theologisch oftmals um eine Gemeinschaftsdimension erweitert. Auch in der Religionspädagogik werden sie modifiziert aufgegriffen und z.B. in fünf (hermeneutisch, ethisch, communial, spirituell, philosophisch)[51] oder in sieben (hermeneutisch, ethisch, communial, liturgisch, spirituell, ästhetisch und philosophisch)[52] Dimensionen entfaltet. Im Folgenden werden in enger Anlehnung hieran zwei Dimensionen (spirituell-liturgisch) gebündelt betrachtet und folglich sechs Dimensionen unterschieden: hermeneutisch, spirituell-liturgisch, leiblich-ästhetisch, communial, ethisch und philosophisch. Dabei erfolgt der inhaltliche Zuschnitt und die Abgrenzung der einzelnen Dimensionen in Hinblick auf die Spezifizierung eines theologischen Nachhaltigkeitsverständnisses.

1. Hermeneutisch: Durch alle theologischen Grundthemen hindurch wurde deutlich, dass eine theologische Perspektivierung des Nachhaltigkeitsdiskurses politisch imprägniert ist und normative Aspekte umfasst, wie die Solidarität mit zukünftigen Generationen und dem globalen Süden, Option für Exkludierte oder Bewahrung der Schöpfung. Zugleich impliziert dieses politische Potenzial des Christentums auch eine spezifische messianische Hermeneutik der christlichen Tradition, die zu einer ideologiekritischen Reflexion der Welt herausfordert. In der Hermeneutik einer alteritätstheologischen und anamnetisch-antizipatorischen Theologie, wie sie in den vorangegangenen Kapiteln skizziert wurde, werden Utopien und Hoffnungen auf eine andere Welt freigesetzt, die schon jetzt anbrechen kann, auch wenn sie immer wieder scheitert oder nur punktuell, vorläufig realisiert wird. Diese Hermeneutik ist zutiefst politisch mit weitreichenden Konsequenzen. Denn die aus der Reich Gottes Botschaft freigesetzten Utopien und Hoffnungen bieten nach Rainer Bucher eine hermeneutische Perspektive, um

51 Vgl. Englert und Tzscheetzsch 2008.
52 Vgl. Gärtner 2015, S. 17-98.

> »mit der Frage nach der Möglichkeit christlicher Existenz im kulturell hegemonialen Kapitalismus umzugehen. Sie zwingen zu akzeptieren, dass christliche Existenz immer nur als prekäre, situative Aktualität innerhalb eines mehrfachen Balancengeflechts möglich ist, das in seinem Prozedieren gerade nicht festgestellt werden darf, will es gelingen.«[53]

Zugleich setzen diese immer wieder Ressourcen frei für eine »punktuelle, situative, zeitweilige Gegenwehr und die Weigerung, vor der Hypostasierung eines totalitären Verblendungszusammenhangs zu kapitulieren.«[54] Nicht nur aus inhaltlichen, sondern auch aus hermeneutischen Gründen, widersetzt sich somit eine auf Nachhaltigkeit ausgerichtete Theologie einer vermeintlich alternativlosen Politik, Gesellschaft oder Kultur. Aus der Perspektive einer christlichen Hermeneutik bedeutet dies somit nicht nur »another world is possible«. Vielmehr ist diese andere Welt bereits angebrochen und in der Hoffnung auf deren Vollendung sind Christ*innen aufgerufen, an der Realisierung dieser besseren Welt mitzuarbeiten.

2. Spirituell-liturgisch: Das Christentum lässt sich nicht umfassend durch Grundthemen und Hermeneutik beschreiben, denn es strebt auf Praxis zu und realisiert sich als Praxis. Diese zeichnet sich jedoch nicht ausschließlich als eine politische, sondern ebenfalls zutiefst als eine spirituell-liturgische aus. Wie bereits skizziert sind Mystik und Politik, Tradition und Widerstand zentrale Orientierungspole einer politischen Theologie (Kap. 2.2). Wenn somit nach der spirituell-liturgischen Dimension einer nachhaltigen Theologie gefragt wird, dann ist die Verwiesenheit auf die politische und universale Dimension stets mit zu denken.[55] Andernfalls drohen die spirituell-liturgischen Ressourcen des Christentums zu einer Resilienzquelle zu verkommen, die benötigt wird, um in der multiplen Krise zu bestehen, ohne diese selbst kritisch zu bearbeiten. In der Corona-Krise deuten sich entsprechende Instrumentalisierungen von Spiritualität an (Kap. 6.4). Auch angesichts der Klimakatastrophe wird diese Zuschreibung von außen teilweise an die Religionen herangetragen. In diesem Sinne formuliert der Bundesminister Gerd Müller angesichts der ökologischen Herausforderungen: »Religion kann die individuelle und gesellschaftliche Widerstandsfähigkeit stärken, da sie Erklärungsmuster und Rituale bereithält, um mit Verlust, Leid, Niederlagen

53 Bucher 2019, S. 152.

54 Bucher 2019, S. 163.

55 Vgl. Rosenberg 2018.

und Katastrophen umzugehen.«[56] Entgegen einer solchen Einhegung von Spiritualität obliegt es der christlichen Glaubenspraxis vielmehr, »seine individuelle und liturgische Gebetspraxis auf die [...] messianische Verheißungsstruktur allen Lebens auf dieser Erde hin durchsichtig zu machen«[57]. Dabei soll nicht in Abrede gestellt werden, dass die spirituell-liturgische Praxis Ressourcen freisetzt, um mit Kontingenzerfahrungen umzugehen und Resilienz auszubilden. Diese Praxis kann anleiten, den Alltag zu unterbrechen, sich an Lebens- und Glaubensquellen zu orientieren und Welt und Selbst immer wieder neu wahrzunehmen. Resilienz impliziert dann im Metzschen Sinne eine Widerstandsfähigkeit, die mit Solidarität von und Verantwortung für alle Menschen einhergeht.[58]

Christliche Spiritualität und Liturgie zielt in diesem Sinne auf Umkehr und Aufbruch, Einkehr und Austritt. Dabei ist dies »kein einmaliger Akt, sondern eine beständige Haltung. [... Die Umkehr] ist nicht der Ursprung des Evangeliums, vielmehr kommt dieses von ihr her. Selbstrelativierung ist daher eine wichtige spirituelle Ressource, um zu den Nachhaltigkeitsfragen einen Beitrag leisten zu können«[59] und um z.B. zu einer suffizienten Lebensweise zu motivieren. Doch nicht nur Selbstrelativierung und Umkehr, sondern auch Lob, Staunen und Dank angesichts der Schöpfung sind zentrale Dimensionen christlicher Spiritualität und Liturgie. Gerade diese Rückbindung an die Schönheit und zugleich Fragilität der Schöpfung ist eine zentrale Kraftquelle, um sich für die Bewahrung der Schöpfung einzusetzen.

> »Wer die Dinge und Wesen der Natur mit spirituellen Augen sieht, erkennt in ihnen eine über jeden unmittelbaren Nutzen hinausgehende sinnvolle und schützenswerte Qualität. Er nimmt eine uneigennützige und ehrfürchtige Haltung des Staunens ein. So können sich ökologische und religiöse Sichtweise wechselseitig ergänzen und befruchten.«[60]

Christliche Spiritualität und Liturgie leben von regelmäßiger Praxis, von Ritualen und festen Zeiten, die Orientierung im Chaos des Lebens stiften. Als Anfang, so eröffnet die Bibel, schuf Gott Himmel und Erde, indem er das Chaos bändigte und der Schöpfung in sieben Tagen ihre Ordnung zuwies. Höhepunkt dieser Schöpfungsordnung ist der Sabbat, der Tag der Einkehr und

---

56 Müller 2016, S. 16.
57 Theobald 2018, S. 246.
58 Vgl. Lis 2018, S. 288.
59 Sander 2016, S. 25.
60 Vogt 2013, S. 488.

Ruhe, der Gott geweiht ist. Die Schöpfung mündet somit selbst in eine spirituell-liturgische Krönung. Doch nicht nur der wöchentliche Sonntag, sondern auch zahlreiche Feste und Zeiten im Kirchenjahr, wie Erntedank, Advent- oder Fastenzeit, besitzen enge Bezüge zu Nachhaltigkeitsfragen und können entsprechend gestaltet werden.[61] Insbesondere in Zeiten von Krisen und Orientierungslosigkeit wird eine solche spirituell-liturgische Sinnstiftung und Ordnung relevant. Schmerzlich wurde diese Bedeutung in der Corona-Krise für viele Gläubige erfahrbar, als Gottesdienste verboten wurden und das Versammlungsverbot auch keine öffentlichen Gebete mehr ermöglichte. Durch den Wegfall gemeinsamer Orte und Begegnungen werden gemeinsame Zeiten, wie das abendliche Kerzenentzünden und Gebet, zur tragenden spirituellen Struktur. Zugleich feiern liturgisch-spirituelle Formen eines »Retrokatholizismus […] fröhliche Urständ«[62], wie z.B. Blasiussegen, privat zelebrierte Messen oder Sakramentsprozessionen durch leere Straßen. Auch virtuelle Alternativen entstehen, doch diese hinterlassen bei vielen Gläubigen eine Lücke, die insbesondere aus einer leiblich-ästhetischen Leerstelle resultiert.

3. Leiblich-ästhetisch: Der Mensch ist nicht nur Heger und Pfleger der Schöpfung, sondern zugleich in seiner Leiblichkeit Teil der Schöpfung. Die Bedrohung der Schöpfung ist immer auch eine Bedrohung des Menschen in seiner Leiblichkeit, auch wenn dies in den Wohlstandsgesellschaften des globalen Nordens oftmals nicht deutlich wahrgenommen wird. Die leiblichen Dimensionen der Klimakrise werden in Deutschland erst ansatzweise spürbar, wenn die steigenden Temperaturen im Sommer nachts den Schlaf rauben oder wenn Sport im Freien nicht mehr möglich ist. In weiten Teilen der Welt ist diese Dimension bereits jetzt bedroht, bis hin zur existenziellen Gefährdung von Leib und Leben. Eine nachhaltigkeitsorientierte Theologie ist somit immer auch eine leiblichkeitsorientierte Theologie. Wie stark Menschen auf ihre Leiblichkeit verwiesen sind, ruft die Corona-Krise erneut ins Bewusstsein, als *social distancing* zur Maxime menschlichen Zusammenlebens wurde. Via Bildschirm ist Kommunikation virtuell weiter möglich und dennoch vermissen die Menschen teils schmerzlich die leibliche Dimension des Zusammenseins. So wird über Balkone hinweg Kontakt gehalten, es wird musiziert, für Krankenpfleger*innen geklatscht und auf Dachterrassen Gymnastik gemacht. Der Mensch sucht, gerade in Zeiten der Krise, leibliche und ästhe-

61 Vgl. Evangelische Kirche in Deutschland 2019.
62 Knop 2020.

tische Ausdrucks- und Kommunikationsformen, die virtuelle Gottesdienste nur bedingt bieten können.

Die ästhetische Dimension von Religion zeigt sich dabei u.a. in der Selbstexpression und ist somit eng auf die leibliche bezogen. Menschen bringen in Musik, Bild, Tanz das zum Ausdruck, was sie im Innersten bewegt. Die Balkonmusiker*innen in Corona-Quarantäne sind dafür ein klingendes Beispiel. Entsprechend zeichnet sich die christliche Tradition nicht nur durch Dogma und Lehre, sondern auch durch ästhetische Artefakte aus. »Die Stärke und Orientierungskraft des christlichen Glaubens auch für eine Ethik der Nachhaltigkeit liegt nicht primär in den Fragen der Begründung, sondern in dem reichen Schatz an Traditionen, Erzählungen, Riten und Festen.«[63] Nicht von ungefähr stellen Lieder, wie die Psalmen oder der Sonnengesang des Hl. Franziskus, zentrale Bezugsquellen der Schöpfungstheologie und -spiritualität dar.

Doch nicht nur bei Selbstexpression, Glaubensweitergabe und -praxis ist Religion auf Ästhetik verwiesen, sondern ästhetische Artefakte können auch eine wichtige Quelle für politische Theologie und einer politischen Lebens- und Glaubenspraxis werden. Während ästhetische und politische Theologie bzw. Religionspädagogik oftmals als miteinander in Spannung stehend betrachtet werden,[64] formulierte bereits 1972 Hubertus Assig:

> »Die ästhetische Sensibilisierung der Menschen für ein humaneres, glücklicheres, heileres Leben kann vielmehr entscheidende Hilfe sein, eine Lebenswirklichkeit herbeizuführen, die auf dem Wege einer nur kritisch-intellektuellen Imagination oder der direkten politischen Aktion eben nicht herbeizuführen ist.«[65]

Denn ästhetische Artefakte brechen in ihrer Mehrdeutigkeit häufig vorherrschende Weltsichten auf, sie irritieren und kritisieren, lassen Bekanntes neu sehen. Damit kann z.B. Kunst auch »die gewinnorientierte Verwaltung der Welt unmittelbar und erfahrbar [...] übersteigern, [...] relativieren. [... Sie lässt erkennen], wieviel man verkennt, wieviel man übersieht, wieviel man versäumt, wenn man der gewinnorientierten Verwaltung der Welt erliegt.«[66] In dieser Hinsicht ist die leiblich-ästhetische Dimension für eine theologische

---

63 Vogt 2013, S. 487.
64 Vgl. Gärtner 2020, 2013.
65 Assig 1972, S. 172f.
66 Bucher 2019, S. 181f.

Perspektivierung von Nachhaltigkeit unabdingbar, da sie sowohl eine Grunddimension der christlichen Religion als auch zugleich Quelle einer politischen und nachhaltigkeitsorientierten Theologie darstellt.

4. Communial: Sowohl in diachroner als auch synchroner Perspektive ist das Christentum auf Gemeinschaft bezogen: als Traditions- und Glaubensgemeinschaft. Viele der bislang skizzierten nachhaltigkeitsrelevanten Dimensionen und Themen speisen sich aus der biblisch fundierten Traditionsgemeinschaft. Doch auch synchrone Glaubensgemeinschaften besitzen auf mehreren Ebenen Bedeutung für den Nachhaltigkeitsdiskurs. Glaubensgemeinschaften teilen Werte, Normen und einen gemeinsamen Sinnhorizont. Sie besitzen darüber hinaus gemeinsame Handlungsräume wie z.B. Territorialgemeinden, Bistümer, Bildungshäuser oder kirchliche Schulen. Diese gemeinschaftliche Dimension wurde bereits in vorangegangenen Kapiteln (v.a. Kap. 3.1) als zentrale Größe für nachhaltiges Handeln und für die Minderung des *mind-behavior-gaps* betrachtet.

> »Die christlichen Kirchen schaffen tiefe Gemeinschaft, aktivieren lokale und weltweite Solidarität und engagieren sich intensiv für eine auf persönliche Entfaltung ausgerichtete Bildung. Damit fördern sie das wertvollste soziale Kapital, dessen Intensivierung für eine nachhaltige Entwicklung unverzichtbar ist.«[67]

Durch den Gemeinschaftscharakter kann auch der an sich geringen Wirkung individuellen nachhaltigen Handelns entgegnet werden. Wenn z.B. auf Pfarrverbundsebene über fleischlose Feste nachgedacht wird, ist dies motivierender und effektiver als das individuelle Mitbringen von Sojawürstchen. Zugleich können, wenn auch in Deutschland deutlich schwächer als früher, kirchliche Funktionsträger Vorbildcharakter besitzen und modellbildend in die Gemeinde hineinwirken.

Zudem sind Kirchen global vernetzt und lokal verankert.[68] Sie besitzen somit umfassende Strukturen, die wichtig für gesellschaftliche oder politische Akteure sind, um Nachhaltigkeitskonzepte einzufordern oder umzusetzen. Wie bereits beschrieben, gestalten Kirchen als Institutionen durch Verlautbarungen den Nachhaltigkeitsdiskurs mit und bringen sich auf globaler Ebene als NGOs in entsprechende Kommissionen und Konsultationen ein

67 Vogt 2013, S. 490.
68 Vgl. Vogt 2016, S. 144; Vogt 2013, S. 489f.

(Kap. 3.2.5). Dies ist in den vergangenen Jahren auch an vielen Stellen auf Gemeinde- oder Diözesanebene, bei kirchlichen Verbänden und Bildungseinrichtungen geschehen.[69] Angesichts des in Deutschland noch immer quantitativ großen Einflusses von Kirchen in den Bereichen Bildung, Gesundheit und Soziales ist aber dennoch zu fragen, inwiefern das kirchliche Potenzial hier bereits umfassend ausgeschöpft ist. Gerade vor dem Hintergrund der vielen kirchlichen Immobilien und Kapitalfonds gibt es Nachhaltigkeitssektoren, die zwar nicht im Kernbereich der christlichen Glaubensgemeinschaft liegen, aber dennoch aus ökologischer Perspektive sehr gewichtig sind. Daher ist auf der Ebene konkreter Handlungen kirchlicher Akteure vermutlich – in Anlehnung an den *mind-behavior-gap* – von einem *theology-behavior-gap* auszugehen.

5. Ethisch: Nachhaltigkeit ist derzeit äußerst prominent und wird kaum hinterfragt. Die Popularität des Begriffs liegt auch, wie bereits mehrfach angeklungen, an der normativen und inhaltlichen Unterbestimmtheit von Nachhaltigkeit. Oftmals liegen die Wurzeln der jeweiligen Nachhaltigkeitskonzepte im Bereich der Ökonomie, entsprechend seines Ursprungs in der Forstwirtschaft. Demnach fundiert Nachhaltigkeit ökonomisch rationales Handeln. Auch die Gestaltungskompetenzen im BNE-Diskurs folgen weitgehend dieser zweckrationalen Logik.[70] Aus der skizzierten theologischen Perspektive hingegen resultiert ein unhintergehbares normatives Fundament eines christlichen Nachhaltigkeitsverständnisses mit ethischen Konsequenzen. Markus Vogt leitet hieraus Nachhaltigkeit als viertes Prinzip der theologischen Ethik ab, neben Personalität, Solidarität und Subsidiarität.[71] Somit wird auch die Frage aufgeworfen, wie anthropozentrisch der ethische Diskurs weiterhin ausgerichtet sein kann. Dabei ist hermeneutisch eine gewisse Anthropozentrik unhintergehbar, weil auch eine theologische Ethik immer eine Ethik von Menschen ist.[72] In diesem Sinne lässt sich von einer kritischen oder aufgeklärten Anthropozentrik sprechen.[73] »Wir brauchen keine Überwindung der Wende zum Subjekt […]. Nicht Überwindung der Anthropozentrik heißt das Programm einer christlich verstandenen Nachhaltigkeitsethik, sondern Auf-

69 Vgl. Birkel 2002.
70 Vgl. Haan und Kamp 2008, S. 83f; Bederna 2019, S. 111.
71 Vgl. Vogt 2016, S. 144.
72 Vgl. Horstmann et al. 2018, S. 35.
73 Vgl. Horstmann et al. 2018, S. 35; Vogt 2013, S. 252-259.

klärung über ihre Voraussetzungen und Grenzen im Sinne einer ökologischen Humanität.«[74]

Wenn somit ein theologischer Nachhaltigkeitsdiskurs normativ und ethisch ausgerichtet sein muss, dann stellt sich die Frage, wie diese ethische Grundausrichtung in die gesellschaftlichen Debatten um Nachhaltigkeit eingebracht werden kann. Angesichts des oftmals emotional sehr aufgeheizten Diskurses läuft sie dabei Gefahr, in die Sprache moralischer Appelle und Bewertungen zu verfallen und als hypermoralisch diskreditiert zu werden. In diesem Horizont ist auch die Polemik von Alexander Grau einzuordnen – und zugleich theologisch scharf zurückzuweisen, wenn er behauptet, die christlichen Kirchen würden zu wenig Glaubensinhalte und Sinnfragen in den Mittelpunkt stellen. Vielmehr »flieht man in den Bereich der Moral und der Politisierung. Man engagiert sich gegen Umweltverschmutzung [...], der vor irgendeinem Endlager angekettete Pfarrer gehört ja quasi zur protestantischen Folklore noch aus den 80er Jahren.«[75] Kirchlicher Protest gegen Umweltverschmutzung ist keine Folklore, sondern resultiert aus einem schöpfungstheologischen Selbstverständnis.

Die ethische Dimension des Christentums muss sich daher davor bewahren, in moralische Appelle zu verfallen bzw. sich auf eine (hyper-)moralische Instanz reduzieren zu lassen. Allerdings ist der Geltungsanspruch und Beitrag theologischer Ethik angesichts des normativen und ethischen Pluralismus einer postsäkularen Gesellschaft erst zu erweisen. Dass eine theologische Ethik ihre Werte und Normen im Nachhaltigkeitsdiskurs vernunftgeleitet plausibilisieren muss, ist weitgehender Konsens. Aber inwiefern sich damit christliche Positionen als wahr und universal rechtfertigen lassen, ist damit noch nicht geklärt, was aus philosophischer Perspektive verdeutlicht werden kann.

6. Philosophisch: Das Christentum hat sich selbst von Beginn an kontextuell und interdisziplinär reflektiert. Es steht in einer mehr oder weniger lebendigen und offenen Auseinandersetzung mit den jeweils aktuellen sozialen, kulturellen und philosophischen Herausforderungen, wobei historisch die Philosophie und mit ihr die Vernunft zur primären außertheologischen Reflexionsinstanz des Christentums wurde. Wenn dieser Diskurs verweigert wurde

74 Vogt 2016, S. 137. Vgl. hingegen die Kritik an einem aufgeklärten oder perspektivistischen Anthropozentrismus Horstmann und Hagencord 2018.

75 Main 2017.

bzw. wird, drohen Religionen fundamentalistisch oder ideologisch zu werden. Auch die Katholische Kirche bekennt sich explizit zu einer vernunftgeleiteten, philosophischen Reflexion des Christentums, wenn sie dabei auch immer wieder versucht, gewisse philosophische Richtungen als mehr oder weniger theologisch geeignet zu betrachten.[76] Seit der Aufklärung und insbesondere in den letzten Jahrzehnten sind durch gesteigerte weltanschauliche Pluralität sowie entsprechende pluralitätsbezogene spät- und postmoderne Philosophien universale (religiöse) Wahrheitsansprüche hinterfragt bzw. abgelehnt worden. Wenn somit das Christentum nachhaltigkeitsrelevante Traditionen, Werte und Normen einbringen will, wird sie damit konfrontiert, dass diesen der Wahrheitsanspruch schnell abgesprochen werden kann. Die skizzierten nachhaltigkeitsrelevanten Themen und Dimensionen von Religion können somit nicht per se einen Wahrheits- oder Universalitätsanspruch reklamieren. Die Hoffnung auf Erlösung, die kritische Erinnerung an die Bewahrung der Schöpfung, das politische Potenzial des Christentums – all dies kann mit vielfältigen philosophischen Argumenten als partikulare Weltanschauung angezweifelt, für unwahr oder irrelevant erklärt werden – ein Schicksal, dass das Christentum mit allen Weltanschauungen und großen Erzählungen teilt (Kap. 2.2). Für den Nachhaltigkeitsdiskurs bedeutet dies zum einen, dass individuelles Handeln keine leichte Orientierung mehr im Christentum oder in anderen Weltanschauungen findet, da im Pluralitätsparadigma alles auch ganz anders sein könnte. Zum anderen kann das strukturell, gesellschaftlich und politisch bereits skizzierte normative Vakuum (Kap. 3.2.4) hierdurch nicht einfach gefüllt werden. Damit trägt der pluralitätsbedingte Verlust von Wahrheitsansprüchen auch zur Stabilisierung des gegenwärtigen hegemonialen Kapitalismus mit seinen fatalen ökologischen, sozialen und kulturellen Konsequenzen bei.

Um im Nachhaltigkeitsdiskurs hiermit umzugehen, zeichnen sich m.E. theologisch zwei idealtypische Ansätze ab, die beide auf der grundlegenden Anerkennung von Pluralität gründen: Übersetzen und Unterbrechen. Unter ersterem werden theologische Ansätze verstanden, die die religiöse Eigenlogik in eine (post-)säkulare Sprache zu übersetzen versuchen.[77] Wenn z.B. der Papst in *Laudato si'* zu »Genügsamkeit« aufruft, dann lässt sich dies durchaus mit »Suffizienz« übersetzen, die Aufforderung zur »Umkehr« kann zumindest in Ansätzen in Vorstellungen einer »Transformation« überführt werden.

76 Vgl. Johannes Paul II 1998.
77 Vgl. Habermas 2007.

Solche Übersetzungsleistungen im Kontext von Nachhaltigkeit können dazu beitragen, Normativität und Parteilichkeit zu plausibilisieren. Zugleich laufen Übersetzungsleistungen auch Gefahr, dass im Akt des Übersetzens die spezifisch religiöse Eigenlogik verloren geht,[78] wenn z.B. die voraussetzungslose Gleichheit aller Menschen durch die Gottebenbildlichkeit in das Sprachspiel von allgemeinen Menschenrechten oder das christliche Gnadenverständnis in die »gnadenanaloge Handlungsform des Vertrauens«[79] überführt wird.

Die zweite Strategie der Unterbrechung geht hingegen von der Fremdheit, Irritation oder Alterität religiöser Logiken aus, die andere Diskurse inspirieren, mahnen oder perturbieren können. Angesichts der weltanschaulichen Pluralität wird dabei die religiöse Eigenlogik und Positionalität als Teil von Pluralität in den Nachhaltigkeitsdiskurs eingebracht, ohne hierbei einen Allgemeingültigkeitsanspruch zu vertreten. Es geht vielmehr darum, aus der Tradition und Theologie des Christentums ethische fundierte Positionen und Handlungen zur Nachhaltigkeit zu entwerfen und diese in den gesellschaftlichen Diskurs einzuspeisen, in der Hoffnung, »andere zu finden, die sich von der christlichen Praxis anstecken lassen und ihr, vielleicht von ganz anderen Voraussetzungen her, folgen.«[80]

Als kritische Weiterführung dieser zwei Ansätze und zugleich als Überleitung zu der folgenden religionspädagogischen Perspektivierung von BNE können Überlegungen zur Wahrheitsfähigkeit religiöser Überzeugungen von Rudolf Englert betrachtet werden. Vielleicht sei, so Englert, die Aussetzung der Wahrheitsfrage an »Schönwetterbedingungen« gebunden. »Wenn es wirklich ernst werde und ich mich im Innersten bedroht fühle, [muss] ich auf der Unterscheidbarkeit von Wahrheitsansprüchen bestehen.«[81] Dabei geht es Englert nicht um eine Flucht in einfache, feste und unhinterfragte Wahrheiten, sondern vielmehr um einen Wahrheitsbegriff als eine Art Verheißung, als Sehnsuchtstopos. Gerade in Situationen individueller Not oder bedrohlichen gesellschaftlichen Krisen, die die Klima- und Corona-Krisen zweifelsohne darstellen, ist die Relativierung von Wahrheit problematisch, wenn nicht gar fatal. »Ohne wenigstens vorläufige Wahrheiten, die wir mindestens mit einer gewissen Zahl Anderer teilen können, wird uns die

78 Vgl. Bederna und Gärtner 2020.

79 Kreutzer 2014, S. 555.

80 Horstmann et al. 2018, S. 145.

81 Englert 2020, S. 151 unter Bezug auf Karl-Heinz Ott.

Welt unbewohnbar.«[82] Religiöse Bildung kann diesbezüglich dazu beitragen, die Wahrheitsfrage wachzuhalten.

82 Englert 2020, S. 152.

5 Konturen einer politischen religiösen Bildung für nachhaltige Entwicklung

In den abschließenden zwei Kapiteln werden nun die Überlegungen zur BNE und Kritischen Pädagogik (Kap. 2), zu den Gelingens- und Rahmenbedingungen von BNE (Kap. 3) sowie zur spezifischen religiösen Eigenlogik von Nachhaltigkeit (Kap. 4) in den Entwurf und die Konkretion einer »Religiösen BNE in einer verwundeten Welt« überführt. Damit wird der Kritik an einer primär formal-gestaltungsorientierten BNE Rechnung getragen, die eine deutlich fachspezifische Orientierung einfordert (Kap. 2), ohne dabei die hohe interdisziplinäre Komplexität des Nachhaltigkeitsdiskurses aus dem Blick zu verlieren. Für religiöse BNE bedeutet dies auch, als ein »Querschnittsfach« übergreifende Fragestellungen zu thematisieren und mehrperspektivisch zu bearbeiten, wie dies im Orientierungsrahmen für Globales Lernen vorgesehen ist (Kap. 2), und zugleich die theologische und religiöse Eigenlogik zu berücksichtigen.

In einem ersten Angang (Kap. 5) werden hierzu Konturen einer religiösen BNE skizziert. Diese sind hier aus Gründen der Darstellbarkeit in sieben Merkmale aufgeteilt. Dabei stehen sie in einem engen inhaltlichen Implikationszusammenhang,[1] der sich durch den praktisch-theologischen Dreischritt Sehen-Urteilen-Handeln beschreiben lässt. So bezieht sich das erste Merkmal »krisenorientiert und kontrovers« vornehmlich auf den Schritt des »Sehens«, die Merkmale »eschatologisch«, »antizipatorisch-erinnernd«, »normativ-parteiisch«, »kritisch-reflexiv« sowie »emanzipatorisch« auf den Schritt des »Urteilens« und das siebte Merkmal »kontext- und erfahrungsorientiert« auf die Ebene des (didaktischen) »Handelns«. Dabei wird sich zeigen, dass diese Merkmale religiöse BNE als eine grundlegend politische charakterisieren, so dass hierdurch erste Konturen einer *politischen religiösen BNE* deutlich

1 Der Implikationszusammenhang folgt Grümme 2009, S. 147f.

werden.[2] Im sechsten Kapitel werden diese Konturen und Merkmale dann abschließenden in Hinblick auf fachspezifische Lerngegenständen konkretisiert.

5.1 Krisenorientiert und kontrovers

Migration, Klima oder Corona – Krisen scheinen in den letzten Jahren in immer kürzeren Abständen aufeinander zu folgen. Die Religionspädagogik reagiert zumeist recht schnell auf diese Krisen, um kontextuell und lebensweltrelevant religiöse Bildungsangebote für die aktuellen Schlüsselprobleme (Kap. 1) anbieten zu können. Dabei zeigen die vorangegangenen Analysen jedoch auf, dass diese Einzelkrisen Teil einer multiplen und komplex miteinander verwobenen Krise sind. Diese Komplexität muss die Religionspädagogik differenziert wahrnehmen, ganz im Sinne von »Sehen« im ersten praktisch-theologischen Dreischritt. Religionspädagogik ist daher mit Komplexität und Kontroversität konfrontiert, die es pädagogisch-didaktisch aufzugreifen gilt. Insbesondere in interdisziplinär ausgerichteten Entwürfen von BNE wird religiöser Bildung die Querschnittsaufgabe zugemessen, die unterschiedlichen disziplinären Perspektiven miteinander zu verbinden und zu diskutieren. Hierauf kann und darf sich jedoch eine religiöse BNE nicht reduzieren. Denn es geht in (religiöser) BNE weder um eine fachübergreifende »sandkastenartige Befähigung«[3], Lösungsstrategien für Nachhaltigkeitsprobleme zu finden, noch um aus der Religion eingespeiste »eindimensionale Lösungen von Problemen im Sinne von Patentrezepten«[4]. Erstens entzieht sich religiöse BNE aus alteritätstheologischer und eschatologischer Perspektivik (Kap. 4) einer solchen pädagogischen Einhegung oder Instrumentali-

2 Um Religionspädagogik als politisch auszuweisen, werden derzeit vielfältige Begrifflichkeiten verwendet, wie z.B. politisch sensible, politisch orientierte, politisch bedeutsame oder (neue) politische Religionspädagogik. (Vgl. Herbst 2019a.) Im Folgenden wird die Bezeichnung »politisch« verwendet, um die hier zu konturierende Form von religiöser BNE näher zu qualifizieren und diese insbesondere von einer formal-strategischen BNE deutlich abzugrenzen. Demnach bildet das Politische ein »durchgängiges Handlungs- und Reflexionsprinzip«, so dass religiöse BNE »immer im Horizont des Politischen betrieben wird.« (Könemann 2018, S. 16, hier in Bezug auf Religionspädagogik allgemein.)

3 Hamborg 2017, S. 23.

4 Birkel 2002, S. 73.

sierung, denn insbesondere in den theologischen Skizzen zu Alterität und Zeit wurde deutlich, dass dem Christentum eine genuin eschatologische Offenheit und Fremdheit eingeschrieben ist, die sich einer pädagogischen Verwertbarkeit für Problemlösungen entzieht. Zweitens wird auch im Horizont einer Kritischen Pädagogik und der Frankfurter Erklärung (Kap. 2) deutlich, dass die im Nachhaltigkeitsdiskurs verflochtenen multiplen Krisen entsprechend inhaltlich komplex und kontrovers zu bearbeiten sind. Hierdurch werden Problemstellungen prozessiert und produktiv geöffnet,[5] gerade auch um vorschnelle Antworten, die sich eher auf nachsorgendes Umweltverhalten als auf die Ursachen fokussieren, zu vermeiden. Viele vorliegende religionspädagogische Unterrichtsmaterialien, die aus religiöser Perspektive vornehmlich auf die Bewahrung der Schöpfung zielen, indem sie zum Wassersparen, Müllsammeln oder Lichtausschalten aufrufen, unterlaufen deutlich sowohl die Krisen- und Kontroversitätsorientierung einer Kritischen Pädagogik als auch eine alteritätstheologische und eschatologische Perspektivierung des Nachhaltigkeitsdiskurses.

5.2 Eschatologisch

Die Zukunft in Zeiten der Krise ist radikal offen. Selten wurde dies so deutlich wie während der Corona-Krise. Was undenkbar erschien, war wenige Tage später weitgehend akzeptiert: Ausgangssperren, Schule zu Hause und Verweigerung von medizinischer Hilfe auf Grund von Alter oder Vorerkrankungen. Für den Klimawandel gibt es zwar viele wissenschaftlich fundierte Modelle, die die katastrophalen Folgen prognostizieren, dennoch können auch diese Modelle nicht vorhersagen, in welcher Gesellschaft oder Kultur Heranwachsende zukünftig leben werden. Ein instrumentelles Verständnis von Bildung, wie es derzeit vielfach vorherrscht, greift dabei deutlich zu kurz. Viele Ansätze der BNE reagieren mit ihren formal-strategischen Kompetenzen auf diese Herausforderung, was jedoch weder aus Perspektive einer kritischen Bildungstheorie noch einer religiösen BNE überzeugen konnte (vgl. Kap. 2). Ansätze der Kritischen Pädagogik unterstreichen daher, dass im Bildungsbegriff grundsätzlich ein Moment von Freiheit und Offenheit enthalten ist, wobei jedoch mit dem Ende der großen Erzählungen zugleich auch eine Orientierung von Bildungsprozessen verloren gegangen sei. Denn die großen

5 Vgl. Bünger 2013, S. 58.

Erzählungen opferten »die Gegenwart für eine (stets noch bessere) Zukunft – und dies nicht nur in einem übertragenen Sinn: Es sind große Erzählungen, die wirkliche Opfer – Entbehrungen, Kriege, Tote – im Namen einer Notwendigkeit legitimieren.«[6] Kritische Bildungstheorien stehen somit in der Spannung, Bildung als Emanzipationsgeschehen radikal offen zu gestalten, ohne zugleich die Anforderungen der Gegenwart und Zukunft aus dem Blick zu verlieren. Ob »sich Bildung in die Befähigung übersetzt, Geschichte zu machen, kann nicht länger mit Bestimmtheit *gewusst* werden. Der Einsatz der Bildungstheorie besteht stattdessen darin, die Möglichkeit der Bildung *als Möglichkeit* offen zu halten.«[7]

Die im vorangegangenen Kapitel skizzierte eschatologische Denkfigur kann diese Spannung zwischen Offenheit und Richtungssinn im Rahmen einer religiösen BNE aufgreifen. Solche eschatologischen Bezüge sind dabei kritischer Bildungstheorie nicht vollends fremd, wie Folkert Rickers anhand der kritischen Bildungstheorie von Heinz-Joachim Heydorn herausstellt.[8] Bildung sei nach Heydorn der »Versuch des Menschen, die Erziehungsverhältnisse zu transzendieren, sich kraft eigener Vernunft neu zu entwerfen und darin eine *neue Menschheit* zu antizipieren. Denn die Befreiung des Menschen zu sich selbst sollte – wenn sie denn gelingen kann – der Befreiung aller korrespondieren, auch der Toten.«[9]

Für Rickers resultiert hieraus die Aufgabe religiöser Bildung, Heranwachsende mit der christlichen Botschaft vertraut zu machen, damit diese »in pointierter Weise von der eschatologischen Dynamik des Evangeliums berührt werden können«[10]. Damit greift religiöse BNE die Offenheit von Bildung auf, bietet aber zugleich einen normativen Richtungssinn an. Denn aus dem Geist eschatologischer Hoffnung hält die Reich Gottes Botschaft die Möglichkeit offen, dass Bildung, dass Leben in Freiheit überhaupt weiterhin möglich bleibt. Somit trägt religiöse BNE »einen Komparativ, eine bleibende Eröffnung auf Alterität, auf ein je Größeres in Bildungsprozesse ein, eine messianische Veränderungsperspektive.«[11] Es gilt daher aus der christlichen Tradition und der Reich Gottes Botschaft Visionen, Utopien und Leitbilder nachhaltigen Lebens freizulegen und diese – ganz im Sinne von Rickers – den

6 Bünger 2020, S. 359.
7 Bünger 2020, S. 350.
8 Vgl. Rickers 2010; Ricken 2020.
9 Rickers 2010, S. 166, Hervorhebungen im Original.
10 Rickers 2010, S. 166.
11 Grümme 2009, S. 143.

Heranwachsenden als Sinnstiftung zur kritischen Aneignung anzubieten. Für die Auswahl möglicher Sinnangebote schlägt Andrea Lehner-Hartmann zwei Kriterien vor: Diese müssten sowohl ein alteritätstheologisches Verständnis von Gott als *deus revelatus* und als *deus absconditus* besitzen und im Geist des Evangeliums für Marginalisierte und Exkludierte optieren.[12] Damit wird religiöse BNE deutlich politisch ausgerichtet und zugleich die Relevanz von Vergegenwärtigung und Erinnerung unterstrichen.

5.3 Antizipatorisch-erinnernd

Erinnerung ist im christlichen Verständnis notwendig, damit es eine Zukunft für alle gibt, eine Zukunft der Lebenden, aber auch eine Zukunft für die Opfer der Geschichte und der Gegenwart. Dies hat vor allem Johann Baptist Metz immer wieder betont. Derzeit ist die gesellschaftliche Perspektive stark darauf ausgerichtet, zukünftige Opfer zu vermeiden, sei es durch Datentracking von Corona-Infizierten oder Veranstaltungsverbote, sei es durch eine Verschärfung von Klimaschutzmaßnahmen. Dass für letztere deutlich geringere Anstrengungen unternommen werden, wurde bereits an anderer Stelle erörtert. Aus christlicher Perspektive verbietet sich jedoch eine Gegenüberstellung von Zukunfts- und Vergangenheitsorientierung, denn in der vergegenwärtigenden Erinnerung an die messianische Botschaft liegt ein Hoffnungs- und Utopiepotenzial, um die Zukunft mitzugestalten. Somit kann religiöse BNE vielleicht auch auf eine Leerstelle der politischen Bildung reagieren, die zwar einerseits Hoffnung als eine ihrer zentralen Kategorien bezeichnet, andererseits aber auch ein gewisses Erschöpfen utopischer Energien zeigt.[13] Diese Leerstelle kann sie jedoch nur füllen, indem sie in einem normativen Sinne an die jüdisch-christliche Tradition vergegenwärtigend erinnert. Dabei kann religiöse BNE an Ansätze einer anamnetischen Religionspädagogik anknüpfen[14] und diese in Hinblick auf das antizipatorische Potenzial des Christentums konsequent entfalten.

Die Bibel ist durchzogen von der Hoffnung auf einen neuen Himmel und eine neue Erde (Jes 65,17-25). Die Schöpfungstheologie (Kap. 4.4) erinnert daran, dass Schöpfung kein Anfangshandeln Gottes meint, sondern einen blei-

12 Vgl. Lehner-Hartmann 2020, S. 153.
13 Vgl. Besand 2019, S. 177.
14 Vgl. Boschki 2003, 2005; Konz 2019.

benden Auftrag in der Erinnerung an den guten Anfang und in der Hoffnung auf ein gutes Ende darstellt. Hierdurch werden Kräfte zum gemeinsamen Schöpfungshandeln freigesetzt, um das Angesicht der Erde zu verbessern. Simone Birkel prägte diesbezüglich die griffige Formel von »Schöpfungslust statt Ökofrust«[15]. Dass diese Hoffnung und dieses motivierende Potenzial zentral für nachhaltiges Handeln und für die Verminderung des beschriebenen *mind-behavior-gaps* ist, konnten die psychologischen Studien deutlich aufzeigen (Kap. 3.1). Damit religiöse BNE diese motivierende Kraft freisetzen kann, kommt ihr auch die Aufgabe zu, in Erinnerung an die jüdisch-christliche Botschaft dem Leben trotz »Krisen im Horizont einer christlichen Glaubensüberlieferung Bejahung und Aufgabe abgewinnen zu können und diese Position in die pädagogische Reflexion einzubringen.«[16] Erinnert sei in diesem Kontext an die Erfahrungen der Umweltpädagogik und -erziehung, die zeigten, dass eine Katastrophendidaktik weniger zu Handlung, als vielmehr zu Reaktanz führt (Kap. 2.1). Die antizipatorisch-erinnernde Dimension von religiöser BNE ist somit von Hoffnung getragen und auf schöpferische Mitgestaltung ausgerichtet. In der Terminologie der Frankfurter Erklärung (Kap. 2.2) zielt sie auf ermutigende und verändernde Lernsettings, die Lernende befähigen, aus der Erinnerung an Gottes schöpferisches Heilshandeln in der Gegenwart zu wirken, damit die Schöpfung eine gute Zukunft hat. Religiöse BNE konfrontiert dadurch aus einem inhaltlich spezifizierten Gedächtnis heraus die »gegenwärtige Praxis mit einem normativen, befreienden Anspruch, um diese auf Zukunft hin zu verändern.«[17] Dieser eminent politische, normativ-befreiende Anspruch besitzt jedoch auch problematische Konsequenzen für religiöse BNE, wie im Folgenden zu reflektieren ist.

5.4 Normativ-parteiisch

Eine normativ an der jüdisch-christlichen Botschaft orientierte religiöse BNE steht in Spannung zu Teilen des BNE-Diskurses, der – wie mehrfach bereits gezeigt wurde – weitgehend über einen nur vage normativ ausgerichteten Gerechtigkeitsbegriff bestimmt wird. Bereits diese vage Ausrichtung führt insbesondere in liberalen Bildungstheorien zu umfassenden Diskussionen (Kap.

15 Birkel 2002, S. 267-269.
16 Birkel 2002, S. 73.
17 Grümme 2009, S. 146.

2.2). Politische religiöse BNE, wie sie hier vertreten wird, ist dezidiert normativ und parteiisch ausgerichtet, indem sie theologisch fundiert für (zukünftig) Marginalisierte und Exkludierte sowie kritische Emanzipation optiert. Inwiefern ist ein so ausgerichtetes Bildungsverständnis im (post-)säkularen Diskurs plausibilisierbar und im staatlichen Bildungssystem legitimierbar? »Impliziert nicht die Forderung nach einer eindeutigen Positionierung, einer ›Option zu Gunsten von Emanzipation und Gerechtigkeit‹, die problematische Situation, dass es ›richtige‹ und ›falsche‹ Positionen gibt [...] – ohne allgemeingültige Kriterien für ihre Unterscheidung?«[18] Daher ist auch aus Sicht kritischer Bildungstheorien eine solch normative Fundierung provokant,[19] insbesondere wenn sie von der Lehrkraft bekenntnisorientiert eingebracht wird, wie dies im konfessionellen RU vorgesehen ist. Ein solches Bekenntnis könnte dem Überwältigungsverbot des Beutelsbacher Konsens entgegenstehen. Zwar geht auch kritisch-politische Bildung nicht von Neutralität aus, wie die Debatten um den Beutelsbacher Konsens und die Frankfurter Erklärung zeigen (Kap. 2.2). Aber die normativ-parteiische Ausrichtung religiöser BNE führt weit über die dort skizzierten sechs Grundsätze hinaus und muss daher ad intra und ad extra plausibilisiert bzw. legitimiert werden.

Konfessionelle religiöse Bildung, so wie sie in Schule, aber auch Gemeinde und kirchlichen Bildungseinrichtungen weitgehend konzipiert ist, geht konzeptionell von einer normativ-parteiischen Fundierung aus. Die Orientierung am Schöpfungsauftrag, an der messianischen Botschaft des Reiches Gottes, an der Option für die Armen als normatives Fundament einer religiösen BNE bedarf damit ad intra auf den ersten Blick doch keiner besonderen Legitimation oder Plausibilisierung. Kontrovers wird eine solch normative Ausrichtung jedoch, wenn sie im Nachhaltigkeitsdiskurs konkret in ökologischen, sozialen, politischen und ökonomischen Diskursen kontextualisiert ist. Besonders deutlich wurde dies in den Debatten um *Laudato si'*. Während die Enzyklika mit ihren weitreichenden ökonomischen und politischen Forderungen vielfach sehr positiv aufgenommen wurde, kritisierten zahlreiche religiöse Politiker*innen gerade die politischen Implikationen. Für Jeb Bush soll sich Religion auf die persönliche Lebensführung und nicht auf politische oder ökonomische Bereiche beziehen. »I hope I'm not going to get castigated for saying this by my priest back home, but I don't get economic policy from

18 Gärtner und Herbst 2020b, S. 644f mit einem Verweis auf Schröder 2010, S. 359.
19 Vgl. Grümme 2009, S. 243.

my bishops or my cardinals or my pope.«[20] Ähnlich harsch fiel die Kritik an einer 80jährigen Küsterin aus, die die vom Kohlebergbau bedrohte katholische Kirche in Erkelenz-Keyenberg für eine Greenpeace-Aktion öffnete und anschließend suspendiert wurde. Noch kontroverser erweist sich eine normativparteiische Positionalität in der Migrationsdebatte. So hat das Engagement der evangelischen Kirche bei der Seenotrettung im Mittelmeer innerkirchlich massiven Protest hervorgerufen. Auch ad intra sind daher Normativität und Parteilichkeit nicht selbstverständlich, insbesondere, wenn diese in politischen Kontexten den binnentheologischen oder -christlichen Kontext überschreiten, wie dies bei Nachhaltigkeit weitgehend der Fall ist. Vielleicht liegt hierin auch ein Grund, dass in vielen schöpfungstheologischen Kapiteln der Religionsbücher ökologische Kontexte wie Müllsammeln und Wassersparen gewählt werden, die in der Regel keine Kontroversen provozieren. Denn diese *low-cost*-Maßnahmen tangieren als nachsorgendes Umweltverhalten kaum politische, ökonomische oder soziale Diskurse.

Die bereits ad intra skizzierten Konfliktlinien bestimmen auch den Legitimations- und Plausibilitätsdiskurs ad extra. Verschärft werden diese jedoch dadurch, dass das normative Fundament des christlichen Glaubens in anderen Diskursen und gesellschaftlichen Bereichen nicht universal geteilt wird und somit eine religiöse BNE keinen Anspruch auf Allgemeingültigkeit einfordern kann (Kap. 4.5). Zudem wird auch grundsätzlich auf konzeptioneller Ebene die Frage nach dem Umgang mit Normativität und Parteilichkeit in Lern- und Bildungsangeboten kontrovers und offen debattiert.[21] Will politische religiöse BNE dennoch als eine öffentliche Religionspädagogik (Kap. 2.3) ihre normativ-parteiische Perspektive jenseits eines binnenkirchlichen oder religionsunterrichtlichen Kontextes in den BNE-Diskurs einbringen, dann stehen zwei idealtypische Strategien zur Verfügung, die als Übersetzung und Unterbrechung bezeichnet wurden (Kap. 4.5). Hierbei besteht jedoch bei ersterer die Gefahr, dass die religiöse Eigenlogik verloren geht, und die zweite muss auf die Hoffnung setzen, andere zu überzeugen und Mitstreiter*innen für die nachhaltige Gestaltung von Welt zu finden, auch wenn diese eventuell aus einer nichtreligiösen Perspektive denken und handeln.

Im religionspädagogischen Kontext ist zudem die Rolle der Lehrkraft besonders zu reflektieren, insbesondere damit diese durch ihre normativ-

20 Bush, Jeb, zit.n. Lavender 2015.
21 Vgl. Meseth et al. 2019.

parteiische Haltung Lernende nicht überwältigt und Kontroversität beschneidet. Es gilt somit zu prüfen, inwiefern dieser Problemstellung durch Transparenz und Reflexion von Seiten der Lehrkraft begegnet werden kann. Grundsätzlich ist Religionslehrkräften diese Problemkonstellation auch aus anderen Bereichen vertraut, da spätestens seit der konzeptionellen Trennung von Katechese und RU in den 1970er Jahren die Konfessionalität der Lehrkraft besonders reflektiert wird. Vielleicht haben sich Religionslehrer*innen aus dieser langen konfessionellen Fachtradition und der immer wiederkehrenden Überwältigungs- bzw. Missionierungskritik heraus sogar einen besonders professionellen Habitus angeeignet, Normativität und Parteilichkeit in Lernprozesse reflektiert und kritisch einzuspielen.[22] Kritik und Reflexion sind daher im Folgenden noch intensiver zu entfalten.

5.5 Kritisch-reflexiv

Utopien sind ideologieanfällig, sie neigen dazu, Gegenwart und Zukunft auf ihre Realisierung auszurichten, sie tendieren dazu, sich selbst zu verabsolutieren. Derzeit scheint z.B. die *green economy*, die Wachstum, Fortschritt, Reichtum und Ökologie miteinander verbinden will, eine solche ideologieanfällige Utopie zu sein. Als Utopie motiviert sie z.B. zu innovativer Technologie und weckt Hoffnungen auf ökologisch verträglichen Wohlstand. Doch zugleich werden durch die Verabsolutierung dieser Utopie andere Wege zur Nachhaltigkeit, wie z.B. Suffizienz und Postwachstum, verschlossen oder zumindest verstellt. Eine Kritik an der *green economy* wird so erschwert, indem dahinterliegende Ideologien, wie die Notwendigkeit eines stetigen Wirtschaftswachstums, nicht in Frage gestellt oder verschleiert werden. Der »apokalyptische Stachel« von Religion, so Metz, bewahrt diese vor Ideologieanfälligkeit, wenn sie sich der eschatologischen Vorläufigkeit und Begrenztheit menschlichen Handelns und Wissens immer wieder neu bewusst wird. Religionspädagogisch ist daher in mehrfacher Weise aufgefordert, eine solche Ideologiekritik in religiöse BNE einzuspeisen.

Erstens geht es um eine machtkritische Reflexion von sich derzeit im Nachhaltigkeitsdiskurs abzeichnenden Ideologien, die umfassender in den soziologischen Analysen dargestellt wurden (Kap. 3.2), wie z.B. dem

22 Vgl. Herbst 2019b.

Neoliberalismus. Hier kann eine politische religiöse BNE durchaus an religionspädagogische Ansätzen anknüpfen, die im Zuge der »1968er« ideologie- und machtkritische Ausrichtungen besaßen.[23] Die Auseinandersetzung mit diesen Ansätzen verdeutlicht aber auch, inwiefern eine zweite Richtung von (Ideologie-)Kritik unerlässlich ist, nämlich die selbstkritische Anwendung von Ideologiekritik. Religionspädagogik muss selbst immer wieder kritisch prüfen, inwiefern sie zur Stabilisierung von Macht und Ideologie beiträgt.[24] Dies bezieht sich explizit auch auf die kritische Reflexion der eigenen Pädagogik bzw. der eigenen Religion. Schematisierend kann somit von einer (Ideologie-)Kritik ad extra und ad intra gesprochen werden. Um das ideologiekritische Potenzial von Religion religionspädagogisch fruchtbar zu machen, ist hierbei die Unterscheidung von fünf Problemkomplexen hilfreich.[25]

1. Komplexität: Ideologiekritik kann nicht länger anhand einfacher Gegenüberstellungen von z.B. richtigem ökologischen Bewusstsein und nicht-nachhaltigen ökonomischen Strukturen religionspädagogisch eingebracht werden. Denn Ideologien wie der Neoliberalismus besitzen durchaus einen »Wahrheitskern«, was eine einfache Ideologiekritik in »falsch« oder »richtig« obsolet werden lässt. Ist es falsch, in der Corona-Krise zur Sicherung von Arbeitsplätzen ökologisch agierende Wirtschaftszweige finanziell zu fördern? Und ist es richtig, angesichts der gesellschaftlichen Distinktionsfunktion einen ›grünen Konsum‹ bei Schüler*innen zu kritisieren? Gerade eine unterkomplexe Transformation gesellschaftlicher Konflikt- und Krisenkonstellationen in eine religionsdidaktische Kritik kann als entscheidende Problemstellung der Religionspädagogik der »1968er« ausgemacht werden.[26]

2. Reflexivität: Anstelle eines dualistischen Ideologieverständnisses sollte daher religionspädagogisch ein Umgang mit (Ideologie-)Kritik gefunden werden, der diese Komplexität mit reflektiert. Ein erster Ansatz ist hierbei eine Reflexivität, die sich auf mehrere Ebenen beziehen kann. Auf der Ebene der Lehrkräfte gilt es, die eigenen Verstrickungen bewusst in den Blick zu nehmen und auch die Machtverhältnisse im Klassenzimmer wahrzunehmen.[27]

---

23 Vgl. zur Ideologiekritik insbesondere Vierzig 1975.

24 Vgl. Heger 2018.

25 Vgl. zu den fünf Problemkonstellationen Herbst 2018, S. 92-94.

26 Vgl. Herbst und Menne 2019, S. 94f.

27 Vgl. Herbst und Menne 2019, S. 98.

Diesbezüglich betonen die soziologischen Analysen (Kap. 3.2) insbesondere die Bedeutung einer milieuspezifischen Reflexion des Nachhaltigkeitsdiskurses, da z.B. nachhaltigkeitsaffine Milieus, in denen auch viele Religionslehrkräfte beheimatet sind, einen besonders großen *mind-behavior-gap* besitzen. Ist Lehrkräften dies nicht bewusst, kann dies zum einen ihre Authentizität in Frage stellen, zum anderen aber auch zu unterkomplexen Werturteilen verleiten, vor allem, wenn die eigene ökologische Einstellung als moralisch überlegen wahrgenommen wird. Lehrende müssen daher kritisch reflektieren, inwiefern sie »den Lernenden die Freiheit der eigenen Entscheidung belassen – auch wenn das von einem verantwortungsethischen Standort mancher Lehrender aus häufig schwerfällt!«[28] Wenn Religionslehrkräfte somit ideologiekritische Deutungsangebote in den Unterricht einspeisen, muss sich deren Plausibilität dialogisch noch bewähren. Ideologiekritik wird somit »prozeduralisiert – und zwar nicht in abstrakten Diskursgemeinschaften, sondern im konkreten Klassenverbund.«[29] Dann müssen sich in einer konkreten Lerngruppe z.B. auch Postwachstum und Konsumkritik erst als tragfähige Wege zu einer nachhaltigen Gesellschaft erweisen.

Eine weitere reflexive Ebene bezieht sich auf die ideologischen Verstrickungen von Theologie und Religion. Theologisch gilt es insbesondere die christliche Anthropozentrik kritisch zu reflektieren. Inwiefern trug und trägt diese zur ökologischen Krise bei? Inwiefern (de-)motiviert der Glaube an das rettende Heilshandeln Gottes zur Bewahrung der Schöpfung? In den vorangegangenen Kapiteln konnten durchaus religiöse und theologische Einstellungen als Einflussfaktoren für nachhaltiges Handeln ausgemacht werden (v.a. Kap. 3.2.5). Diese müssen von Lehrkräften ebenfalls kritisch in Hinblick auf religiöse BNE reflektiert werden.

3. Immanenz: Ideologiekritik kann »nur immanent erfolgen, das heißt die Maßstäbe der Kritik können nur gewonnen werden an ›den inneren Widersprüchen […] einer sozialen und dialogischen Konstellation und an der Erfahrung der Betroffenen, die durch diese Widersprüche geprägt ist.‹«[30] Um bei dem Beispiel von Wachstums- und Konsumkritik zu bleiben: eine immanente Ideologiekritik analysiert mit den Schüler*innen gemeinsam,

28 Mendl 2019, S. 71.

29 Herbst und Menne 2019, S. 98.

30 Herbst 2018, S. 93 mit einem Zitat von Jaeggi und Celikates 2017, S. 113.

inwiefern sie innere Widersprüche in ihrem und im gesellschaftlichen Konsumverhalten wahrnehmen und hierunter ggf. leiden. Es geht somit darum, ideologiekritisch verschleierte Widersprüche, Widerstände oder Exklusionen aufzudecken und hierfür ideologiekritische Deutungen anzubieten.

4. Metakritik: Dabei gilt es den Heranwachsenden metakritisch Mechanismen und Strukturen aufzuzeigen, die Macht- und Herrschaftsverhältnisse stabilisieren, und mögliche Verstrickungen zu verdeutlichen. In Hinblick auf die Schüler*innen sind vor allem ihre sozialen und ökonomischen Verstrickungen bewusst zu machen, wie sie insbesondere in den Reflexionen zu den unterschiedlichen Nachhaltigkeitsmilieus deutlich werden (Kap. 3.2). Wird dieses nicht ideologiekritisch von Lehrkräften bedacht, so kann der Nachhaltigkeitsdiskurs sogar zu einer größeren Spaltung und sozialen Ungleichgewichten führen (Kap. 3.2). Denn wenn Schüler*innen z.B. ihr unternehmerisches Selbst möglichst erfolgreich entwickeln müssen, dann ist Nachhaltigkeit eben kein Ziel, sondern maximal ein Mittel der Selbstvermarktung. Hieran ist auch das Bildungssystem beteiligt, dessen zentrale Ziele weiterhin Selektion und Berufsbefähigung darstellen. Schüler*innen, die bereits um Anerkennung und Anschluss an die Mittelschicht kämpfen, können deshalb eine nicht-nachhaltige Marktlogik oder das unternehmerische Selbst nicht so leicht in Frage stellen. Eine ideologiekritische religiöse BNE muss sich und den Schüler*innen diese und vergleichbare Prozesse und Mechanismen metakritisch bewusst machen, sie ist damit ganz im Sinne der Frankfurter Erklärung machtkritisch und reflexiv (Kap. 2.3).

5. Somatisches Moment: Ideologien bilden sich nicht nur als kognitive Konstrukte aus, sondern erweisen sich durch einen Zusammenhang von »Überzeugungen, habitualisierten Einstellungen und kulturellen Praktiken«[31] als besonders persistent. Eine ideologiekritische religiöse BNE darf daher die »leibliche Dimension von Ideologien [nicht] aus dem Blick verlieren.«[32] Performativ-ästhetische oder spirituelle Lernformate wie die Kirchenraumpädagogik, die in der Religionspädagogik weit verbreitet sind, können in dieser Perspektive ebenfalls eine ideologiekritische Perspektive besitzen. Dazu bedarf es jedoch ihrer expliziten Reflexion und didaktisch begründeten Integration in das Lerngeschehen.

31 Jaeggi und Celikates 2017, S. 107.
32 Herbst 2018, S. 94.

Zusammenfassend lässt sich Ideologiekritik religionspädagogisch »als Unterbrechung gesellschaftlicher Plausibilitäten begreifen.«[33] Ein konkretes Beispiel hierfür kann die kommunikationswissenschaftliche Methode des »Framings« darstellen.[34] Diese zielt darauf, mit Heranwachsenden unterschiedliche »Lesebrillen« auszuprobieren, um z.B. Texte, Situationen, Problemkonstellationen in verschiedenen Perspektiven (ideologie)kritisch zu interpretieren und zu diskutieren. Anhand der unterschiedlichen »Frames« (Rahmungen) können die Lernenden analysieren, wie Wirklichkeit konstruiert und dekonstruiert werden kann. So können die Maßnahmen zum *social distancing* während der Corona-Pandemie im ethischen Rahmen als solidarischer und fürsorgender Akt für Alte und Risikopatient*innen analysiert werden. Sie lassen sich aber auch im philosophischen Framing als illiberaler, autoritärer Eingriff in die individuellen Freiheitsrechte deuten, psychologisch als belastende und krankmachende Maßnahme, sozialwissenschaftlich als Konsequenz eines ökonomisch ausgerichteten, unterfinanzierten Gesundheitssystems oder wirtschaftswissenschaftlich als ökonomisch fatales Instrument, das Millionen Arbeitsplätze gefährdet. Damit zielt Framing darauf, »Wahrnehmungsdefizite und ein damit einhergehendes normatives Übergewicht der Ideologiekritik auszugleichen.«[35] Denn in einer so mehrperspektivisch und kritisch geschulten Wahrnehmung des *social distancing* während der Corona-Krise kann auch eine theologische Deutung (ideologiekritisch) eingebracht werden, die z.B. zur Solidarität mit Marginalisierten und Exkludierten aufruft oder die das Engagement von Krankenpfleger*innen, Ärzt*innen u.v.m. als ein österliches Zeichen von Hoffnung und Solidarität deutet,

> »dass niemand sich allein rettet. [...] Wie viele Menschen üben sich jeden Tag in Geduld und flößen Hoffnung ein und sind darauf besorgt, keine Panik zu verbreiten, sondern Mitverantwortung zu fördern. [...] Wie viele Menschen beten für das Wohl aller, spenden und setzen sich dafür ein. Gebet und stiller Dienst – das sind unsere siegreichen Waffen. [...] Inmitten der Isolation, in der wir unter einem Mangel an Zuneigung und Begegnung leiden und den Mangel an vielen Dingen erleben, lasst uns erneut die Botschaft hören, die uns rettet. Er ist auferstanden und lebt unter uns.«[36]

---

33 Herbst 2018, S. 87.
34 Vgl. Herbst und Menne 2019.
35 Herbst und Menne 2019, S. 104.
36 Papst Franziskus 2020b.

Im Horizont einer Framinganalyse sind solche Worte weder normativ überwältigend noch inhaltlich unterkomplex bewertend, sondern sie stellen eine Unterbrechung gesellschaftlicher Plausibilitäten dar. Die Funktionsweise des Frames kann dabei herausgearbeitet und die Überzeugungskraft dieser Deutungsfolie kontrovers diskutiert werden.

5.6 Emanzipatorisch

Ebenso wie Ideologiekritik war Emanzipation eine zentrale Zielsetzung der Religionspädagogik der »1968er«, die bis in den Würzburger Synodenbeschluss als Zielformulierung Einzug gefunden hat, wenn dort gefordert wird, Schüler*innen sollten sich nicht an eine »verwaltete Welt« anpassen (Kap. 1). Allerdings ist in den Analysen des Nachhaltigkeitsdiskurses auch deutlich geworden, dass Unfreiheit nicht – wie weitgehend in den 1968ern – vornehmlich ökonomisch oder politisch gedacht werden kann, sondern dass die Verstrickungen deutlich komplexer sind und zutiefst mit kulturellen, sozialen, pädagogischen oder digitalen Praktiken und Strukturen verknüpft sind. Wenn z.B. Konsum kompensatorischen Charakter für mangelnde soziale Anerkennung darstellt, ist ein Emanzipationsprozess, der auf Befreiung von ökonomischen Konsumzwängen zielt, unterkomplex und vermutlich erfolglos, wenn er soziale Anerkennungsfragen ausblendet. Zudem ist Emanzipation kein Prozess, der ausschließlich die Freiheit des Individuums fokussiert, wie der in den soziologischen Analysen herausgestellte Begriff der Emanzipation zweiter Ordnung nahelegt. Vielmehr zielt Emanzipation in politischer religiöser BNE nicht nur auf die Freiheit des Einzelnen, sondern »auf die Freiheit aller, auch der Zukünftigen.«[37] In dieser Perspektive ist theologisch und religionspädagogisch die Option für Marginalisierte und Exkludierte, für Schwache und Arme eine nicht »hintergehbare Autorität für religionspädagogisches Handeln, die den Einzelnen nicht nur in seiner unverhandelbaren Würde anerkennt, sondern ihn in sozialer und politischer Verantwortung verankert und darin ihr emanzipatorisches Potenzial hat«[38].

Ein solcher religionspädagogischer Emanzipationsbegriff ist jedoch nicht unumstritten, da angesichts der hegemonialen gesellschaftlichen, ökonomischen und kulturellen Normen Emanzipationsbestrebungen Gefahr laufen,

37 Bederna 2019, S. 257.

38 Lehner-Hartmann 2020, S. 155.

zu einer bloßen Reproduktion leitender Subjektvorstellungen zu führen. In dieser Hinsicht hat schon Thomas Ruster zu Beginn der 2000er Jahre gewarnt, der religionspädagogischen Subjekt- und Lebensweltorientierung sei nicht mehr zu trauen, weil der Kapitalismus diese zutiefst durchdrungen habe. »Ja noch weiter: Unser aller religiöser Erfahrung ist nicht mehr zu trauen, denn sie weist uns an die falsche Religion.«[39] Zudem sei Emanzipation oftmals idealistisch-metaphysisch überhöht worden, wodurch die Gegenwart zugunsten einer vermeintlich real möglichen Zukunft entwertet würde.[40] Hierdurch ist eine auf Emanzipation ausgerichtete Religionspädagogik selbst wiederum auf (Ideologie-)Kritik und Reflexivität (Kap. 5.4) verwiesen.[41]

Diese kritischen Anmerkungen verweisen auf zwei grundlegende Problemstellungen emanzipationsorientierter Pädagogik, die aus der Asymmetrie von Individuum und Gesellschaft sowie Edukant und Edukator resultieren, wobei letztere seit Kant als pädagogisches Paradox immer wieder reflektiert wird. Grundsätzlich gilt, dass Emanzipation nicht gemacht, sondern nur von den Subjekten selbst vollzogen werden kann.[42] Doch wie werden Subjekte befähigt, ihre eigenen Abhängigkeiten zu erkennen und diese, wenn gewollt, selbst zu überwinden, um ein freies, mündiges Leben zu führen? Hierzu müssen Lehr-Lernprozesse initiiert werden, die Emanzipation begünstigen, so »dass unter den Bedingungen von individueller und struktureller Ungleichheit Gegenseitigkeit und Reziprozität hergestellt wird und zum Grundprinzip des pädagogischen Prozesses wird.«[43] Unfreiheit und Ungleichheit müssen also pädagogisch so transformiert werden, dass Emanzipation möglich wird. Dies schließt explizit mit ein, dass eine emanzipationsorientierte Religionspädagogik gesellschaftliche, ökonomische oder politische Strukturen, die emanzipationseinschränkend sind, kritisch thematisiert. »Nur wenn die intrikaten Verwicklungen, in denen der Mensch lebt und die er nicht abschütteln oder hinter sich lassen kann […], nicht länger verdrängt werden, lassen sich womöglich die Widersprüche und Aporien, in die sich der pädagogische Diskurs […] immer wieder verwickelt, vermeiden.«[44] In den vorangegangenen Kapiteln (Kap. 2.2; 2.3; 3.2) sind bereits vielfältige solcher Verwicklungen benannt worden, die von einer

39 Ruster 2000, S. 200.

40 Vgl. Grümme und Schlag 2019.

41 Vgl. Metz 1992, S. 120-135; Mette 2020, S. 178f; Könemann 2020, S. 208.

42 Vgl. Könemann 2020, S. 208.

43 Könemann 2020, S. 209f.

44 Rieger-Ladich 2002, S. 171.

ökonomisierten Lebenswelt über Geschlechtsstereotypen bis hin zu Normen religiöser Gemeinschaften reichen können.

Ein christlich fundierter Subjekt- und Emanzipationsbegriff kann die beschriebenen Spannungen von Individuum und Gesellschaft, von Freiheit und unfreien Strukturen, von Unterdrückung und Macht kritisch religionspädagogisch transformieren, weil er es ermöglicht, »die biblische Botschaft als korrektivischen, als aufrichtenden, als transformierenden Maßstab einzubringen, ohne die gottgeschenkte Freiheit der Subjekte vor Gott zu verharmlosen.«[45] In dieser religionspädagogischen Perspektivik wird deutlich, dass Emanzipation und Subjektwerdung zwingend auch mit der »bildenden Umgestaltung der Lebenswelten bis in gesellschaftliche Strukturen hinein einher[geht]«[46]. Angestoßen von den verschärften Exklusionsprozessen während des Corona-Lockdowns gilt es somit z.B. zu fragen, wie Ressourcen, von Computern über Mahlzeiten bis hin zu Betreuungsangeboten, an Schulen allen Schüler*innen zur Verfügung stehen, damit Bildung weiter möglich ist.

Bei allen Bestrebungen, aus christlicher Perspektive Emanzipationsprozesse zu fördern, bleibt doch die Erfahrung von fortdauernden Unfreiheiten und Ungleichheiten, sowohl in Hinblick auf menschliches Scheitern, Hinfälligkeit und Endlichkeit[47] als auch in Hinblick auf soziale, kulturelle und ökonomische Abhängigkeiten. Diese Spannung von Emanzipationsbestrebung und Unfreiheit lässt sich (religions-)pädagogisch auch mit dem Begriff der Vulnerabilität beschreiben.

> »Wir sind nicht so souverän, wie wir uns gerne sehen würden und wie wir die Lernenden oft gerne haben möchten. [...] Zugleich ist Vulnerabilität aber auch eine soziale und gesellschaftliche Kategorie: Das Risiko, verletzt zu werden, ist nicht nur sozial erzeugt, sondern auch sozial ungleich verteilt. Der Gefahr, verletzt zu werden, sind Menschen – je nach sozialem und rechtlichem Status, Geschlecht, religiösem und kulturellem Hintergrund – auf unterschiedliche Weise ausgesetzt. Vulnerabilität ist damit auch ein intersektional zu buchstabierender Begriff.«[48]

Gerade die Corona-Krise offenbart die Intersektionalität von Verwundbarkeit: Jede*r kann potenziell schwer erkranken oder sterben und doch sind die psy-

45 Grümme 2012, S. 128.
46 Grümme 2009, S. 145.
47 Vgl. Burghardt et al. 2017, S. 168.
48 Knauth 2019, S. 25.

chischen, sozialen und ökonomischen Verwundungen und selbst die physischen Erkrankungen äußerst ungerecht verteilt. Vulnerabilität ist somit eine anthropologische und zugleich theologale Kategorie,[49] die religionspädagogisch sensibel wahrgenommen werden muss, in dem Wissen um die unhintergehbare Fragmentarität des Lebens und der Verantwortung für den Schutz des Lebens. Zugleich bedeutet dies, dass Lehrende und Lernende erkennen müssen, »was es bedeutet, verletzbarer Mensch zu sein und in verletzbaren kommunikativen Strukturen Mensch zu werden, und [...] bereit zu sein, für solches bedrohte Werden in der eigenen, ständig selbstkritisch auf Tendenzen zur Machtausübung reflektierten Praxis auch öffentlich Verantwortung zu übernehmen.«[50] (Religions-)pädagogisch ist somit Corona als Krankheit zu reflektieren, die auf die Kontingenz menschlichen Lebens zum Teil dramatisch verweist. Zugleich unterstreicht Corona aber auch die gesellschaftlichen Unrechtsstrukturen, die es abzubauen gilt.

Ein solches Verständnis von Vulnerabilität und Emanzipation steht jedoch in Spannung zur sog. Emanzipation zweiter Ordnung, die Emanzipation vornehmlich auf individuelle Freiheiten, als Freiheit von Verantwortung und Solidarität, ausrichtet und die sich für Nachhaltigkeit als äußerst problematisch erweist (Kap. 3.2). Insbesondere in Hinblick auf die planetaren Grenzüberschreitungen wird deutlich, dass ohne Solidarität und Verantwortung im Hier und Jetzt die Grundlagen für zukünftige Freiheit ebenso wenig gegeben sein werden, wie bereits heute viele Subjekte auf Grund eingeschränkter Ressourcen und entsprechender Exklusionsprozesse kein emanzipiertes Leben führen können. In der Corona-Krise wird der Zusammenhang von individueller Freiheit und solidarischem, verantwortungsvollem Leben besonders deutlich, da hier eine Beschränkung individueller Freiheiten in Kauf genommen wird, um die Möglichkeit von Leben für Viele weiterhin offen zu halten.

Dabei muss sich religiöse BNE kritisch anfragen lassen, inwiefern das Christentum mit seinem (impliziten) Anthropozentrismus einem Freiheitsverständnis Vorschub geleistet hat, das die hemmungslosen planetaren Grenzüberschreitungen der Menschen mitverursacht.[51] Es stellt eine noch offene Aufgabe politischer religiöser BNE dar, Emanzipation und Subjektwerdung verstärkt anthroporelational auszurichten und menschliche Freiheit in Solidarität und Verantwortung mit den Menschen und der gesamten

49 Vgl. Burghardt et al. 2017.
50 Peukert 1992, S. 123; Vgl. ähnlich Rieger-Ladich 2002, S. 175-178.
51 Vgl. Horstmann 2020, S. 184f.

Schöpfung zu denken. So reicht es in dieser Perspektive nicht aus, angesichts der Corona-Pandemie die eigenen Freiheitsbegrenzungen solidarisch und verantwortungsvoll zu akzeptieren, damit andere nicht erkranken können. »Ein Virus, das alle Menschen heimsuchen kann, lehrt uns einmal mehr, wie unerlässlich, ja lebensnotwendig es ist, die Welt als einen Organismus zu begreifen.«[52] Denn ein anthroporelationaler Blick auf Pandemien verdeutlicht, dass neue Viren auch auf den Menschen übertragen werden können, wenn z.B. Menschen in Südostasien exotische, vom Aussterben bedrohte Tieren verkaufen oder wenn Mensch und Tier in überfüllten Städten auf engstem Raum zusammenleben müssen (Kap. 1; 6.6). Hier führen sowohl Strukturen sozialer Exklusion als auch ökologischer Zerstörung zu einer Krankheitsdynamik bislang unbekannten Ausmaßes und Geschwindigkeit, in deren Folge weltweite Freiheitsbeschränkungen notwendig werden, die wiederum soziale, ökonomische – und vermutlich auch ökologische – Opfer produzieren.

5.7 Kontext- und erfahrungsorientiert

Politische religiöse BNE kann auf der Ebene von (didaktischen) Handlungsprinzipien sowohl zahlreiche, teils evaluierte didaktische Prinzipien aus dem breiten BNE-Diskurs rezipieren (Kap. 3.3) als auch an konzeptionelle Überlegungen innerhalb religiöser BNE[53] bzw. politischer Religionspädagogik[54] anknüpfen. Kontext- und Erfahrungsorientierung sind hierbei Leitbegriffe, unter denen diese Prinzipien zusammengefasst werden können.

Die empirischen Evaluationen von BNE-Didaktiken zeigen, bei aller Disparatheit der Themen und empirischen Zugänge, dass Lernerfolge im kognitiven Bereich am besten nachweisbar sind. Zugleich belegen die Studien aber auch, dass kognitive Erkenntnisse oftmals fachspezifisch isoliert bleiben und sich hieraus kaum eine Wirkung auf nachhaltiges Handeln ergibt. Zwar sind kognitive Lernzuwächse notwendig zur differenzierten Wahrnehmung und Beurteilung von Nachhaltigkeitsfragen, aber zur Verringerung des *mind-behavior-gaps* tragen sie kaum bei. Daher wird auch jenseits der gesellschaftswissenschaftlichen Didaktiken der Ruf nach Lernsettings laut, die auf

52 Schalansky 2020.
53 Vgl. Bederna 2019; Birkel 2002.
54 Vgl. Gärtner und Herbst 2020a.

politische Mündigkeit und Demokratiefähigkeit zielen (Kap. 3.3). Eine politische religiöse BNE nimmt diesen Ruf ernst. Viele der positiv evaluierten, zumeist kleineren BNE-Projekte integrieren Prinzipien und Methoden, die kontextorientiert sind und Nachhaltigkeitsfragen in der Lebenswelt der Schüler*innen verorten (Kap. 3.3). Sie sind oftmals experimentell oder handlungsorientiert und umfassen teils auch emotionale oder ästhetische Faktoren in ihren Lernsettings, insbesondere durch positiv konnotierte Erlebnisse in und mit der Natur, deren Bewahrung hierdurch zu einer »Herzensangelegenheit« werden kann. In den (moral-)psychologischen Analysen (Kap. 3.1; 3.2) wird zudem die Bedeutung von gemeinschaftlichem Handeln unterstrichen. Motivation und Handlungsbereitschaft bilden sich in und durch soziale Interaktionen, insbesondere, wenn Werte und Normen geteilt werden.

Hieran kann eine religiöse BNE produktiv anknüpfen. Im Folgenden sollen diese Anknüpfungspunkte fachdidaktisch spezifiziert werden. Dazu wird auf die theologische Perspektivierung von Nachhaltigkeit in Anlehnung an die Dimensionen von Glock zurückgegriffen (Kap. 4.5), die zum einen in ihrer religiösen Logik eine *fachliche* Spezifizierung ermöglichen, zum anderen deutliche Nähen zu religionspädagogischen Dimensionen aufweisen und somit eine fach*didaktische* Konkretisierung religiöser BNE anbahnen können.

1. Die Reflexionen zur *hermeneutischen Dimension* orientieren eine politische religiöse BNE angesichts von offenen Zukunftsherausforderungen und angesichts der eschatologischen Dimension des Christentums an Alterität, an Utopien und Hoffnungen auf eine bessere Welt, auch wenn deren Realisierung immer nur punktuell möglich erscheint. Religionspädagogisch knüpft eine solche Hermeneutik an das breite Feld korrelativer Religionspädagogiken an, obwohl diese immer wieder kritisch reflektiert und modifiziert werden müssen.[55] Eine hermeneutisch so ausgerichtete religiöse BNE kann jedoch nicht auf eine »schlichte Anwendungs- oder Antwort-Korrelation«[56] zielen, wonach aus der christlichen Tradition Antworten auf die multiple Krise gegeben oder Probleme instrumentell bewältigt werden. Vielmehr sind korrelative Ansätze auszuwählen, die in ihren Grundzügen eschatologische Offenheit und Kritik an Gesellschaft, Politik, Kultur, aber auch an der eigenen religiösen Tradition umfassen, wie dies z.B. in der Alteritätsdidaktik von Bernhard

55 Vgl. Gärtner 2018.
56 Bederna 2019, S. 265.

Grümme[57] oder der kritischen Interrelation von Edward Schillebeeckx[58] konzeptionell grundgelegt ist.

2. Die *communiale Dimension* von Religion (Kap. 4.5) legt in Anlehnung an die (moral-)psychologischen Analysen (Kap. 3.1; 3.2) nahe, religiöse Gemeinschaften bzw. Lerngruppen als soziale Interaktionsgemeinschaft zu betrachten und entsprechend gemeinschaftsbezogene Lernformen in religiöser BNE zu stärken. Dabei können gemeinsame Werte und Normen, die in Auseinandersetzung mit der christlichen Tradition gebildet werden, sowohl für Lernen als auch Handeln förderlich sein. Zugleich bieten die gemeinde- und gemeinschaftsbezogenen Strukturen von christlichen Gruppen und Kirchen Lerngelegenheiten und -anlässe, an denen eben diese communiale Dimension zum Tragen kommt: Klöster können als nachhaltige Gemeinschaften besucht, Pfarrfeste als gemeinsame Feste gestaltet oder Firmvorbereitung als nachhaltige Projektarbeit durchgeführt werden. Werte und Normen, Sozialformen, Lernorte und didaktisch-methodische Prinzipien greifen hier in ihrer communialen Struktur ineinander. Dabei kann auch eine Rückkopplung an kognitive und wissensbasierte Lernformen geschehen: »das gemeinschaftliche Handeln führt zur Notwendigkeit der Aneignung situativ erforderlichen Wissens, zur Bewusstseinsbildung und zur Motivation zu weiterem Handeln.«[59]

3. Die *spirituell-liturgischen und leiblich-ästhetischen* Dimensionen von Religion (Kap. 4.5) ermöglichen eine fachliche Spezifizierung der handlungs- und erfahrungsorientierten Ansätze von BNE, denn diese setzen »eine Perspektive voraus, die nicht nur das Faktische und naturwissenschaftlich Messbare wahrnimmt, sondern auch die Schönheit der Natur, ihren Sinn und Symbolgehalt. Es verlangt eine ästhetische und spirituelle Sensibilität, die die Dinge nicht nur vereinzelt sieht, sondern in ihrer inneren Verbundenheit und Ganzheit.«[60] Hierbei kann religiöse BNE zugleich an zahlreiche Ansätze spirituell-liturgischen[61] sowie leiblich-ästhetischen Lernens[62] anknüpfen. Mehrfach wurde diesbezüglich darauf hingewiesen, dass Spiritualität im Christentum nicht auf individuelle Innerlichkeit reduziert oder im Nachhaltigkeitsdiskurs als Resilienzstrategie funktionalisiert werden darf, sondern stets in Verbindung mit der politischen Dimension des Christentums zu betrachten ist. Spi-

57 Vgl. Grümme 2012.

58 Vgl. Ziebertz 1994.

59 Bederna 2019, S. 259.

60 Vogt 2013, S. 487.

61 Vgl. Gärtner 2015, S. 62-65; 81-85.

62 Vgl. Gärtner 2020.

rituell-liturgisches Lernen erschöpft sich dabei nicht in Wissen und Kenntnissen, sondern wird zumeist handlungsorientiert oder performativ erworben, was insbesondere im schulischen RU nicht unproblematisch ist. Denn RU im staatlichen Bildungswesen zielt nicht auf religiöse Praxis, sondern auf den mündigen und emanzipierten Umgang mit Religion. Bei spirituellem und performativem Lernen wird diese Spannung weitgehend in Verbindung von spirituellem oder liturgischem Probehandeln mit anschließender kritischer Reflexion bearbeitet.[63] Für religiöse BNE lässt sich hieraus folgern, dass die in den theologischen Reflexionen beschriebenen nachhaltigkeitsaffinen liturgischen und spirituellen Formen und Feste, wie z.B. Advent oder Erntedank, Naturmeditationen oder der Sonnengesang des Hl. Franziskus, sowohl performativ probehalber vollzogen, aber stets auch kritisch-reflektierend begleitet werden müssen. Auch die vielfältigen spirituellen Angebote, die im Kontext der Corona-Pandemie entwickelt wurden und oftmals auf die Bewältigung von Ängsten, Einsamkeit und Quarantäne zielen, sind in spirituell-liturgischen Lernsettings, wenn sie performativ ausprobiert werden, kritisch zu reflektieren.

4. Ähnliches ist für eine *leiblich-ästhetische* Ausrichtung von religiöser BNE in Anschlag zu bringen. Ästhetisch orientierte religionspädagogische Ansätze zielen vom Wortursprung her (aisthesis wörtlich: Wahrnehmung) auf eine Sensibilisierung der Wahrnehmung. So können diese sowohl dazu führen, die Schönheit der Natur zu bewundern und Gott hierfür zu loben, als auch deren Zerstörung wahrzunehmen und das menschliche Handeln entsprechend zu kritisieren. Oder Gott wird angesichts der unheilvollen Naturgewalten und Krankheiten in der Tradition von Hiob im Gebet angeklagt. Von besonderer Bedeutung ist, dass leiblich-ästhetisches Lernen auch Mehrdeutigkeiten ästhetischer Wahrnehmungen fokussiert. Eine sensibilisierte Wahrnehmung erkennt Ambivalenzen und Mehrperspektivität, sie lässt sich irritieren und perturbieren. Neben der Natur sind dabei auch künstlerische Artefakte präferierte Lerngegenstände, die in ihrer Polysemie entsprechende Lernprozesse initiieren können. Eine so geschulte Wahrnehmung schützt z.B. vor einseitiger Naturmystifizierung ebenso wie vor ungebrochenem »Ökofrust« oder eindimensionalen Problemlösungen.

Leiblich-ästhetisches Lernen ist emotional und damit ein Faktor in Lernprozessen, der gegenwärtig sowohl religionspädagogisch als auch z.B. in der

63 Vgl. Gärtner 2015, S. 93-97.

politischen Bildung an Relevanz gewinnt.[64] Mit dem Traditionsabbruch im Christentum verliert nach Rudolf Englert eine kognitive Durchdringung und Orientierung an dogmatischer Lehre an religionspädagogischer Relevanz, weil viele Menschen Religion verstärkt auf der Gefühlsebene suchen und leben. Die bereits skizzierten liturgisch-spirituellen Reaktionen auf die Corona-Pandemie mit gemeinschaftlichen Abendgebeten, Blasiussegen oder einsamen Prozessionen sind hierfür sprechende Beispiele. Englert fordert daher die Religionspädagogik auf, für religiöses Lernen verstärkt Formen zu wählen, »die nicht nur den Verstand, sondern auch das ›Herz‹ ansprechen«[65]. Religiöse BNE, die spirituell-liturgische und leiblich-ästhetische Zugänge wählt, schlägt einen solchen Weg ein. Dabei ist der Einbezug von Emotionalität nicht unumstritten. So schlagen z.B. Simone Horstmann und Norbert Mette vor, Lernen durch *Exposure* zu initiieren.[66] Heranwachsende sollten sich an Orten wie Schlachthöfen oder Flüchtlingsunterkünften dem Leiden und den Opfern nicht nachhaltigen Lebens leiblich-emotional aussetzen (*exposure*). Emotionalität ist hierbei sicherlich ein großer Lernfaktor, dennoch laufen solche Settings Gefahr, das Überwältigungsverbot zu überschreiten.

In ähnlicher Weise zielen Compassionlernen oder Diakonisches Lernen auf die Integration von Erfahrungen und Emotionen, wobei diese Lernformate Erfahrungen und Emotionen durch Vor- und Nachbereitung kritisch reflektieren.[67] Obwohl Compassionlernen bislang hauptsächlich in sozialen Einrichtungen stattfindet, kann es auch als Format nachhaltigen Lernens transformiert werden, wie z.B. durch ökologische Praktika bei Naturschutzverbänden oder kirchlichen Hilfswerken. In eine ähnliche Richtung formuliert Katrin Bederna religiöse BNE als *service learning* aus.[68] Insbesondere lokale ökologische Projekte im Nahbereich von Schüler*innen, in denen viele der skizzierten didaktisch-methodischen Prinzipien realisiert werden können (lebenswelt-, handlungs- und erfahrungsorientiert, experimentell, leiblich-ästhetisch usw.), können ggf. problematisch werden, wenn die Erfahrungen stark emotional und lokal geprägt, aber fachspezifisch wenig reichhaltig sind. Dann fällt eine umfassendere theologische

64 Vgl. Besand et al. 2019.

65 Englert 2018, S. 161, im Original teils kursiv.

66 Vgl. Mette 2020; Horstmann 2020.

67 Vgl. Fricke et al. 2018. Alexander Wohnig zeigt empirisch auf, dass mangelnde oder fehlende Vor- und Nachbereitung beim Compassionlernen zu unkritischem und unpolitischem Denken beitragen kann. (Vgl. Wohnig 2016.)

68 Vgl. Bederna 2019, S. 267-271.

und gesellschaftlich-politische Reflexion der Erfahrungen schwer, wodurch die erworbenen Erfahrungen kaum »auf andere Sachverhalte übertragen und damit dekontextualisiert werden können.«[69] Beispielsweise können Erfahrungen mit Tieren auf einem ökologischen Lernbauernhof ggf. nicht im größeren Kontext von Schöpfungstheologie und Tierwohl, Methangasausstoß, Bedarfen der Lebensmittelindustrie und Fleischexport in Drittländern ausgewertet werden. Eine fachlich differenzierte kritische Urteilsbildung wird damit erschwert.

5. Kritische Urteilsfähigkeit ist jedoch eine zentrale Kompetenz religiöser Bildung, wie die *philosophische Dimension* von Religion herausstellt. Denn die bisherigen Überlegungen zeigen auf, dass sich das nachhaltigkeitsrelevante Potenzial des Christentums in weltanschaulich pluralen Diskursen nur entfalten kann, wenn es immer wieder neu plausibilisiert wird. Religiöse Bildung muss somit zu einer kritischen Argumentations- und Beurteilungskompetenz befähigen. Dies erweist sich jedoch angesichts des virulenten Wahrheitsanspruchs von Religion zunehmend als erschwert (Kap. 4.5), wenn Geltungsansprüche und normative Fundamente immer wieder neu verhandelt und in Frage gestellt werden können. Dennoch wurde deutlich, dass aus theologischer und auch religionspädagogischer Perspektive der Wahrheitsanspruch zumindest als ein vorläufiger nicht vorschnell aufgegeben werden sollte. Vielmehr geht es darum, in religiösen Bildungsprozessen Wahrheit im gemeinsamen Ringen »zwar nicht mehr als objektiv erschließbar anzusehen, aber dennoch nicht als gemeinsam zu suchendes Ziel aufzugeben«[70]. Hierzu bieten insbesondere Ansätze ethischen Lernens ein breites methodisch-didaktisches Spektrum an.

6. Die Reflexionen zur *ethischen Dimension* des Christentums (Kap. 4.5) haben davor gewarnt, dessen ethische Prinzipien in (hyper-)moralische Rede zu überführen. Vielmehr gelte es angesichts weltanschaulicher Pluralität, ethische Prinzipien, Werte und Normen kommunikativ zu plausibilisieren und in Nachhaltigkeitsdebatten diskursiv einzuspeisen. Damit lenken diese Überlegungen den religionsdidaktischen Blick auf Modelle der Werteentwicklung und -kommunikation, die nicht auf Werteübertragung, sondern auf eine kritisch-kommunikative ethische Urteilsfähigkeit zielen. Hierbei stellt die Arbeit mit Dilemmasituationen ein präferiertes methodisches Lernsetting dar. Für politische religiöse BNE liegt eine solche Arbeit mit Dilemmata nahe, da

69 Dube et al. 2019, S. 21.

70 Gärtner 2015, S. 30.

die Transformation in eine nachhaltige Gesellschaft von zahllosen Dilemmasituationen durchzogen ist, die auch religiöse Implikationen besitzen: Werden finanzielle Ressourcen von Kirchengemeinden in sozial-caritative Projekte oder in die ökologische Sanierung von Gebäuden investiert? Soll zukünftig Klimaflüchtlingen aus christlicher Sicht Kirchenasyl gewährt werden, auch wenn dies ggf. keinen staatlichen Asylgrund darstellt? Auch in der Corona-Krise wurde mit aller Brutalität deutlich, was es bedeutet, vor dem Dilemma einer Triage zu stehen, nämlich eine Entscheidung treffen zu müssen, welche Menschen bei Ressourcenknappheit medizinisch versorgt werden dürfen und welche nicht.

Ein so ausgerichtetes ethisches Lernen nutzt die Offenheit von Dilemmasituationen, die sich einer richtig-falsch-Dichotomie entziehen. Dabei bedarf es einer differenzierten Kontext- und Argumentationsanalyse, um zu einem begründeten, differenzierten Urteil zu kommen, das sich seiner eigenen Grenzen bewusst ist: So mag z.B. Kirchenasyl aus theologisch-ethischer Perspektive geboten sein, eine gesamtgesellschaftliche oder strukturelle Lösung für klimabedingte Migration stellt es jedoch nicht dar. Bislang liegen keine Evaluationen religiöser BNE mit Dilemmasituationen vor, doch allgemein ist die Arbeit mit Dilemmata im RU relativ gut erforscht. So zeichnet sich ab, dass schülerorientierte, wertschätzende, dialogisch-kooperative Lernsettings mit Dilemmata zu einer Ausdifferenzierung in der ethischen Urteilsbildung führen, ohne dass allerdings die Einstellungen der Lernenden grundlegend verändert würden.[71] Auch bei religiöser BNE mit Dilemmasituationen, so könnte man mit Blick auf den *mind-behavior-gap* folgern, zeigt sich somit die Hürde, kognitive Reflexionserkenntnisse in Einstellungen und langfristig damit auch in Handlungen zu überführen.

Hier wird deutlich, dass eine religionspädagogische Konturierung von BNE zwar Gelingensbedingungen aufzeigen kann, aber auch mit Hürden konfrontiert ist, die auf tieferliegende Spannungen, wie z.B. zwischen Kognition und Handlung, hinweisen. Daher werden im Folgenden die religionspädagogischen Erkundungen in Hinblick auf grundlegende Spannungsfelder und Problemüberhänge zusammengefasst.

---

71 Vgl. Fuchs 2010; Wagensommer und Schweitzer 2018.

5.8 Fazit: Spannungsfelder einer politischen religiösen Bildung für nachhaltige Entwicklung

In der Konturierung einer politischen religiösen BNE flossen der interdisziplinäre Ertrag der vorangegangenen Kapitel mit religionspädagogischen und -didaktischen Überlegungen zusammen. Anhand von sieben Merkmalen konnten religionspädagogische Orientierungsmarkierungen ausgemacht werden. Doch das hierdurch aufgerissene religionspädagogische Feld erweist sich nicht durchgängig als leicht begehbar. Gerade durch die komplexe, interdisziplinäre Zusammenschau werden Fallstricke, Leerstellen und unwegsame Passagen erkennbar, auf die in den vorangegangenen Kapiteln immer wieder punktuell hingewiesen wurde. Abschließend sollen diese systematisch gehoben und als Spannungsfelder gebündelt dargestellt werden, damit sie anschließend in den exemplarischen thematischen Lerngegenständen (Kap. 6) mitbedacht werden können.

1. Spannungsfeld: Zwischen Determinismus und Veränderungshoffnung

Insbesondere durch die psychologischen und soziologischen Analysen (Kap. 3.1; 3.2) werden die religionspädagogischen Ansätze immer wieder kritisch hinterfragt. Während letztere darauf zielen, die Lernenden zur Emanzipation zu befähigen und sie zur aktiven Gestaltung der Gesellschaft zu motivieren, legen die interdisziplinären Beiträge nahezu deterministisch geschlossene gesellschaftliche und ökonomische Systeme dar, die auf Veränderung zielende Bildungsangebote nicht aufbrechen, sondern die vielmehr zu deren Reproduktion beitragen können. Dieses Spannungsfeld lässt sich, wie die folgenden auch, nicht auflösen, außer durch Aufgabe des religionspädagogischen Bildungsanspruchs. Vielmehr muss mit diesem Spannungsfeld in der religionspädagogischen Praxis umgegangen werden. Hierzu ist es unabdingbar, die Wirkmächtigkeit gesellschaftlicher und ökonomischer Systeme zu kennen, um ihnen nicht blind zu erliegen. Dass jedoch das Bewusstsein von Problemstellungen noch nicht zu einer dauerhaft veränderten Praxis führt, darauf haben die psychologischen Überlegungen zum *mind-behavior-gap* eindrücklich hingewiesen (Kap. 3.1). Ein theologisch reflektierter Umgang mit diesem Spannungsfeld lässt sich am ehesten in einer eschatologischen Denkfigur beschreiben, als eine stets vorläufige, nicht vollendete Praxis, als eine »punktuelle, situative, zeitweilige Gegenwehr und die Weigerung, vor der Hypostasierung eines totalitären Verblendungszusammenhangs zu kapitulieren.«[72] Im Horizont der soziologischen Analysen kann ein solcher religionspädagogischer Umgang mit Determinismus und Veränderungshoffnung nicht als eine präfigurative Praxis einer veränderten Gesellschaft, sondern vielmehr als eine refigurative betrachtet werden, als »wiederholende[s] Schaffen einer utopischen Gegenwart in einer hochdynamischen Gesellschaft«[73]. Im ersten thematischen Lerngegenstand (Kap. 6.1) wird diesbezüglich ein Klostergarten als möglicher Ort einer solchen refigurativen religionspädagogischen Praxis erkundet.

2. Spannungsfeld: Zwischen gesellschaftlich präformiertem und mündigem Subjekt

Das zweite Spannungsfeld hängt eng mit dem ersten zusammen und spiegelt die dort sichtbar gewordene Prädominanz gesellschaftlicher und ökonomischer Strukturen auf der Ebene des Subjekts. Zwar zielt religiöse Bildung auf das emanzipierte, mündige Subjekt, doch zugleich unterliegen entsprechende Bildungsprozesse zum einen dem pädagogischen Paradoxon, zum anderen setzen die gesellschaftlichen und ökonomischen Kontexte Emanzipation und Mündigkeit enge Grenzen, indem sie sie verhindern oder entscheidend mitprägen. Hiergegen ein christliches Menschenbild mit seinem Freiheitsverständnis zu setzen, überzeugt vielleicht theologisch, löst aber in der religionspädagogischen Praxis das Spannungsfeld nicht auf. Vielmehr geht es (religions-)pädagogisch darum,

> »die elementare Abhängigkeit des Menschen anzuerkennen, seine undurchschaute Beteiligung an der eigenen Unterwerfung einzugestehen, seine unleugbare Endlichkeit zu akzeptieren, seine unhintergehbare Angewiesenheit auf andere nicht länger zu verdrängen – und gleichwohl den Impuls jener beharrlichen und immer wieder neu ansetzenden ›Arbeit an den Grenzen‹ (Foucault) wachzuhalten«[74].

Der Begriff der Vulnerabilität, der Verwundbarkeit, kann als anthropologische Kategorie diesbezüglich religionspädagogisch weiterführend sein, da er das Scheitern und die Grenzen von Emanzipation und Mündigkeit anthropologisch mitreflektiert, ohne den Anspruch auf die Überwindung verletzen-

---

72 Bucher 2019, S. 163.

73 Deflorian 2019, S. 219.

74 Rieger-Ladich 2002, S. 177.

der Strukturen aufzugeben. Das Ringen um Emanzipation und Mündigkeit durchzieht mehrere der im Folgenden vorgestellten thematischen Lerngegenstände, wird jedoch explizit im zweiten Baustein reflektiert, in dem Fasten und suffizientes Handeln im Mittelpunkt stehen (Kap. 6.2).

3. Spannungsfeld: Zwischen Selbstzweck und Funktionalisierung

(Religiöse) Bildung zielt auf die Mündigkeit des sich bildenden Subjekts. An BNE wird daher immer wieder kritisiert, dass diese Bildung instrumentell auf die Bewältigung von Zukunftsaufgaben verkürzt, was bereits im Begriff von »Bildung *für* nachhaltige Entwicklung« deutlich wird. Theologisch und religionspädagogisch kann diese Funktionalisierung von Bildung mit dem Verweis auf die Offenheit und Fremdheit von Zukunftsaufgaben ebenso zurückgewiesen werden, wie mit dem Bezug auf den eschatologischen Vorbehalt. Und dennoch fragt eine politische religiöse BNE nach dem Potenzial von Religion, um Heranwachsende zu befähigen, mit den Herausforderungen der multiplen Krise umgehen zu können. Insbesondere in Hinblick auf spirituelle Ressourcen wurde diese Spannung von Selbstzweck und Funktionalisierung immer wieder thematisiert, ohne sie damit aufzulösen. Auch bezüglich der politischen Dimension religiöser Bildung stellt sich die Frage, inwiefern Religion hier für politische Zwecke funktionalisiert werden kann. Es bleibt somit beides: die Möglichkeit durch Religion resilienter und partizipativer die Gegenwarts- und Zukunftsaufgaben bewältigen zu können und zugleich die Gefahr, Religion hierdurch zu instrumentalisieren.

In dieses Spannungsfeld religiöser BNE lässt sich Vulnerabilität als eine relationale, dialektische und zugleich pädagogisch relevante Kategorie einführen, die Lernende nicht nur bezüglich ihrer Leistungen adressiert, sondern auch auf ihre Vulnerabilität, Hinfälligkeit und Endlichkeit schaut.[75] Damit eröffnen sich Perspektiven einer subjektorientierten religiöse BNE, die sowohl spirituelle als auch politische Implikationen besitzt. Denn Vulnerabilität und Resilienz lassen sich als zwei unterschiedliche Zugänge zu ein und demselben Gegenstand deuten,[76] bei der die Erkenntnis der Verwundbarkeit des Menschen und dessen (religiöser) Stärkung und Empowerment untrennbar zusammenhängen. Hierin kann dann ein politisches, gesellschaftliches Widerstandspotenzial liegen, denn »wer sich verletzbar weiß und um die Verletzbarkeiten weiß, entwickelt unter Umständen eher einen Sinn für die Fra-

75 Vgl. Burghardt et al. 2017, S. 168.
76 Vgl. Burghardt et al. 2017, S. 155.

gilität und Bedrohtheit des Lebens und schöpft daraus eine Motivation, dafür Verantwortung zu übernehmen und sich einzusetzen. Aber vielleicht ist das auch eine zu optimistische Annahme.«[77] Im dritten Lerngegenstand wird diese Annahme anhand der Bedeutung von Spiritualität in der Corona-Krise näher erkundet (Kap. 6.3).

4. Spannungsfeld: Zwischen Normativität und Pluralität

Dieses Spannungsfeld wird ebenfalls in vielen der vorangegangenen Kapitel angesprochen und explizit in Kap. 5.4 und 5.5 in religionspädagogischer Perspektive thematisiert. Dabei werden drei Umgangsformen aufgezeigt, wie Normativität in weltanschaulicher Pluralität geltend gemacht werden kann. Erstens sollte die Erschließung normativer Positionen in religionspädagogischen Kontexten transparent, reflektiert und kontrovers in Auseinandersetzung mit anderen Positionen geschehen. Zweitens können religiöse Normen und Themen in plural anschlussfähige, säkulare Diskurse übersetzt und drittens als Unterbrechung nicht religiöser Diskurse angeboten werden. Dabei ist jedoch stets zu prüfen, inwiefern durch die drei Strategien die spezifisch religiöse Eigenlogik bewahrt wird. Somit kann hierdurch das Spannungsfeld nicht grundlegend und umfassend theoretisch aufgelöst werden, sondern die drei Umgangsformen haben im Konkreten zu zeigen, inwiefern es ihnen gelingt, kritisch und kontrovers, plausibel und relevant die religiöse Eigenlogik im Nachhaltigkeitsdiskurs einzuspeisen. Besonders deutlich wird diese Spannung im vierten Lerngegenstand, der erörtert, inwiefern das permanente Scheitern nachhaltigen Handelns und die schuldige Verstrickung in die ökologische Katastrophe theologisch über die Vorstellung der strukturellen Sünde reflektierbar ist (Kap. 6.4).

5. Spannungsfeld: Zwischen Gegenwart und antizipierter Zukunft

»So viel Wissen über unser Nichtwissen und über den Zwang, unter Unsicherheit handeln und leben zu müssen, gab es noch nie«[78], formuliert Jürgen Habermas angesichts der Corona-Krise. Damit umschreibt er zugleich die enormen Herausforderungen dieses Spannungsfeldes, die bereits im dritten Spannungsfeld mit angeklungen sind. Religiöse BNE geschieht in der Gegenwart in Hinblick auf eine völlig offene Zukunft. Diese können Heranwachsende jedoch nicht passiv erwarten, wie das Ende eines spannenden Films, son-

77 Knauth 2019, S. 26.
78 Jürgen Habermas, zit.n. Schwering 2020.

dern Handeln ist gegenwärtig nötig und gestaltet schon jetzt die Zukunft, die somit offen und zugleich präfiguriert ist: Ohne sofortige CO_2-Reduktion ist die Klimakatastrophe und ohne Hygienemaßnahmen die Pandemie zukünftig nicht mehr zu stoppen. Eine politische religiöse BNE muss somit zu antizipatorischem Denken und Handeln befähigen, auch und gerade angesichts des von Habermas beschriebenen Zwangs, im Wissen um das Nichtwissen handeln zu müssen sowie angesichts des theologisch verheißenen, aber noch nicht vollendeten Reiches Gottes. Inwiefern diese Hoffnung und Verheißung antizipatorisch eine Vorstellung vom guten Leben aller Menschen entwickeln können, soll entsprechend im fünften Lerngegenstand gefragt werden (Kap. 6.5).

6. Spannungsfeld: Zwischen Wahrheitsanspruch und Ideologieverdacht

Auch wenn das Christentum in seinem Selbstverständnis nicht mehr exklusiv über die absolute Wahrheit verfügt, besitzt es dennoch einen Wahrheitsanspruch, den es entsprechend normativ in politische religiöse BNE einbringen kann (Spannungsfeld 4). Dadurch kann es z.B. kapitalistische Absolutheitsansprüche relativieren und vermeintlich alternativlose Strukturen durchbrechen, womit dem Christentum durchaus ideologiekritisches Potenzial zugemessen werden kann. Zugleich richtet sich durch diesen Wahrheitsanspruch der Ideologieverdacht auf das Christentum selbst. Nur durch eine ständige selbst- und ideologiekritische Reflexion können verabsolutierende Wahrheitsansprüche vermieden werden. Dass dies oftmals nicht gelingt, wurde bereits mehrfach angesichts des christlichen Anthropozentrismus kritisch vermerkt. Politische religiöse BNE muss daher mit der Spannung zwischen Utopien einer guten Schöpfung für alle, die ihre visionäre Kraft aus eben diesem Wahrheitsanspruch schöpfen, und eigener ideologischer Verstrickungen umgehen. Dies geschieht im sechsten Lerngegenstand anhand von Schöpfungstheologie und dem in der Corona-Krise bekannt gewordenen Schuppentier (Kap. 6.6).

6 Thematische Lerngegenstände politischer religiöser Bildung für nachhaltige Entwicklung

Die vorangegangenen Kapitel haben aufgezeigt, dass eine primär strategisch-formal ausgerichtete BNE inhaltlich auszuschärfen ist. Auch die skizzierten Spannungsfelder einer politischen religiösen BNE verdeutlichten, dass diese nicht theoretisch aufgelöst werden können, sondern dass mit ihnen vielmehr in konkreter Praxis umgegangen werden muss. Daher werden im Folgenden sechs Lerngegenstände einer politischen religiösen BNE entworfen, die thematisch aus den theologischen Reflexionen gewonnen und nun religionspädagogisch und -didaktisch transformiert werden. Die Auswahl der thematischen Lerngegenstände geschieht nicht nur anhand der aufgezeigten Spannungsfelder (Kap. 5.8), sondern auch anhand zentraler theologischer Themen. Dabei greift der erste Lerngegenstand zentral Alteritätsvorstellungen (Kap. 4.1) auf. Die folgenden drei Bausteine thematisieren anthropologische Grundfragen (Kap. 4.2): Armut und Freiheit, Sozialität und Leiblichkeit sowie Schuld und Sünde. Der fünfte Lerngegenstand greift die theologische Kategorie »Zeit« (Kap. 4.3), der sechste das Thema »Schöpfung« (Kap. 4.4) auf.

Strukturell bleiben die thematischen Lerngegenstände in der Spannung zwischen Theorie und Praxis, zwischen Themenanalyse und didaktischer Transformation sowie Reflexion. Damit lösen sie einerseits die Anforderung ein, dass eine politische religiöse BNE konkret und praktisch werden muss. Andererseits werden keine ausdifferenzierten Praxisbausteine oder Materialien entworfen. Diese würden, so die Befürchtung, didaktisch-methodische Lösungsstrategien suggerieren, die es, wenn überhaupt, nur im konkreten, situativen Vollzug geben kann. Dennoch, so die Hoffnung, führen diese auf Praxis hin formulierten Lerngegenstände zu einer Unterbrechung theoretischer Selbstgewissheit, die es nach Ansicht des Literatur- und Kulturwissenschaftlers Joseph Vogl angesichts der gegenwärtigen multiplen Krise dringend bedarf, um dieser nicht mit überkommenen Theorien und

Erklärungsmustern zu begegnen. So warnt Vogl, dass man derzeit um hermeneutische Vorsprünge kämpft und die »lange Zeit ausgefeilten Positionen und Wahrheiten in der Katastrophe bestätigt [sieht]. Alles wird von allen gesagt und dann noch einmal wiederholt, überboten und variiert.«[1] Doch die Wiederholung oder Anwendung von Theorien auf gegenwärtige Krisen greife zu kurz, vielmehr müssten Theorien praktisch werden, sich selbst verunsichern lassen. Es geht somit im Folgenden angesichts von Klimakatastrophe und Corona-Krise auch um eine

> »Annäherung an einen ungewissen, nicht festgestellten Gegenstand, den Verzicht auf Generalformeln, die Berücksichtigung eines Wahrnehmungsvorbehalts, die Sondierung von manifesten Konfliktpotentialen und um die praktische Konfrontation mit Handlungsoptionen. Lassen wir uns auf diese Wirklichkeit, in der alles im Fluss ist, also ein.«[2]

6.1 Im Klostergarten. Religiöse Anders-Orte als refigurative nachhaltige Praxis

Anfang 2020 zeichnete die Bundesumweltministerin den Klostergarten der Kapuziner in Münster mit einem Sonderpreis der UN-Dekade für Biologische Vielfalt aus[3] und würdigte dabei die enge Verknüpfung von sozialen und ökologischen Aspekten des Klostergartens. Inmitten der Stadt gestaltet das Kloster eine biodiverse Oase, die Lern-, Begegnungs- und Erholungsort für die Stadtbevölkerung ist. Zudem wird der Klostergarten inklusiv bewirtschaftet, indem Menschen mit Beeinträchtigungen in die Gestaltung und Pflege des Gartens einbezogen werden. Doch die durch den Klostergarten eröffneten Erfahrungen reichen über Biodiversität und soziales Miteinander hinaus, denn dort spiegelt sich auch monastisches Leben wider, da er auch die Ernährungsgrundlage für das Kloster darstellt. Dies kann zu einfachem Winteressen führen, aber auch zu überraschend vielfältigen Mahlzeiten, wie ich selbst als Gast erleben durfte. Mitten in der Woche gab es Rehbraten, den ein Förster aus Fallwild geschenkt hatte. Der Braten wurde von einem ehemaligen Hotelkoch zubereitet, der die Klosterküche dem edlen, aber hektischen Restaurantbetrieb vorzieht. Ein Leben in Armut, das von dem lebt, was Natur

1 Joseph Vogl, zit.n. Encke 2020.

2 Encke 2020.

3 Vgl. Spindler 2020.

oder Mitmenschen schenken, kann somit auch sehr opulent sein. Materielle Armut, wie die Kapuziner sie praktizieren, geht hier mit einem guten Leben auch für Angestellte und die Stadtbevölkerung einher. Der Klostergarten ist somit ein Ausgangspunkt, um die gelebte Armut, Gemeinschaft und Spiritualität der Kapuziner kennen zu lernen. Denn ein christliches Armutsverständnis, wie es insbesondere in den Bettelorden vorhanden ist, zielt nicht primär auf einen suffizienten Lebensstil, der ethisch begründet wird, sondern hat eine spirituelle Fokussierung, die Armut als Freiheit für Gott und seine Reich Gottes Botschaft versteht (Kap. 4.3). Doch zugleich stellt ein solch radikales Leben als Anders-Ort auch eine zutiefst kritische Folie für gesellschaftliche Logiken, Routinen und Normalitäten dar und besitzt damit politische Implikationen.

Was kann durch politische religiöse BNE an diesem Ort gelernt werden? Klostergarten und Klosterleben können in einer nicht-nachhaltigen, kapitalistischen Gesellschaft der Singularitäten (Reckwitz) und des unternehmerischen Selbst (Bröckling) als Heterotop erlebbar werden. Die Ordensmitglieder führen ein für sie gutes, nachhaltiges Leben in Gemeinschaft untereinander und mit der Natur, das frei für Gott und die Nöte und Sorgen der Mitmenschen sein will. Das Kloster kann als ein Ort transformativer, nachhaltiger Gemeinschaft gedeutet werden, die aus einer jahrtausendealten Tradition schöpft.[4] Dieses Leben provoziert nicht nur durch das Armutsgelübde, sondern auch, indem es sich dem hegemonialen Bestreben nach unternehmerischem Selbst und Singularität entzieht. Statt Bricolage-Identität wird ein lebenslanges Gelübde der *stabilitas loci* gewählt. Der Verzicht auf materiellen Wohlstand stellt nicht nur Verzicht dar, sondern macht auch frei für sozialen, ökologischen und spirituellen Reichtum. Die Transformationsforschung betont die Relevanz solcher nachhaltigen Lebensformen, auch wenn sie in den Nischen der Gesellschaft bestehen (Kap. 3.2.4). Denn dort würden alternative Lebensformen entdeckt oder bewahrt, die für eine nachhaltige Transformationsgesellschaft inspirierend sein können. Doch lässt sich diese radikale Andersheit, dieses klösterliche Heterotop produktiv in Lernprozesse einbringen, da eine zu große Fremdheit Lernprozesse auch verhindern kann?

4 Die innovative Funktion von Klöstern unterstreicht bereits Johan Baptist Metz, indem er sie als produktive Vorbilder der Kirche bezeichnet, die allerdings immer wieder selbst vor der Herausforderung stehen, radikal und konsequent die Nachfolge Christi zu leben. (Vgl. Metz 1986, S. 10.)

Die empirische Evaluation vorliegender BNE-Projekte sowie die (lern-)psychologischen Reflexionen sensibilisieren für Gelingensbedingungen, wie dieser Anders-Ort religionspädagogisch und -didaktisch erschlossen werden kann. Der Klostergarten ist ein ermutigendes Beispiel, wie nachhaltiges Leben gelingt. Er ist ganzheitlich erfahrbar, lädt zum Entdecken und Bestaunen von Biodiversität ein und ist ein lokaler, lebensweltlich situierter Ort nachhaltigen Lebens. Die ökologische Praxis beeindruckt womöglich losgelöst von ihrem religiösen Kontext. Entsprechend werden hier auch Angebote mit dem Naturschutzbund durchgeführt. Doch der Klostergarten kann auch eine Brücke zu spiritueller Wahrnehmung und religiösen Traditionen eröffnen. So werden für Jugendliche niederschwellige Angebote zum *spiritual gardening* gemacht und auch durch die Teilnahme an Liturgie, Gebet oder seelsorgerische Gespräche sind die religiösen Wurzeln der Klostergemeinschaft erfahrbar – und dies nicht in einem rein kognitiven Modus, sondern durch Teilnahme an einer gelebten spirituellen Praxis, die im Horizont performativen Lernens als eine begrenzte Teilnahme auf Probe ausgestaltet werden kann (Kap. 4.5; 5.7). Im Klostergarten kann somit auf leiblich-ästhetischer oder spirituell-liturgischer Ebene gelernt werden, wie nachhaltiges Leben in religiöser Tradition geführt wird.

Doch inwiefern können diese Erfahrungen für die Lernenden lebensrelevant werden? Können sie dazu beitragen, zu einem nachhaltigen Denken und Handeln zu befähigen? Die Hürden sind hoch, zeigen doch die Erfahrungen mit transformativen, nachhaltigen Nischenprojekten (Kap. 3.2.4) auf, dass es selbst den Aktivist*innen oftmals nicht gelingt, ihre Erfahrungen in eine konsistente nachhaltige Lebensweise zu überführen. Die noch radikalere Lebensweise der Kapuziner ist da in viel geringerem Maße ein Modell für eine nachhaltige Gesellschaft, denn sie gründet zentral auf der *stabilitas loci*, die den fragmentierten, fluiden und individualistischen Lebensentwürfen der meisten Milieus diametral entgegensteht.[5] Zudem sind aus den vielfältigen religionspädagogischen Forschungen zum (biografischen) Lernen an Modellen Fallstricke bekannt. Während »große« unerreichbare Vorbilder oftmals kaum noch Orientierung für Jugendliche bieten, finden sie vielmehr Zugang zu fremden Biografien und Lebensentwürfen, wenn diese auch in ihren Konflikt- und Entscheidungssituationen (Dilemmasituationen)

5 Gerade hierin liegt auch eine zentrale Herausforderung für die Orden, die angesichts schrumpfender Mitgliedszahlen neue flexiblere Sozialformen suchen. (Vgl. Engel 2013b, S. 348.)

zugänglich sind.[6] Diese eröffnen kognitive Dissonanzen und Identifikationsflächen für eigene Suchbewegungen und Konfliktsituationen, wodurch Differenzerfahrungen für das eigenen Leben relevant werden können.[7] Somit kann auch politische religiöse BNE Heterotopien auf Friktionen, Konfliktstellen, Scheitern und Dilemmata hin befragen. Gerade indem nachhaltige Anders-Orte Teil einer nicht-nachhaltigen Gesellschaft sind, stehen sie sowohl strukturell-institutionell als auch biografisch-individuell in Spannung zu dieser Gesellschaft. Auch Orden erleben eine »komplexe Schichtung von Ungleichzeitigkeiten«[8], die vielfältige »Irritationserfahrungen«[9] produzieren. Monastische Lebensformen stehen vor der Herausforderung, »sich diesen Konflikten zu stellen und ein Leben mit Dissonanzen einzuüben«[10]. Hierbei können Dilemmasituationen deutlich werden, die auch Lernenden zugänglich sind. So studieren und arbeiten die Ordensleute auch jenseits der Klostermauern. Wie lassen sich die Anforderungen von Studium und Arbeit, z.B. in Hinblick auf Digitalisierung und Internationalisierung, mit einem ressourcenarmen Leben verbinden? Was tun, wenn die finanziellen Mittel nicht ausreichen, um Gebäude energetisch zu sanieren? Oder wenn die liebgewonnenen Klosteranlagen zu groß für die schrumpfende Gemeinschaft sind und der Leerstand auch mit ökologischen Kosten einhergeht? An diesen und vergleichbaren Dilemmata und Fragestellungen lösen sich die Grenzen zwischen nachhaltigen religiösen Anders-Orten und nicht-nachhaltigen Orten auf. Diese Fragen sind auch im Horizont einer Kritischen Pädagogik (Kap. 2.2) von eminenter Wichtigkeit, denn sie deuten auf die Kontroversität des Nachhaltigkeitsdiskurses und der in ihnen verstrickten unterschiedlichen gesellschaftlichen, ökonomischen, ökologischen und religiösen Logiken hin. Letztendlich wären Klöster nicht als Präfiguration einer nachhaltigen Gesellschaft, sondern als Refiguration zu betrachten.

> »Ordensexistenz unter postmodernen Vorzeichen wäre dann als Vita consecrata situalis zu fassen [...]. Erste Aufgabe einer solchen Vita consecrata situalis wäre es, nach best-practice-Orten Ausschau zu halten, an denen schon hier und jetzt eine andere Ordnung der Dinge ansichtig wird.«[11]

---

6 Vgl. Mendl 2015.

7 Vgl. Lindner 2007.

8 Bucher 2012, S. 18.

9 Bucher 2012, S. 19.

10 Engel 2013a, S. 84.

11 Engel 2013b, S. 348.

Der beschriebene Klostergarten könnte ein solcher Ort sein, an dem eine nachhaltige Ordnung der Dinge wahrnehmbar wird. Diese Sichtweise steht zum einen ganz im Einklang mit dem beschriebenen Geist eschatologischer Hoffnung (Kap. 5.2), der eine Theologie der Nachhaltigkeit durchzieht. Zum anderen bietet eine solche situative und zugleich refigurative Praxis religionspädagogische Anknüpfungspunkte, steht sie doch selbst in dem ersten beschriebenen Spannungsfeld zwischen Determinismus und Veränderungshoffnung (Kap. 5.8), indem sie in den starren, nicht-nachhaltigen Strukturen dieser Welt immer wieder ein anderes Leben versucht. Gerade an dem immer wiederkehrenden Scheitern einer refigurativen Praxis stellen sich Fragen, wie die messianische Botschaft vom Reich Gottes, von einer guten, auf Vollendung zielenden Schöpfung Orientierung und Hoffnung bieten kann und wie ein anderes, gutes Leben möglich ist. Diese Fragen müssen immer wieder neu kontextuell, situativ und auch biografisch beantwortet werden. Wenn es gelingt, mit Lernenden hierüber an religiösen Anders-Orten ins Gespräch zu kommen, dann werden diese zu einem Ort, an dem politische religiöse BNE in Form einer refigurativen Religionspädagogik initiiert wird.

6.2 Sieben Wochen ohne? Fasten und Suffizienz

In den letzten Jahren mehren sich im Februar und März ungewohnte Szenen. In geselligen Kneipenrunden tauchen auch zu fortgeschrittener Stunde Mineralwasser oder Limonade am Tresen auf, in Cafés bleibt der Keks neben dem Cappuccino unberührt liegen. Es ist wieder soweit – Fastenzeit im Land der Biertrinker*innen und Bäckereien: 2017 gaben 68 % der Deutschen an, auf Alkohol und 59 % der Befragten auf Süßigkeiten verzichten zu wollen.[12] Wenn weit über die Hälfte der Deutschen in der Fastenzeit Verzicht übt, ist dies dann ein Kontext, der es ermöglicht, über suffiziente, nachhaltige Lebensweisen nachzudenken? Die Fastenzeit könnte dann ein Lerngegenstand werden, der sowohl eine zentrale christliche Tradition erschließt als auch für ein suffizientes Leben sensibilisiert, ganz im Sinne von Papst Franziskus, der in *Laudato si'* eine solche Lebensweise einfordert, um den ökologischen und sozialen Herausforderungen unserer Zeit zu begegnen. Entsprechend wird die Fastenzeit in den letzten Jahren von immer mehr Kirchengemeinden und

12 Vgl. Weigel 2019.

kirchlichen Gruppierungen ökologisch ausgerichtet und z.B. zum Klimafasten aufgerufen.[13] Auch in der Gesamtbevölkerung lässt sich eine diesbezügliche Sensibilität erkennen, wenn 39 % der Deutschen angeben, in der Fastenzeit auf Fleisch und 18 % auf das Auto zu verzichten.[14] Im Folgenden soll daher Fasten als Lerngegenstand didaktisch reflektiert und gefragt werden, inwiefern hierdurch Heranwachsende im Horizont politischer religiöser BNE zu einem suffizienten Leben motiviert werden können.

Theologisch ist Fasten – anders als die monastischen Armutsbewegungen – nicht ausschließlich auf religiöse »Virtuosen« (Max Weber) ausgerichtet, sondern eine fest im Kirchenjahr verankerte Praktik aller Christ*innen. Fasten ist somit eine sozial geteilte Praxis, die Leben und Glauben zeitlich strukturiert und Teil der sozialen Identität von Christ*innen ist. Zeiten des kollektiven Fastens gehen einher mit Zeiten kollektiver Unterbrechungen des Fastens bzw. gemeinsamer Feier nach dem Fasten.[15] Diese sozialen und temporären Strukturen sind relevant für die didaktische Transformation des Lerngegenstands.

Ein weiterer zentraler Aspekt ist die Ausrichtung und Zielsetzung des Fastens, das den Menschen frei für Gott und die Mitmenschen machen will. Es geht somit nicht um Verzicht um des Verzichts willen, sondern um ein Freiwerden von etwas, um frei zu werden für Gott und die Welt. Es ist eine Zeit des Innehaltens, um durch Verzicht das eigene Leben neu und religiös bewusster auszurichten. Dabei sind Gottesliebe und Nächstenliebe nicht voneinander zu trennen, Fasten zielt sowohl auf eine Erneuerung und Vertiefung der Gottesbeziehung als auch auf Gerechtigkeit und Barmherzigkeit zwischen den Menschen (Sach 7,5-10). Darüber hinaus machen insbesondere die prophetischen Schriften darauf aufmerksam, dass Fasten nicht nur individuelle und soziale Praktiken umfasst, sondern auch eine politische Dimension besitzt und auf Gerechtigkeit zielt (Jes 58, 6f).

Erst in dieser Verflechtung von individuellen, sozialen, politischen und spirituellen Dimensionen ist Fasten theologisch als suffizientes Handeln zu deuten, das auch einen Beitrag zu einer nachhaltigeren Welt leisten kann.

---

13 Vgl. z.B. der überkonfessionelle Zusammenschluss von zahlreichen Landeskirchen und Bistümern unter www.klimafasten.de.

14 Vgl. Weigel 2019.

15 Darüber hinaus existieren aber auch biblisch bekundete Formen des individuellen Fastens, z.B. zur Buße (2Sam 12,16-23), Trauer, Klage und um eine Notsituation zu lindern (1Sam 7,6; Jo 1,14).

»Ein solches Fastenverständnis zielt auf das Wohl der Anderen und die Erhaltung der Schöpfung. Darin wiederum findet der Mensch zu ›Gott‹ und ›sich selbst‹. Hieraus erwächst die Kraft, Hoffnungslosigkeit und Resignation trotz aller Misserfolge zu widerstehen.«[16] Eine im Rahmen von politischer religiöser BNE thematisierte ethisch-ökologische Dimension des Fastens ist somit weder von ihrer (schöpfungs-)theologischen noch politischen Dimension zu trennen. Doch damit ergeben sich zugleich deutliche Unterschiede zur verbreiteten Praxis des Fastens. Gefastet wird hier weitgehend, weil es dem Individuum gut tut.[17] Auch lassen sich bei einigen Fastenprojekten durchaus Tendenzen zur Selbstoptimierung erkennen, wenn z.B. aus gesundheitlichen oder ästhetischen Gründen gefastet wird, um fitter und erfolgreicher zu sein, wenn der Verzicht der Erprobung von Selbstdisziplin und innerer Härte gilt, um gegen die Herausforderungen des Lebens besser gewappnet zu sein, oder wenn es um die Erschließung spiritueller Ressourcen geht, die zur Steigerung der Leistungsfähigkeit hilfreich sind. Politische religiöse BNE, die Fasten auf ökologische Themen fokussieren möchte, muss diese Spannungen reflektieren. Denn während z.B. der Verzicht auf Süßigkeiten zu einer besseren Figur führen kann, kostet der plastikfreie Einkauf im Unverpacktladen sogar mehr. Was gewinnt man somit persönlich durch Konsumverzicht?

Eine didaktische Transformation des Lerngegenstands Fasten im Horizont von religiöser BNE kann somit einerseits an einer breiten Fastenbereitschaft und an vielfältigen thematisch einschlägigen Aktionen wie »Klimafasten« ansetzen. Hierin liegt ein produktiver Anknüpfungspunkt, um eine suffiziente Lebensweise aus einer religiösen Tradition heraus zu initiieren. Andererseits muss mitbedacht werden, dass Fasten bei vielen Menschen nicht religiös, ökologisch, politisch oder sozial motiviert ist, sondern dem eigenen Wohlergehen oder der Selbstoptimierung dient. Hier spiegelt sich das in Kap. 5.8 skizzierte zweite Spannungsfeld, denn die Schüler*innen sind auch in Hinblick auf Fasten gesellschaftlich präformiert. Wie die soziologischen Überlegungen (Kap. 3.2) aufgezeigt haben, sind Konsum und eine nicht suffiziente Lebensweise für viele Milieus ein zentraler Aspekt von Identität und Lebensentwurf. Je größer der Konsum, desto stärker das Selbstwertgefühl und oftmals auch die Anerkennung. Fasten im Sinne von Konsumverzicht und einem suffizienten Leben steigert jedoch weder das Wohlergehen, noch dient

16 Büker 2016, S. 10.
17 Vgl. Koll 2014.

es der Selbstoptimierung, es kann gar zu einem Verlust an Ansehen und Reputation führen. Dann ist ökologisch fokussiertes Fasten weder motivierend noch plausibilisierbar. Wie lässt sich dennoch mit politischer religiöser BNE konstruktiv an das Phänomen des Fastens anknüpfen?

Erstens kann, auch auf einer kognitiven Ebene, Lernenden verdeutlicht werden, dass bereits kurz- und mittelfristig durch einen nicht-nachhaltigen Konsum mit gravierenden Nachteilen beim individuellen Wohlergehen zu rechnen ist. Es geht somit darum, durch Verzicht das eigene gute Leben auch in Zukunft zu ermöglichen. Suffizienz wird so zur Grundlage zukünftigen freien und selbstbestimmten Handelns. »Nachhaltigkeit soll sein, weil Freiheit sein soll.«[18] Suffizienz ist somit nicht nur aus Gründen intergenerationaler oder globaler Gerechtigkeit notwendig, sondern auch, um die eigenen Lebensmöglichkeiten offen zu halten. Sprüche auf Fridays for Future-Demonstrationen wie »Wir sind hier, wir sind laut, weil ihr *unsere* Zukunft klaut« zeigen, dass der Protest auch das eigene gute Leben gesichert sehen möchte. Suffizienz kann ein Weg dahin sein.

Zweitens ist aus einer theologischen Perspektive zu betonen, dass Verzicht und Fasten immer auch mit dem Anspruch einhergehen, einen Gewinn an Freiheit zu eröffnen, nämlich frei zu werden für Gott und für die Mitmenschen. Wenn nicht auf religiöser, so doch auf sozialer Ebene ist Heranwachsenden durchaus zu plausibilisieren, dass Besitz und Konsum unfrei machen können, indem sie stets in Konkurrenz und Vergleich zum Konsum anderer stehen. Hierauf zu verzichten führt somit auch zu einem (Freiheits-)Gewinn. Eine so didaktisch transformierte christliche Tradition knüpft unmittelbar an jugendliche Erfahrungen an, die zwar konsumorientiert sind, zugleich aber auch unter Konsum- und insbesondere Markenzwängen leiden können. Denn Jugendliche

> »suchen ihre Identität dadurch, dass sie durch Produkte zum einen ihre Individualität ausdrücken und zum anderen die Anerkennung in der Peergroup sichern wollen [...]. Diese Zielsetzung ist widersprüchlich: Individualität entsteht durch Abgrenzung von Normen und Verhalten, Anerkennung durch Teilung von Normen und Nachahmung. Jugendliche scheinen diese Widersprüchlichkeit dadurch zu bewältigen, dass sie mithilfe einiger Pro-

18 Bederna 2019, S. 196.

duktgruppen die Individualität suchen (z.B. Kleidung), mithilfe anderer die Anerkennung (z.B. Mobiltelefon).«[19]

Pädagogisch kann politische religiöse BNE dabei an Ansätze anknüpfen, die auf Anerkennung zielen.[20] Diese gehen mit Alex Honneth von drei Sphären und Formen der Anerkennung aus: Im Nahbereich bedarf Anerkennung emotionaler Zuwendung und zielt auf Selbstvertrauen, im Bereich der Wertegemeinschaft führt soziale Wertschätzung zur Selbstschätzung und im Bereich des Rechts bedarf es kognitiver Achtung, die zur Selbstachtung führt.[21] Anerkennung und Bildung stehen dabei in einem engen wechselseitigen Verhältnis: »Wo Anerkennung in ihren drei Ausdrucksformen gestört ist, wird Bildung erschwert. Umgekehrt geht es in der Bildung um jene besonderen Formen der Anerkennung, die sich auf Prozesse von Selbstentwicklung im Medium der Welterschließung beziehen.«[22] Wenn nun eine politische religiöse BNE Lernende im Rahmen von Fasten und Suffizienz zu Konsumverzicht motivieren will und wenn zugleich die Identität und Anerkennung in vielen Milieus über Konsum geregelt ist, dann ist der Lern- und Bildungserfolg auch daran gebunden, inwiefern es gelingt, andere Formen der Anerkennung zu ermöglichen. Während emotionale Zuwendung in Lernsituationen durch die Lehrkraft durchaus gegeben werden kann, so entzieht sich sowohl soziale Wertschätzung als auch rechtliche Selbstachtung oftmals (religions-)pädagogischen Lernsettings. Umso wichtiger erscheint es, auf der Ebene von Klassen- und Schulgemeinschaft Konsumorientierung kritisch zu diskutieren und hier an einer Wertegemeinschaft zu arbeiten, die soziale Wertschätzung jenseits von Konsum ermöglicht. Wenn in Schulen im Rahmen von BNE vermehrt Kleiderflohmärkte oder Tauschbörsen veranstaltet werden, dann zielt dies auf eben eine solche Werteorientierung. Zugleich schärft eine Pädagogik der Anerkennung aber auch den Blick für gesellschaftliche und soziale Problemüberhänge. Denn wenn Jugendliche auf Grund ihrer schulischen Leistungen oder ihres Herkunftsmilieus keine soziale Wertschätzung oder rechtliche Achtung erfahren, wenn sie immer wiederkehrende Exklusionserfahrungen machen und soziale Verletzungen erleiden, dann verwundert es nicht, wenn für sie weiterhin Anerkennungsprozesse über Besitz

19 Haan und Kamp 2008, S. 210.

20 Vgl. in Anlehnung an Axel Honnef: Altmeyer 2015; Balzer und Ricken 2010; Micus-Loos 2012.

21 Vgl. Altmeyer 2015, S. 50.

22 Altmeyer 2015, S. 52.

und Konsum konstituiert werden. Es kann im Rahmen von religiöser BNE an dieser Stelle somit nicht ausschließlich darum gehen, mit Heranwachsenden kritisch ihren Konsumstil zu diskutieren, sondern ebenso die damit verbundenen Identitätskonstruktionen, Wünsche, Hoffnungen sowie ihre Vulnerabilität. Dass dabei auch die impliziten Konsumerwartungen sowie das explizite Konsumverhalten der Lehrkraft eine besondere Rolle spielen, sei hier nur erwähnt. Politische religiöse BNE kann jedoch noch eine weitere relevante Ebene in den Anerkennungsdiskurs einbringen. Denn theologisch ist die bedingungslose Annahme und Anerkennung des Menschen durch Gott, jenseits von Leistung und Besitz, zu thematisieren.[23] Religiöse BNE, die zu einer suffizienten Lebensweise durch Fasten und Verzicht motiviert, ist damit zugleich anthropologisch fundiert und fundamental auf die bedingungslose Anerkennung durch Gott ausgerichtet.

Drittens ist religionspädagogisch die Begrenzung des Fastens zu reflektieren. Die Fastenzeit ist attraktiv, weil sie begrenzt ist. »7 Wochen ohne« nennt die evangelische Kirche entsprechend ihre Fastenaktionen und integriert das Ende damit quasi bereits im Programm. Wie wichtig eine zeitliche Begrenzung für ökonomische, soziale und kulturelle Lebensbeschränkungen ist, wird auch in der Corona-Krise deutlich. Nachhaltigkeit bedarf aber einer dauerhaften Suffizienz, um die planetare Grenzüberschreitung einzudämmen. Religiöse BNE sollte somit zu einem dauerhaft suffizienten Leben motivieren, das eben nicht auf kurze Zeiten im Jahreskreis begrenzt ist. Was nützen, so könnte gefolgert werden, sieben Wochen suffizientes Leben, wenn 45 Wochen Maßlosigkeit herrschen? Eine solche Gegenüberstellung verfehlt jedoch die Sinnspitze religiösen Fastens. Fasten zielt eben nicht auf eine Entbehrung, die am Ende des Fastens wieder aufgehoben wird. Sondern Fasten will das Leben neu auf Gott und Welt ausrichten, es zielt auf eine veränderte Sicht von Gott, Welt und Selbst. Auf Fasten und Verzicht folgt somit nicht Maßlosigkeit, sondern die österliche Fastenzeit strebt auf Ostern, auf Auferstehung und Verwandlung von Tod in Leben zu. Dies wiederum bietet durchaus Anlass zum Fest, zur Feier, zur Unterbrechung von Fasten und Alltag – ja auch zum Überfluss an Leben, wie der Rehbraten im Kloster (Kap. 6.1). Die zeitliche Begrenzung des Fastens und die entsprechende Rhythmisierung des Kirchenjahres zielen somit auf neues, erfülltes und erlöstes Leben, das sich jedoch Kategorien von Verzicht und Maßlosigkeit entzieht. Christlich

23 Vgl. Krobath 2014.

folgt somit aus Verzicht Leben in Fülle, aus Suffizienz der Erhalt von Lebensgrundlagen für alle. Dies bedeutet aber auch, dass religionspädagogisch über die Begrenzung von Fasten und Verzicht nachzudenken ist. Nicht die temporale Begrenzung dürfte dabei im Vordergrund stehen, sondern die spirituellen, sozialen und ökologischen Begrenzungen, die durch Fasten, Verzicht und Umkehr durchbrochen werden können. Politische religiöse BNE sollte somit zu suffizientem Leben motivieren, indem es Suffizienz primär nicht als Verzichts-, sondern als Befreiungsgeschehen betrachtet. Angesichts der im vorangegangenen Kapitel dargestellten refigurativen Praxis nachhaltigen Handelns und Lebens kann die zyklisch-rhythmische Struktur religiösen Fastens eine Hilfe sein, diese Begrenzungen immer wieder neu zu überwinden. Politische religiöse BNE erweist sich dann im Sinne der Frankfurter Erklärung sowohl als krisenorientiert und machtkritisch als auch ermutigend und verändernd, indem sie im Blick hat, dass Scheitern und Neuanfang Teil nachhaltigen christlichen Lebens sind.

Werden im Horizont dieser theologischen, soziologischen und religionspädagogischen Überlegungen Fastenprojekte als religionspädagogische Lernsettings auf freiwilliger Basis gestartet, dann handelt es sich hierbei um erfahrungsorientiertes, quasi experimentelles, ganzheitliches Lernen (Kap. 5.7), das sorgsam mit Schüler*innen reflektiert werden muss, sei es in der Lerngruppe oder auch alleine in Form von »Fastentagebüchern« o.ä. Denn zum einen werden die Fastenerlebnisse erst durch Reflexionen zu Erfahrungen und Erkenntnissen, zum anderen sind vor allem im schulischen Kontext solche experimentellen Lernsettings nur durch ihre kritisch-reflexive Begleitung legitimierbar. Hierdurch werden diskursive Räume eröffnet, um sowohl über Selbstbestimmung und mögliche Freiheitsgewinne, über Entbehrung und Sehnsucht, aber auch über Scheitern und Verletzungen zu kommunizieren. Wenn es politischer religiöser BNE gelingt, suffizientes Leben in diesen anthropologischen Grundkategorien zu reflektieren, dann kann Verzicht zu einem Mehr an Leben führen, auch wenn dieses Leben immer kontingent und vulnerabel bleibt (Kap. 5.8).

6.3 Klatschen oder Beten? Spirituelle Ressourcen in Zeiten der viralen Krise

Die Corona-Pandemie ist nicht nur für Gesundheitswesen, Wirtschaft, Bildung, Kultur oder Familien eine extreme Belastung, sondern auch für die Religionen eine Herausforderung. Warum dieses unsägliche Leid und wie hiermit religiös umgehen, wenn viele der tradierten Formen wie z.B. gemeinsame Liturgie nicht mehr möglich sind? Bereits ein kursorischer Blick zeigt die Bandbreite an religiösen und spirituellen Deutungs- und Sinnstiftungsansätzen. So findet man vereinzelt religiöse Positionen, die behaupten, der wahre Glaube stelle einen Schutz vor dem Virus dar, da Corona nicht im Körper von Jesus überleben könne.[24] Auch andere Formen religiösen »heroischen Widerstands«[25] lassen sich ausmachen, wenn z.B. Christ*innen zum diakonischen Dienst aufgefordert werden, um Corona-Kranke zu besuchen und Trost zu spenden. Es lassen sich zudem religiöse Erklärungsmuster finden, wonach die Pandemie eine Strafe Gottes sei, auf die mit Umkehr und Buße reagiert werden müsse. Entsprechende spirituelle Praktiken finden sich zahlreich in der Geschichte des Christentums, die auch in der Corona-Krise wieder aufgegriffen werden. Aus theologischer Perspektive sind solche Deutungen und Formen hochproblematisch. »Eine Pandemie wie die, die jetzt die Welt lahmlegt, ist keine Strafe Gottes – für was auch immer. Religiöse Praktiken wie Gottesdienste können sie nicht erklären – und sollten das auch nicht versuchen.«[26] Entsprechend bieten die meisten religiösen Reaktionen auch keine Antworten auf den Ursprung und Sinn der Pandemie, sondern machen Deutungsangebote und bieten religiöse Praktiken an, um mit den Kontingenzerfahrungen umgehen zu können. So postet die Pfarrerin und religiöse Influencerin Theresa Brückner aus ihrer Quarantäne heraus eine Predigt zu Jesaja, in der sie vom mütterlichen Trost spricht, den Jesaja trotz all seines Scheiterns, Leidens und Verzweifelns durch Gott immer wieder erfährt. Diesen göttlichen Trost spricht sie ihrer Gemeinde zu.[27] Andere wiederum stellen die biblische Klage an Gott als religiösen Akt heraus. »In den Ritualen und Schriften der Religionen haben Klagen und Verzweiflung ihren Platz. [...] Klagen im Sinne Hiobs ist immer auch ein Eingeständnis des Nicht-Verstehen-Könnens und mühsamen Erduldens.«[28] Darüber hinaus wird auch die Vulnerabilität des Menschen im religiösen Horizont als Ausdruck der schlechthinnigen Abhängigkeit des Menschen deutbar.

24 Vgl. Schüßler 2020.
25 Schüßler 2020.
26 Kranemann 2020.
27 Vgl. https://www.instagram.com/p/B-B4e5-Fdai/.
28 Bernet-Strahm 2020.

> »Im Spannungsfeld von Angst und Vertrauen, von Schmerz und Sehnsucht haben wir letztlich keine Kontrolle über unser Leben. Das ist schrecklich und schön zugleich. Schrecklich, weil es uns verwundbar macht, und schön, weil wir uns nicht selbst genug sein müssen und auch wunderbare Dinge ohne unser Zutun geschehen können.«[29]

Die inhaltliche Breite theologischer und spiritueller Zugänge lässt sich erweitern: Im Engagement und Einsatz der vielen Helfer*innen wird die Nähe Gottes erfahren, die Zeit der Krise wird als »Spannung von Karfreitag und Ostermorgen, von Grab und Auferstehung Jesu Christi«[30] betrachtet, mit Leid, Trauer, Angst und Klage, aber zugleich auch mit der Hoffnung auf Erlösung. Auch außerhalb des christlichen Diskurses werden spirituelle Deutungsangebote gemacht und z.B. die Krise als Chance für das eigene Leben betrachtet.[31] In diese Richtung weisen auch viele öffentlich praktizierte rituelle und symbolische Formen, um im *social distancing* Gemeinschaft und Solidarität leben zu können: Gemeinsames Klatschen für das Gesundheitspersonal, Kerzen in den Fenstern entzünden und Regenbogen aufhängen, abendliches Glockenläuten, Einladung zum ökumenischen Gebet zu Hause u.v.m.

Angesichts des ungeheuren Ausmaßes von Krankheit, Leid und Tod, von sozialer Isolation und Quarantäne, von wirtschaftlichen und psychischen Nöten und Ängsten, werden somit nicht nur innerhalb religiöser Gemeinschaften, sondern auch in der (postsäkularen) Öffentlichkeit religiöse Umgangsformen sowie religiöse Antworten gesucht und angeboten. Dass Religion nicht nur, aber auch die Funktion der Kontingenzbewältigung besitzt, wird hier deutlich. Die Pandemie führt wie alle Krisen zu Grenzerfahrungen, die auch durch Religion bezwingbar werden sollen. Doch Religion als Kontingenzbewältigung kann ganz unterschiedlich funktionalisiert werden. Religionen spenden Trost, sie vertrösten manchmal jedoch auch, sie eröffnen Kraftquellen und zehren Menschen zugleich auf, sie motivieren zum caritativen Engagement, wobei bisweilen ihre Hilfe Symptomlinderung betreibt, ohne die sozialen oder politischen Ursachen zu bedenken. Religion als spirituelle Ressource in Krisenzeiten befindet sich somit in einem Spannungsfeld zwischen religiösem Selbstzweck und Funktionalisierung (Kap. 5.8) und ist somit auch (ideologie-)kritisch zu reflektieren.

---

29 Wagner-Rau 2020.

30 Kranemann 2020.

31 Vgl. Rosa und Feddersen 2020.

Gerade in Zeiten der Angst, des Leidens und der Ohnmacht sollten Heranwachsende Kompetenzen besitzen, um (religiöse) Sinn- und Deutungsangebote kritisch beurteilen und mündig (spirituelle) Ressourcen für Selbstexpression und Sinnstiftung erschließen zu können. Wie können Schüler*innen hierzu befähigt werden? Didaktisch-methodisch kann diesbezüglich auf das in Kap. 5.4 skizzierte Framing verwiesen werden. Dabei recherchieren Schüler*innen religiöse und spirituelle Angebote zur Kontingenzbewältigung und analysieren diese in unterschiedlichen Deutungsperspektiven. Mögliche Leitfragen hierbei können sein: Welche Gründe und Erklärungen werden für die Pandemie gegeben und welche Lösungsvorschläge ggf. vorgelegt? Gibt es religiöse Traditionen, die in diesen Deutungsansätzen ausgeblendet werden? Sind die Deutungen auch aus einer nichtreligiösen Perspektive plausibel? Welche Funktionen erfüllt Religion und warum? Was soll der Mensch tun und was passiert, wenn alle Menschen so handeln würden? Was motiviert die jeweiligen Autor*innen? Warum spricht mich der Text (nicht) an? Und in welchen Kontexten könnte der Text andere Menschen (nicht) ansprechen? Diese und ähnliche Fragen können dazu beitragen, sowohl spirituelle Ressourcen von Religion deutlich herauszustellen, als auch mögliche Instrumentalisierungen von Religion und Spiritualität (ideologie-)kritisch zu reflektieren. Anschließend können die Schüler*innen selbst Texte, Lieder, Bilder o.ä. verfassen, in denen sie ihre Ängste, Sorgen, Hoffnungen und spirituellen Ressourcen oder psychologische Copingstrategien zum Ausdruck bringen (ästhetische Selbstexpression). Je nach Lerngruppe können diese Ergebnisse auch geteilt oder vorgetragen werden (performatives Lernen). Hieran wird sich zeigen, inwiefern die christliche Tradition und Spiritualität heute noch zur Kontingenzbewältigung beitragen kann, ohne dabei von unterdrückerischen Systemen funktionalisiert zu werden.

Was hier für die Corona-Krise entfaltet wurde, lässt sich auch auf den Umgang mit Kontingenzerfahrungen in der Klimakrise übertragen. Dort finden sich ebenfalls unterschiedliche religiöse und spirituelle Deutungen, wobei einige sowohl aus theologischer als auch politischer Perspektive hoch problematisch sind und von nicht-nachhaltigen Systemen funktionalisiert werden können. Wenn z.B. angesichts der Klimakatastrophe die christliche Hoffnung auf das Reich Gottes stark gemacht, zugleich aber Klage und Protest gegen den Zustand der Welt abgelehnt wird,[32] dann werden gewichtige

32 Vgl. Kober 2020, S. 6.

jüdisch-christliche Traditionen prophetischer Kritik übergangen und zugleich bestehende Strukturen stabilisiert. Hoffnung als spirituelle Ressource, so könnten Schüler*innen aus diesem Beispiel lernen, ist aus christlicher Perspektive nicht gegen Protest und Kritik auszuspielen.

Inwiefern sich Schüler*innen eine solche prophetische Tradition jedoch heute aneignen, inwiefern diese für sie inspirierend und kontingenzbewältigend ist, entzieht sich dem didaktischen Zugriff. Ob sie klatschend ihren Dank und ihre Solidarität in der Corona-Krise zum Ausdruck bringen, betend ihre Klagen und Bitten vor Gott tragen, Trost in religiösen Texten, Liedern und Ritualen finden oder mit Freunden via Skype ihre Sorgen teilen, dies liegt in der Entscheidung des kontrafaktisch als mündig angenommenen Subjekts.

6.4 Mit dem Zug nach Singapur? Scheitern nachhaltigen Lebens

Eine evangelisch sozialisierte Studentin richtet ihren Alltag konsequent ökologisch aus: Sie leitet eine Fahrradwerkstatt im Studierendenheim, sympathisiert mit »Containern«, kauft ausschließlich Second-Hand-Kleidung, verzichtet auf Auto und Flugzeug. Sie studiert Geographie, auch weil sie Schüler*innen für die ökologischen Bedrohungen der Erde sensibilisieren will. Doch Teile des Geographiestudiums sind Pflichtexkursionen. Es steht eine Reise nach Singapur und Malaysia an, was die Studentin in einen tiefen Gewissenskonflikt stürzt: Freude und Faszination über die Möglichkeit dieser Reise auf der einen, Verzweiflung über den viel zu großen CO_2-Verbrauch der Flugreise auf der anderen Seite. Familiär wird über CO_2-Kompensationszahlungen nachgedacht, was mit katholischer Ablasspraxis assoziiert und verworfen wird. Alternative Reiseoptionen werden recherchiert: Mit Bus und Bahn durch Europa, Russland, die Mongolei und dann irgendwie durch China hindurch. Letzteres ruft schnell ein familiäres Veto hervor. Schlussendlich wird es ein Kompromiss: Bis in die Mongolei per Bus und Bahn, danach wird China bis nach Thailand überflogen. Eine wesentliche CO_2-Ersparnis stellt dies nicht dar, aber zumindest, so die Studentin, würde sie für den hohen ökologischen Fußabdruck viel mehr erleben und auch für ihr Geographiestudium lernen. Doch das ökologische Gewissen ist damit noch nicht beruhigt. Inwiefern kann politische religiöse BNE diese und vergleichbare Situationen als Lernanlass nehmen und der Studentin den christlichen Glauben als Deutungshorizont ihrer Erfahrungen anbieten?

Verwendet man CO_2-Rechner zur Reflexion der eigenen Lebensweise, dann wird deutlich, dass die Erfahrung der Studentin nahezu in jedem ökologisch ausgerichteten Lebensentwurf vorkommt. Selbst bei einem äußerst asketisch ausgerichteten Leben ist es in Deutschland nahezu unmöglich, die rechnerisch jedem Individuum zur Verfügung stehende CO_2-Menge einzuhalten, denn allein die Infrastruktur in Deutschland von Straßenbau, Mensen, Krankenhäusern bis hin zu öffentlichen Ämtern und Cafés führt zu einem hohen CO_2-Verbrauch. CO_2-Rechner sind in dieser Perspektive mit einem Beichtspiegel zu vergleichen: alle Bereiche des Lebens werden abgefragt und beleuchtet, wobei das Ergebnis stets eindeutig ist: Mehr oder weniger sind wir alle (Umwelt-)Sünder*innen. Auffallend in den entsprechenden gesellschaftlichen Diskursen ist, dass diese zunehmend hochemotionalisiert geführt oder auch als hypermoralisch kritisiert werden.[33] Ein Grund hierfür ist, dass Nachhaltigkeit explizit oder implizit auch eine Kritik an der eigenen nicht-nachhaltigen, imperialen Lebensweise umfasst. Nicht der gemeinsame Kampf gegen die planetaren Grenzüberschreitungen, sondern die emotionale Verteidigung und Rechtfertigung des eigenen Lebensstils stehen im Fokus. In diese Spannung hinein tauchen immer wieder religiös aufgeladene Begriffe auf: CO_2-Zertifikate werden als Ablassbriefe beschrieben, man spricht von Umweltsünder*innen oder Klimafasten. Hierbei handelt es sich um religiöse Kategorien, die versuchen, mit menschlicher Schuld im religiösen Horizont umzugehen. Die Frage jedoch ist, ob diese religiösen Kategorien auch im postsäkular pluralen Nachhaltigkeitsdiskurs rational plausibilisierbar und übersetzbar sind.

In den theologischen Reflexionen wurde bereits die Unterscheidung von individueller und struktureller Sünde (Kap. 4.3) als weiterführend skizziert. Diese Differenzierung kann angesichts der nicht-nachhaltigen Welt dazu führen, seine eigenen Hände in ökologischer Unschuld zu waschen und Strukturen z.B. des hegemonialen Kapitalismus zum alleinigen Sündenbock zu deklarieren. Jedoch widersteht das Christentum »mit seiner Rede von Sünde und Schuld jenem heimlichen Unschuldswahn, der sich in unserer Gesellschaft ausbreitet und mit dem wir Schuld und Versagen, wenn überhaupt, immer nur bei ›den anderen‹ suchen, bei den Feinden und Gegnern, bei der Vergangenheit, bei der Natur, bei Veranlagung und Milieu.«[34] Strukturelle Sünde enthebt nicht von individueller Sünde. Zugleich darf politische religiöse BNE

33 Vgl. Grau 2017 mit Rückgriff auf Gehlen 1986.

34 Sekretariat der Deutschen Bischofskonferenz 1976b, S. 93.

die Verantwortung für (nicht-)nachhaltiges Leben nicht allein den Individuen aufbürden, wie dies in Teilen des auf Gestaltungskompetenzen fokussierten BNE-Diskurses zumindest den Anschein hat. Hier werden die Verstrickungen in sündige Strukturen übergangen. Politische religiöse BNE muss somit individuelle Handlungen und strukturelle Kontexte in den Blick nehmen, wobei letztere dazu beitragen, hypermoralische (Schuld-)Zuschreibungen zu entschärfen und eine gemeinsame Perspektive zu entwickeln. Aus theologischer Perspektive ist es dabei ermutigend und hoffnungsspendend, dass moralisches Scheitern Teil menschlichen Lebens ist und der Mensch nicht allein durch (nachhaltige) Werke vor Gott gerecht wird. Er darf und muss auf das gnädige und verzeihende Handeln Gottes hoffen, das Mensch und Welt errettet.

Was bedeuten diese theologischen Überlegungen jedoch für die Geographiestudentin? Und was folgt hieraus für religionspädagogische Lernsettings? Für die Studentin könnte der Begriff der strukturellen Sünde eine Deutungsfolie für ihren Gewissenskonflikt darstellen. Sie stößt strukturell an Grenzen ihres eigenen Handlungsspielraums, die situativ nicht überwunden werden können: eine Dilemmasituation. Die Überlegungen zur religionspädagogischen Arbeit mit Dilemmata (Kap. 5.7) zeigen auf, dass RU mit Dilemmata nicht auf eine Lösung, sondern auf eine differenzierte Bearbeitung und Beurteilung zielt. In dieser Hinsicht können durch den Begriff der strukturellen Sünde Perspektiven eröffnet werden, das Dilemma als strukturelles und soziales zu analysieren und in Ansätzen bearbeitbar zu machen, z.B. hochschulstrukturell durch die Problematisierung von internationalen Exkursionen im Rahmen von Lehrveranstaltungen. Diesbezüglich scheint eine Übersetzung des Begriffs der strukturellen Sünde möglich zu sein. Zugleich kann der christliche Glaube an Umkehr und Vergebung, an die bedingungslose Annahme durch Gott die Studentin auch vor moralischer Selbstüberforderung schützen, wenn für sie die Rettung der Welt auf den eigenen Schultern zu lasten scheint. Nicht Überforderung, sondern Ermutigung resultiert dann religionspädagogisch aus der Spannung zwischen individueller Umkehr, strukturellem Handeln und vertrauendem Glauben an einen gnädigen Gott. Letzteres ist jedoch an die gläubige Zustimmung gebunden, die sich nicht übersetzen lässt, sondern nur von der Studentin selbst vollzogen werden kann.

Die Spannung zwischen individuellen und strukturellen Verstrickungen ist im Nachhaltigkeitsdiskurs fundamental und äußert sich in zahllosen Alltagssituationen, die religionspädagogisch in der skizzierten Perspektivik bearbeitet werden können. Warum wird ein Schüler*innenaustausch nach Neuseeland und nicht nach England organisiert? Damit Schüler*innen weltoffener werden? Weil Neuseeland cooler als England ist? Weil es sich gut im Lebenslauf macht? Hier treffen individuelle Bedarfe und Strukturen aufeinander und führen zu hohen ökologischen Kosten. Werden solche und ähnliche lebenswelt- und kontextorientierten Dilemmata religionspädagogisch aufgegriffen (Kap. 5.7), dann geschieht dies nicht in der Perspektive, die Situationen problemlösend zu bearbeiten, sondern Probleme zu erkennen, zu diskutieren und Lösungsansätze abzuwägen. Nimmt RU die im bereits skizzierten Orientierungsrahmen Globales Lernen aufgeworfene Aufgabe ernst, als Herzstück von BNE solche disziplinübergreifenden Fragestellungen ›quer‹ zu den übrigen Fächern religiös und ethisch zu reflektieren (Kap. 2.2; 2.3), können machtkritische, auf Veränderung zielende Lernsettings entwickelt werden, ohne dabei die eigenen sündhaften Verstrickungen zu übergehen. Denn nicht moralische Unschuld angesichts von Alltagsdilemmata, sondern vielmehr Umkehr und Selbstrelativierung sind zwingend erforderlich, die aus christlicher Sicht zugleich eine wichtige spirituelle Ressource für Nachhaltigkeitsfragen darstellen.[35]

Diese theologischen Überlegungen mögen nicht nur für eine kritisch-politische Bildung in pluraler Gesellschaft irritierend erscheinen. Doch vielleicht kann einerseits die Übersetzung von struktureller Sünde in ökologisch-strukturelle Verstrickungen rational plausibilisiert werden. Andererseits besitzt der Begriff möglicherweise durch seinen unübersetzbaren Kern, nämlich die Hoffnung auf das rettende Handeln Gottes, inspirierende Perspektiven für die Politikdidaktik, die derzeit eine politische Illusionskrise beklagt und versucht, »Hoffnung als zentrale Kategorie der politischen Bildung«[36] neu zu veranschlagen.

6.5 Aufwachen aus der Traumwelt? Antizipatorische Erinnerung

Viele Jugendliche aus der Mittel- und Oberschicht wachsen in materiellem Wohlstand, in Demokratie und Freiheit auf. Ein anderes Leben ist für sie kaum vorstellbar. Horror- und Schreckensbotschaften kennen die meisten nur aus Film, Fernsehen und Internet, die beliebig an- und ausgemacht werden können. Doch Corona bricht diese Welt radikal auf, Corona kann nicht

35 Vgl. Sander 2016, S. 25.
36 Besand 2019, S. 181.

abgeschaltet werden und ein Ende ist nicht absehbar. Die Pandemie ist für viele eine Fremdheitserfahrung, denn diesmal ist die Krise auch in Deutschland angekommen, auch wenn hier auf Grund des guten Gesundheitssystems und des Wohlstands die (Langzeit-)Folgen längst nicht so massiv spürbar sein werden, wie in anderen Ländern. Folgende Zeitungskolumne, die hier ausführlicher im Originalton wiedergeben werden soll, verdeutlicht pointiert die Erschütterung, die Corona bei Jugendlichen hinterlassen kann.

> »Bei uns ist doch immer alles gut gegangen. Seit Jahrzehnten sitzen wir vor unseren immer größer werdenden Flachbildschirmen und lassen uns die Gruselgeschichten aus aller Welt erzählen. Wir schauen auf Bürgerkriege, auf Flüchtlingscamps, auf niederbrennende Textilfabriken und einstürzende Dämme, die Tausende im Schlamm verrecken lassen. Aber sehen wir es wirklich? Manchmal reiben wir uns die Augen und versuchen, die Welt da draußen, die schlimme, wahrzunehmen. Aber es fällt uns schwer. So schwer. Weil das Draußen immer draußen blieb. Es rückte uns in langen Jahrzehnten nie wirklich auf die Pelle. Ja, Schrecken finden in der Welt statt, so dumm sind wir nicht, das nicht zu erkennen, aber sie finden eben nicht in unserer Welt statt. Unsere Welt ist eine prinzipiell andere. Unsere Welt ist die Welt der buchstäblich abgeschirmten Zuschauer. Wir sind die »Tagesthemen«-Generation, der Bildschirm ist unsere Brandmauer. Wir sind gewohnt, dass die Sintflut, so hat es der Soziologe Stefan Lessenich brillant formuliert, immer neben uns stattfindet. Wir sind die, die immer davon ausgehen konnten, dass die wahren Katastrophen die Katastrophen der anderen sind. Ebola hier, Fassbomben da, Genozide dort. […] Warum sollte es diesmal anders sein? Ein paar Wochen Quarantäne, dann fahren wir wieder hoch. Das kriegen wir doch locker hin. […] Wir sind schließlich prädestinierte Sieger. Wir können mission impossible. Wir schaffen das. Und wenn dann doch was schiefgeht, Vater Staat ist ja immer da für uns: unser Überheld, unser Batman. Er hat uns immer rausgehauen. […] Wird schon gut gehen, tat es ja immer. Dass es nie gut war und dass unsere Ego-Gesellschaft im Inneren eine nach unten tretende, immer brutaler werdende ist und dass wir nach außen schon immer die Welt ausgelutscht und den Kern achtlos ausgespuckt haben, sei's drum. Hat uns doch nicht getroffen. Nur die anderen. Und sind die an ihrem Schicksal nicht bekanntermaßen selber schuld? Der Glaube, dass wir, die kontinuitätsverwöhnte Mittelschicht, in einen schlechten Traum geraten sind, eint uns. Der Albtraum möge doch bitte, bitte aufhören. Und zwar bald. Wir haben doch nichts verbrochen. Wir waren doch immer die Guten.

> Warum sucht er gerade uns heim? Wir haben doch nichts getan. Doch. Haben wir. In Wirklichkeit ist uns der Rest der Welt andauernd egal gewesen. Drinnen wie draußen. Zuweilen haben wir ihn wie einen Haufen Mist behandelt. Unsere herablassend-anmaßende Gewissheit, wir wären zu Recht auf der globalen sunny side of life gelandet, fliegt uns nun um die Ohren. Unser Glaube, diese Privilegien entsprächen gleichsam einer natürlichen Ordnung, detoniert nun vor unseren Augen. [...] In solchen Zeiten schwant es uns nur, dass der globale Süden einen wesentlich höheren Preis bezahlen wird als wir, und erahnen bestenfalls die Besorgnis einer Supermarktkassiererin, der wir jetzt noch einen steuerfreien Bonus gönnen, im Zweifelsfall das Beatmungsgerät nicht zu bekommen.«[37]

Diese Kolumne ist aus Sicht der Wohlstandsmittelschicht geschrieben und spiegelt nicht unbedingt Erfahrungen von Schüler*innen aus prekären oder wohlstandsgefährdeten Milieus wider. Auch individuelle Leiderfahrungen, wie soziale Vernachlässigung, Gewalt oder Krankheit, bleiben unerwähnt. Doch verdeutlicht der Artikel pointiert, dass in der Corona-Krise Fremdheitserfahrungen gemacht werden, die eine privilegierte und zugleich global prekär verstrickte Lebensweise offenbaren. Viele wachen gerade aus einer Traumwelt auf. Und die Klimakatastrophe wird alsbald dazu führen, dass eine Rückkehr in diese Traumwelt zunehmend schwerer wird.

Diese Erfahrungen werden als Lernanlass für antizipatorisch-erinnerndes Lernen gewählt. Dabei gilt, was mit Habermas angesichts der Pandemie bereits angedeutet wurde (Kap. 5.8): Wir sind in der multiplen Krise gezwungen unter extremen Unsicherheiten und Nichtwissen zu handeln, um Gegenwart und Zukunft zu gestalten. Für Johann Baptist Metz wird die offene Zukunft an die Erinnerung der messianischen Botschaft vom Reich Gottes rückgebunden, in dem keine Opfer vergessen werden. Hieraus entwirft er »die Antizipation einer bestimmten Zukunft der Menschheit als einer Zukunft der Leidenden, der Hoffnungslosen, der Unterdrückten, der Beschädigten und Nutzlosen dieser Erde.«[38] Als zentrale Kompetenz antizipatorischer Erinnerung betrachtet Metz daher *Compassion*, ein Wort, das sich nur unzureichend mit Mitleid oder Empathie ins Deutsche übersetzen lässt.

> »Diese gerechtigkeitssuchende Compassion ist das Schlüsselwort für das Weltprogramm des Christentums im Zeitalter der Globalisierung. [...] Frem-

37 Däuble 2020.
38 Metz 1992, S. 119.

> des Leid wahrzunehmen und zur Sprache zu bringen ist die unbedingte Voraussetzung aller künftigen Friedenspolitik, aller neuen Formen sozialer Solidarität angesichts des eskalierenden Risses zwischen Arm und Reich und aller verheißungsvollen Verständigung der Kultur- und Religionswelten.«[39]

Um *Compassion* auszubilden, ist mittlerweile ein eigenes religionspädagogisches Lernformat entwickelt worden (Kap. 5.7). Zugrunde liegt hier die Annahme, dass Heranwachsende Erfahrungen von *Compassion* erst einmal erwerben müssen, z.B. in Sozialpraktika, die anschließend im (Religions-)Unterricht religiös reflektiert werden. Damit folgt dieses Lernformat weitgehend einer korrelativen Struktur, die jedoch seit geraumer Zeit problematisiert wird. Demnach könne die christliche Botschaft oftmals in ihrer Alterität nicht mehr zu den Heranwachsenden durchdringen, sie könne deren Lebenswelt kaum noch inspirieren und irritieren, vielmehr würde »das Bekannte noch einmal in religiösen oder ethischen Kategorien wiederholt«[40], ohne perturbierende Fremdheit zuzulassen. In diesem Sinne ist fraglich, wie Schüler*innen *Compassion* für den Globalen Süden, für Kriegsflüchtlinge, Hungernde, Analphabet*innen oder Ausgebeutete entwickeln sollen, wenn sie selbst in der beschriebenen imperialen Traumwelt aufwachsen. In diese Situation hinein können die Erlebnisse der Corona-Krise religionspädagogisch reflektiert werden, denn hier brechen Erfahrungen auf, die, so unterschiedlich sie auch sein mögen, dennoch einen kollektiven Kern besitzen. Es sind emotionale, leiblich-ästhetische Erfahrungen der Entbehrung, des Verlusts, der Angst und Sorge und der Erfahrung, dass plötzlich alles ganz anders sein kann: aus der Traum vom Auslandsschuljahr, von der Abiturfeier, vom Urlaub und für viele beginnt ein Albtraum von ökonomischen Ängsten, Krankheit und sozialer Isolation.

Krisenerfahrungen werden auch in der politischen Bildung als Lerngelegenheit betrachtet,[41] wenngleich nicht unumstritten ist, inwiefern diese Krisen hierdurch didaktisch funktionalisiert werden. Doch wie können diese kollektiven Erfahrungen in ein Lernsetting überführt werden und was soll hierbei (religiös) gelernt werden? Im Sinne antizipatorisch-erinnernden Lernens sollen Schüler*innen anhand ihrer Krisenerfahrungen befähigt werden, in globaler Perspektive kritisch ihre eigene Lebensweise zu reflektieren und Vorstellungen für ein gutes, gemeinsames Leben zu entwickeln. Dies setzt in

39 Metz 2000.

40 Ruster 2001, S. 8.

41 Vgl. Steffens 2010.

einem ersten Schritt voraus, dass Kinder und Jugendliche ihre eigenen Erfahrungen versprachlichen und reflektieren (Selbstexpression und -reflexion). In einem zweiten Schritt müssen Schüler*innen erkennen, dass sie mit ihren Erfahrungen nicht alleine sind (*sharing*). Gerade dieser Austausch, dieses gemeinsame Teilen ist etwas, das im *social distancing* während der Pandemie oftmals schmerzlich vermisst wird. In der gemeinsamen Reflexion werden vermutlich bereits Unterschiede deutlich, die heterogenitätssensibel in einem dritten Schritt weiter ausgeschärft werden können: Welche Erfahrungen machen alte und kranke, reiche und arme Personen? Und was bedeutet Corona für Menschen im globalen Süden? Für ältere Schüler*innen kann hierzu z.B. die kritische Auseinandersetzung mit der zitierten Kolumne hilfreich sein. Insgesamt zielt diese Reflexionsphase darauf, Kinder und Jugendliche für das Leiden anderer Menschen im globalen Norden und Süden zu sensibilisieren.

Antizipatorisch-erinnerndes Lernen zielt auf die Verschränkung von Erinnerung und Zukunft, die das Handeln im Hier und Jetzt prägt. In ähnlicher Weise ist auch krisenorientiertes Lernen in der politischen Bildung ausgerichtet. Die Krise erzwinge, »weil Ursachenforschung zu ihrer Bewältigung unerlässlich ist, die Reflexion auf den Zusammenhang von Vergangenheit und Zukunft, sie erweist historisches Bewusstsein als unerlässlich für die Durchdringung menschlicher Verhältnisse.«[42] Für religionspädagogisches Compassionlernen, das seinen Ausgang in der Corona-Krise wählt, bedeutet dies, auch den Ursachen und globalen Verstrickungen der Virusausbreitung nachzugehen. Wie das folgende Kapitel 6.6 noch ausführlicher aufzeigen wird, werden hierbei ökologische und ökonomische Zusammenhänge deutlich: Zerstörung von Biodiversität, Armut und ein unterfinanziertes Gesundheitssystem sind zentrale Faktoren, die die Krise begünstigen. Schüler*innen sollten somit erkennen, dass die Corona-Krise nicht durch eine unerklärliche Schicksalsmacht hervorgerufen, sondern durch menschliches, nicht-nachhaltiges Handeln auf globaler Ebene mitverursacht wurde. Durch diese Erkenntnis können die Schüler*innen motiviert werden, Vorstellungen für ein gutes Leben in globaler Perspektive zu entwickeln. Dazu können sie in einem ersten Schritt in Anlehnung an die aus dem indigenen Kontext des Andenraums stammende Konzeption des *buen vivir* (gutes, zufriedenes Leben)[43] für sich klären, was für sie ein gutes Leben bedeutet. Hierbei sind die Erfahrungen der Corona-Krise hilfreich: Was ist mir im Shutdown wirklich wich-

42 Steffens 2013, S. 50.
43 Vgl. Papst Franziskus 2020a, Art. 71; Acosta 2009; Becka 2011; Fatheuer 2011.

tig geworden? Was habe ich vermisst? Worauf kann ich verzichten? Was ist lebensnotwendig? In einem zweiten Schritt können die Schüler*innen diskutieren, inwiefern ihre Vorstellungen von einem guten Leben auch in globaler Perspektive für alle Menschen lebbar sind. In diese kreativ-visionäre Lernphase sind auch religiöse Vorstellungen eines guten Lebens einzubringen, wie sie insbesondere im Rahmen der Reich Gottes Botschaft Jesu entfaltet werden:[44] ein solidarisches Leben, das Arme und Marginalisierte nicht ausgrenzt, ein Leben, das in der Erinnerung an die gute Schöpfung und in der Hoffnung auf einen neuen Himmel für globale Gerechtigkeit eintritt – ein Leben, das dabei auf das erlösende Handeln Gottes vertrauen kann. Die Spannung von Gegenwart und offener Zukunft wird dabei nicht aufgehoben, aber die durch Unwissenheit und Unsicherheit entstehenden Leerstellen werden kreativ-visionär gefüllt – und tragen damit vielleicht zur Realisierung einer besseren Zukunft für alle bei.

6.6 Schöpfung, Corona und das Schuppentier

Vielleicht waren es eine Fledermaus oder ein Schuppentier, die als Zwischenwirte das Corona-Virus vom Tier zum Menschen übertrugen und damit die verheerende Pandemie auslösten. Immer wieder sind Tiere Überträger von Viren, die im Tierreich weit verbreitet sind, dort aber keine Krankheiten verursachen. Wenn jedoch das Virus auf den Menschen überspringt (Zoonose), dann kann dies für Menschen tödlich enden. Diesem Zusammenhang von Mensch, Tier und Pandemie nachzugehen, kann im Horizont einer politischen religiösen BNE fruchtbar sein. Analysiert man die Corona-Pandemie anhand der Frage nach ihrem Ursprung, dann werden mögliche Antworten schnell komplex, widersprüchlich, unklar, irritierend und konfliktiv. Denn die Antwort »Das Schuppentier war es!« ist nur eine vordergründige und zieht Folgefragen nach sich. Wieso wird ein vom Aussterben bedrohtes und geschütztes Tier überhaupt auf einem Markt verkauft? Geschieht dies, weil Menschen der magischen Heilkraft der Schuppen vertrauen oder mit dem Verzehr dieser verbotenen Delikatesse einen sozialen Distinktionsgewinn erwerben? Warum finden Tier-Mensch-Übertragungen oftmals an Orten statt, in denen viele Menschen auf engem Raum unter Teils schlechten hygienischen Bedingungen zusammenleben? Schon diese wenigen Nachfragen deu-

44 Vgl. Croasmun und Volf 2019.

ten an, auf wie vielen Ebenen Antworten zum Ursprung der Pandemie gegeben werden können: mangelnder Schutz bedrohter Tierarten, schlechte soziale und hygienische Zustände, dekadente Konsumgewohnheiten oder ein magisches Medizinverständnis. Manchmal werden auch Krankheiten von Tieren übertragen, die in Dörfer und Städte fliehen, da ihr Lebensraum vom Menschen zerstört wurde. Ebenso scheint der Verlust von Biodiversität dazu zu führen, dass sich nicht nur die überlebenden Arten ihrer Umwelt besser anpassen müssen, sondern dass die in diesen Tieren vorhandenen Viren ebenfalls enorm anpassungsfähig und damit für den Menschen gefährlich sind. Die Frage nach dem Ursprung von Pandemien ist somit nicht eindeutig zu beantworten, sie lässt sich z.B. in sozialer, ökologischer, virologischer oder kultureller Hinsicht diskutieren. Dabei ist die Pandemie jedoch »Teil eines Musters von Entscheidungen, die wir Menschen treffen.«[45] Somit kann die Frage nach dem Ursprung der Pandemie auch in theologischer Perspektive erörtert werden. Bereits die kurzen Überlegungen zeigen, dass hier das Verhältnis zwischen Mensch, Tier und Umwelt aus den Fugen geraten ist. Das christliche Schöpfungsverständnis hingegen durchzieht eine Spannung von Chaos und Ordnung: Gott fügt das Chaos zu einer sehr guten Schöpfungsordnung, die zugleich immer wieder gestört ist, auch durch das sündige Verhalten des Menschen. Christlich betrachtet ist die Corona-Pandemie in dieser Spannung zu deuten: Zum einen ist das Virus Teil einer immer wieder erfahrbaren chaotischen, zerstörerischen Welt, die auch biblisch zu Klage und Verzweiflung führt. »Die Rede von der Schöpfung ist ein Aufschrei gegen das Leid, die Verunsicherung und die Orientierungslosigkeit, eine Proklamation der unerschütterlichen Hoffnung auf Sicherheit, Stabilität und Sinn. Und damit heute aktueller denn je.«[46] Zum anderen ist die Corona-Pandemie auch Teil einer vom Menschen mitverursachten Zerstörung der Schöpfungsordnung, die Umkehr und Bewahrung der Schöpfung erfordert. Diese Spannung von Chaos und Ordnung, von zerstörerischer Kraft und menschlichem Aufbegehren, von Verzweiflung und Hoffnung, von Ohnmacht und Solidarität wird noch deutlicher, wenn der Blick nicht nur auf den Ursprung der Corona-Krise, sondern auf die medizinischen, psychologischen, sozialen, kulturellen, ökonomischen, ökologischen und auch religiösen Folgen der Pandemie gerichtet wird, die während des Schreibens dieses Buches erst in Ansätzen zu ahnen

45 So David Quammen in der New York Times, zit.n. Bethge 2020.
46 Birnbaum 2020.

sind. Vielleicht, so die Hoffnung, blicken die Menschen durch die Erfahrungen der Pandemie verändert auf die Welt und handeln in ihr nachhaltiger.

Welche Kompetenzen müssen Schüler*innen besitzen, um mit dieser äußerst komplexen Frage nach Ursprung und Folgen der Corona-Krise umgehen zu können? Dass spirituelle Ressourcen des Christentums hilfreich sein können, wurde bereits erörtert (6.4). Die folgenden Überlegungen zielen darauf, Schüler*innen zusätzlich eine theologische Perspektive auf Mensch, Tier und Welt zu eröffnen, die sie befähigen soll, sowohl die Pandemie kritisch zu reflektieren als auch für eine gute Schöpfungsordnung handelnd einzutreten. Bereits mehrfach wurde auf den fatalen Anthropozentrismus hingewiesen, zu dem auch die biblische Rezeptionsgeschichte ihren Beitrag geleistet hat. Die ökologischen Katastrophen sowie das Narrativ des Anthropozäns führen jedoch unmissverständlich vor Augen, dass eine Aufspaltung in Mensch versus Schöpfung bzw. Mensch versus Natur nicht durchträgt. Vielmehr

> »gilt es, den gegenseitigen Abhängigkeiten von Menschlichem und Nicht-Menschlichem und der gemeinsamen Geschichte, dem ko-kreatürlichen Schöpfungsprozess und dem Ko-Habitat von Mensch und Nicht-Mensch [...] Rechnung zu tragen. Das heißt, den Menschen [...] als zutiefst abhängig und in nahezu alle terrestrischen Prozesse involviert und verstrickt zu begreifen.«[47]

Das Schuppentier weist in der Corona-Pandemie nahezu symbolisch auf die Anthroporelationalität und Retinität allen Seins hin – und zugleich wird es in einer anthropozentrischen Perspektive der Corona-Krise verobjektiviert, es wird zum Objekt des Virusüberträgers.

Eine solche Mensch-Tier- bzw. Subjekt-Objekt-Dichotomie ist im Nachhaltigkeitsdiskurs grundlegend prekär. Dieser wird vielfach in der Perspektive geführt, die Ressourcen der Welt (Objekt) nachhaltig so zu gebrauchen, damit der Mensch (Subjekt) weiterhin gut leben kann. Jeglicher Selbstzweck, die Schönheit, das mannigfaltige Leben des Nicht-Menschlichen, das pure Dasein als Schuppentier tritt hinter der Objektivierung und Instrumentalisierung der Welt zurück. Doch Nachhaltigkeit aus theologischer Perspektive nimmt die Schöpfung als ganze in den Blick, in die der Mensch unlösbar vernetzt und verstrickt ist.

Das (Schuppen-)Tier wird hierbei theologisch und religionspädagogisch zum Ausgangspunkt, um über eine anthroporelationale Deutung der Schöp-

47 Enxing 2020, S. 26.

fung nachzudenken, die sich einer Subjekt-Objekt-Dichotomie zu widersetzen versucht. Religionsdidaktisch eröffnet dies die Chance, an der Lebenswelt der Schüler*innen anzusetzen, in der vielfach Tiere eine besondere emotionale Bedeutung besitzen. Dabei entziehen sich insbesondere einige Haustiere auf der Ebene »anekdotenhaften Wissens«[48] von Schüler*innen der skizzierten Subjekt-Objekt-Trennung. Haustiere sind oftmals Teil des Familiensystems mit einer ganz eigenen Art der sozialen Interaktion und Teilhabe. Doch warum kommt anderen Haustieren wie Schweinen oder Rindern nicht ein ähnlicher Status zu? Warum wird der Hamster betrauert und das Huhn gegessen? Ausgehend von dieser Spannung lassen sich weitere Felder aus der Alltagswelt der Schüler*innen aufzeigen, die die Objektivierung von Tier und Natur in Frage stellen. Auch kann auf Bauernhöfen, in Tierheimen oder im Zoo den ambivalenten Beziehungen von Mensch, Tier und Natur erfahrungsorientiert nachgegangen werden, wobei die anthropozentrischen Kategorien verflüssigt werden.

In diese Spannungen und Erfahrungen hinein christliche Schöpfungstheologie kontrastiv oder inspirierend didaktisch einzuspeisen, ist nicht unproblematisch. Denn ein solches Lernsetting basiert auf dem Glauben an eine gute Schöpfungsordnung. Gerade durch den Wahrheitsanspruch dieser religiösen Überzeugung entfaltet der Schöpfungsglaube sein kritisch-kreatives Potenzial, indem Menschen Hoffnung und Kraft finden, im Sinne einer *creatio continua* zu kämpfen. Dabei ist jedoch dieser Wahrheitsanspruch selbst ideologieanfällig, wie die Geschichte des Christentums immer wieder verdeutlicht. So ist auch die »Verkürzung des biblischen Glaubens auf die Beziehung von Gott und Mensch, mithin seine umfassende Enttierlichung, [...] aus heutiger Sicht mit guten Gründen auch als eine Verlustgeschichte zu lesen«[49]. So muss eine religionsdidaktische Erkundung biblischer Texte immer wieder die anthropozentrische Verkürzung der biblischen Rezeptionsgeschichte kritisch aufsprengen und das Verhältnis von Mensch (Subjekt) als Herrscher über die Schöpfung (Objekt) ideologiekritisch hinterfragen. Dabei können die Schüler*innen entdecken, dass die zentrale biblische Unterscheidung nicht Mensch und Welt bzw. Mensch und Tier, sondern Gott und Schöpfung ist

48 Hierunter fassen Horstmann & Hagencord »ein erzählendes, erlebnishaft geschildertes Erfahrungswissen, das der Art und Weise gerecht wird, wie Menschen auf die Frage nach ihrer Beziehung zu Tieren antworten und reagieren.« (Horstmann und Hagencord 2018, S. 293). Der Begriff folgt dem englischen *anecdote knowledge*. (Vgl. Bates und Byrne 2007; Rollin 1997.)

49 Horstmann und Hagencord 2018, S. 295.

(Kap. 4.4). Daher gipfelt die Schöpfung nicht im Menschen, sondern in der Heiligung des Sabbats. Diese Beziehung der gesamten Schöpfungsordnung auf Gott hin wird besonders in den Psalmen deutlich: Gott ist Adressat und Gegenüber für Schöpfungslob und Klage, zu ihm wird gefleht, er verzeiht, ihm wird geklagt, er spendet Hoffnung und Trost, ihm wird Dank und Lob dargebracht. Diese Ausrichtung wird auch im Sonnengesang des Hl. Franziskus aufgegriffen. Hier werden die Gestirne, das Wetter, die Elemente und die Erde mit allem, was auf ihr lebt und wächst, als Geschwister bezeichnet, eine Metapher, die die Retinität allen Seins ebenso beschreibt wie die Relationalität menschlichen Lebens. Sonnengesang oder Schuppentier – beide können paradigmatisch für ein Verständnis von Mensch, Tier und Welt stehen, deren Kontrast kaum größer sein könnte.

Diese unterschiedlichen Blickrichtungen auf Mensch, Tier, Welt und Gott können Schüler*innen befähigen, den gegenwärtigen Umgang mit der Schöpfung kritisch zu beurteilen und eigene Visionen zu entwickeln. In diesem Sinne können Schüler*innen in einem abschließenden handlungsorientierten Schritt schöpfungstheologisch perturbierte oder inspirierte Visionen für eine Welt entwerfen, die aus den chaotischen, zerstörerischen Corona-Gewalten gelernt hat. Denn »visionäre Schöpfungstheologie stärkt den Impuls zum Widerstehen und zum Eingreifen, indem sie darauf insistiert, dass es eine bessere Alternative zum Bestehenden gibt.«[50] Doch dieses Insistieren, diese bessere Alternative muss sich ebenfalls auf ihre eigenen ideologischen Verstrickungen hin befragen lassen. Denn der Grat zwischen besserer und bester Alternative sowie alternativlos ist relativ schmal und läuft auf das in Kap. 5.8 aufgewiesene Spannungsfeld zwischen Wahrheitsanspruch und Ideologieverdacht zu. Dieses erstreckt sich sowohl auf religiöse Wahrheitsansprüche als auch auf Visionen und Utopien der Heranwachsenden. Beide können verabsolutiert werden, selber zu Ideologien werden, die andere Visionen unterdrücken und neue Formen von Macht und Exklusionen etablieren. Im Bereich von Tierschutz wird dies z.B. bei der Tierrechtsorganisation Peta deutlich, die durch Vergleiche von Massentierhaltung mit dem Holocaust die Gräueltaten der Nazis relativiert, die mit sexistischen Plakaten provoziert oder mit »Tierkreuzzügen« am Gründonnerstag das Tierleid mit der Passion Jesu in Verbindung bringt. Die schöpfungstheologisch motivierte Anregung, im Rahmen von politischer religiöser BNE »Kinder und Jugendliche nach ihren Visionen und Träumen [zu] fragen: Wie sieht die Welt aus, die ihr euch

50 Benk 2016, S. 257.

wünscht und erhofft?«[51], ist daher nicht so folgenlos und konfliktfrei, wie sie auf den ersten Blick erscheint. Vielleicht bietet sie daher auch Antworten auf die eingangs zitierte Frage der Fridays for Future-Demonstrant*innen: »Warum heute zur Schule gehen, wenn ich morgen keine Welt mehr habe?«

51 Benk 2016, S. 254.

Literaturverzeichnis

Acosta, Alberto (2009): Das »Buen Vivir«. Die Schaffung einer Utopie. In: Juridikum (4), S. 219-223.

Albert, Mathias; Hurrelmann, Klaus; Quenzel, Gudrun (2019): Jugend 2019. Eine Generation meldet sich zu Wort. Weinheim, Basel: Beltz Juventa.

Altmeyer, Stefan (2015): Anerkennen und Bilden: Zwei komplementäre religionspädagogische Grundaufgaben. In: Religionspädagogische Beiträge 73, S. 46-56.

Altner, Günter (Hg.) (1989): Ökologische Theologie. Perspektiven zur Orientierung. Stuttgart: Kreuz-Verlag.

Appel, Anja (2010): Die Genderbilanz des Klimadiskurses. Von der Schieflage einer Debatte. In: Kurswechsel (2), S. 52-62. Online verfügbar unter www.kurswechsel.at, zuletzt geprüft am 24.02.2020.

Assig, Hubertus (1972): Glück und Heil. Plädoyer für den Vorrang der Ästhetik in der Ethik. In: Hubertus Assig (Hg.): Politische Katechese. Theologische und didaktische Skizzen. München: Pfeiffer, S. 172-185.

Balzer, Nicole; Ricken, Norbert (2010): Anerkennung als pädagogisches Problem. Markierungen im erziehungswissenschaftlichen Diskurs. In: Christiane Thompson und Alfred Schäfer (Hgg.): Anerkennung. Paderborn: Verlag Ferdinand Schöningh, S. 35-87.

Bates, Lucy A.; Byrne, Richard W. (2007): Creative or created: using anecdotes to investigate animal cognition. In: Methods (San Diego, Calif.) 42 (1), S. 12-21. Online verfügbar unter DOI: 10.1016/j.ymeth.2006.11.006, zuletzt geprüft am 05.05.2020.

Bauer, Christian (2003): Kritik der Pastoraltheologie: Nicht-Orte und Anders-Räume nach Michel Foucault und Michel des Certeau. In: Christian Bauer und Michael Hölzl (Hgg.): Gottes und des Menschen Tod? Die Theologie vor der Herausforderung Michel Foucaults. Mainz: Matthias-Grünewald-Verlag, S. 181-216.

Bauer, Christian (2016): Christliche Zeitgenossenschaft? In: International Journal of Practical Theology 20 (1), S. 4-25. Online verfügbar unter DOI: 10.1515/ijpt-2014-0050, zuletzt geprüft am 05.05.2020.

Bauman, Zygmunt (2016): Flüchtige Moderne. Deutsche Erstausgabe. 7. Auflage. Frankfurt a.M.: Suhrkamp.

Becka, Michelle (2011): »Gut leben« und das »gute Leben«. Ein Konzept aus der Andenregion als Anstoß für eine interkulturelle ethische Reflexion. In: Markus Demele, Michael Hartlieb und Anna Noweck (Hgg.): Ethik der Entwicklung. Sozialethische Perspektiven in Theorie und Praxis. Münster: Aschendorff, S. 101-118.

Bederna, Katrin (2019): Every Day for Future. Theologische und religiöse Bildung für nachhaltige Entwicklung. Ostfildern: Matthias Grünewald Verlag.

Bederna, Katrin; Gärtner, Claudia (2020): Wo bleibt Gott, wenn die Wälder brennen? Welche Fragen die Klimakrise der akademischen Theologie aufgibt. In: Herder Korrespondenz (3), S. 27-29.

Bell, Derek R. (2004): Creating Green Citizens? Political Liberalism and Environmental Education. In: Journal of Philosophy of Education 38 (1), S. 37-54. Online verfügbar unter DOI: 10.1111/j.0309-8249.2004.00362.x, zuletzt geprüft am 05.05.2020.

Benk, Andreas (2016): Schöpfung – eine Vision von Gerechtigkeit. Was niemals war, doch möglich ist. Ostfildern Ruit: Matthias Grünewald Verlag.

Bernet-Strahm, Toni (2020): Zehn Anmerkungen zur gegenwärtigen Pandemie. In: www.feinschwarz.net. Theologisches Feuilleton. Online verfügbar unter https://www.feinschwarz.net/anmerkungen-zur-pandemie/, zuletzt geprüft am 02.04.2020.

Bernhard, Armin; Rothermel, Lutz; Rühle, Manuel (2018): Einleitung. In: Armin Bernhard, Lutz Rothermel und Manuel Rühle (Hgg.): Handbuch kritische Pädagogik. Eine Einführung in die Erziehungs- und Bildungswissenschaft. Neuausgabe. Weinheim: Beltz, S. 11-23.

Besand, Anja (2019): Hoffnung und Ihre Losigkeit. Politische Bildung im Zeitalter der Illusionskrise. In: Anja Besand, Bernd Overwien und Peter Zorn (Hgg.): Politische Bildung mit Gefühl. Bonn: Bundeszentrale für politische Bildung, S. 173-187.

Besand, Anja; Overwien, Bernd; Zorn, Peter (Hgg.) (2019): Politische Bildung mit Gefühl. Bonn: Bundeszentrale für politische Bildung.

Bethge, Philip (2020): Coronakrise: Der Mensch ist schuld an Covid-19. In: DER SPIEGEL. Online verfügbar unter https://www.spiegel.de/

wissenschaft/natur/pandemien-und-ihre-ursachen-so-zuechtet-der-mensch-ungewollt-neue-seuchen-a-00000000-0002-0001-0000-000170323296, zuletzt geprüft am 28.04.2020.

Biebricher, Thomas (2012): Neoliberalismus zur Einführung. Hamburg: Junius.

Birke, Jonas; Bub, Frederik; Lindau, Anne-Kathrin; Keil, Andreas (2020): BNE in der Lehrkräftebildung Umfragen in Nordrhein-Westfalen und Sachsen-Anhalt. In: Andreas Keil, Miriam Kuckuck und Mira Faßbender (Hgg.): BNE-Strukturen gemeinsam gestalten. Fachdidaktische Perspektiven und Forschungen zu Bildung für nachhaltige Entwicklung in der Lehrkräftebildung. Münster, New York: Waxmann, S. 185-201.

Birkel, Simone (2002): Zukunft wagen – ökologisch handeln. Grundlagen und Leitbilder kirchlich-ökologischer Bildung im Kontext nachhaltiger Entwicklung. Münster: Lit.

Birnbaum, Elisabeth (2020): Schöpfung in der Bibel – ein Aufschrei gegen das Leid. In: feinschwarz.net. Theologisches Feuilleton. Online verfügbar unter https://www.feinschwarz.net/schoepfung-in-der-bibel-ein-aufschrei-gegen-das-leid/, zuletzt geprüft am 02.04.2020.

Blühdorn, Ingolfur (2019a): Demokratie der Nicht-Nachhaltigkeit. Begehung eines umweltsoziologischen Minenfeldes. In: Ingolfur Blühdorn, Felix Butzlaff, Michael Deflorian, Daniel Hausknost und Mirijam Mock (Hgg.): Nachhaltige Nicht-Nachhaltigkeit. Warum die ökologische Transformation der Gesellschaft nicht stattfindet. Bielefeld: transcript, S. 287-326.

Blühdorn, Ingolfur (2019b): Die Gesellschaft der Nicht-Nachhaltigkeit. Skizze einer umweltsoziologischen Gegenwartsdiagnose. In: Ingolfur Blühdorn, Felix Butzlaff, Michael Deflorian, Daniel Hausknost und Mirijam Mock (Hgg.): Nachhaltige Nicht-Nachhaltigkeit. Warum die ökologische Transformation der Gesellschaft nicht stattfindet. Bielefeld: transcript, S. 65-142.

Blühdorn, Ingolfur (2019c): Haben wir es gewollt? Vorüberlegung. In: Ingolfur Blühdorn, Felix Butzlaff, Michael Deflorian, Daniel Hausknost und Mirijam Mock (Hgg.): Nachhaltige Nicht-Nachhaltigkeit. Warum die ökologische Transformation der Gesellschaft nicht stattfindet. Bielefeld: transcript, S. 13-28.

Blühdorn, Ingolfur (2019d): Kein gutes Leben für Alle! Annäherung an einen Paradigmenwechsel. In: Ingolfur Blühdorn, Felix Butzlaff, Michael Deflorian, Daniel Hausknost und Mirijam Mock (Hgg.): Nachhaltige Nicht-

Nachhaltigkeit. Warum die ökologische Transformation der Gesellschaft nicht stattfindet. Bielefeld: transcript, S. 29-64.

Blühdorn, Ingolfur (2020): Nachhaltige Nicht-Nachhaltigkeit. Umweltsoziologische Überlegungen im Zeichen des Virus. Online verfügbar unter https://www.soziopolis.de/beobachten/gesellschaft/artikel/nachhaltige-nicht-nachhaltigkeit/, zuletzt geprüft am 20.05.2020.

Blühdorn, Ingolfur; Butzlaff, Felix; Deflorian, Michael; Hausknost, Daniel; Mock, Mirijam (Hgg.) (2019): Nachhaltige Nicht-Nachhaltigkeit. Warum die ökologische Transformation der Gesellschaft nicht stattfindet. Bielefeld: transcript.

Blühdorn, Ingolfur; Kalke, Karoline (2020): Entgrenzte Freiheit. Über Mündigkeit und die Agenda der Selbstbegrenzung. In: Soziopolis. Gesellschaft beobachten. Online verfügbar unter https://soziopolis.de/beobachten/gesellschaft/artikel/entgrenzte-freiheit/#_ftnref26, zuletzt geprüft am 05.05.2020.

Böckenförde, Ernst-Wolfgang (1991): Die Entstehung des Staates als Vorgang der Säkularisation. In: Ernst-Wolfgang Böckenförde (Hg.): Recht, Staat, Freiheit. Studien zur Rechtsphilosophie, Staatstheorie und Verfassungsgeschichte. Frankfurt a.M.: Suhrkamp, S. 92-114.

Boeve-de Pauw, Jelle; van Petegem, Peter (2011): The effect of Flemish eco-schools on student environmental knowledge, attitudes, and affect. In: International Journal of Science Education 33(11), 1513-1538.

Boschki, Reinhold (2003): Was heißt Subjektorientierung einer dem Gedenken verpflichteten Religionspädagogik? In: Zeitschrift für Pädagogik und Theologie 55 (4), S. 327-338.

Boschki, Reinhold (2005): Bedingungen und Möglichkeiten einer anamnetischen Kultur in Europa: individuelle, gesellschaftliche und religionspädagogische Aspekte des Gedenkens. In: Religionspädagogische Beiträge 55, S. 99-112.

Bourdieu, Pierre (1993): Sozialer Sinn. Kritik der theoretischen Vernunft. Frankfurt a.M.: Suhrkamp.

Brand, Ulrich; Wissen, Markus (2017): Imperiale Lebensweise. Zur Ausbeutung von Mensch und Natur in Zeiten des globalen Kapitalismus. München: oekom verlag.

Breßler, Julia; Kappler, Susann (2017): Bildung für nachhaltige Entwicklung – eine Metaanalyse unter didaktischen Gesichtspunkten. Online verfügbar unter https://www.tu-chemnitz.de/wirtschaft/bwl9/publikationen/lehrstuhlpapiere/WP_Bressler_Bildung %20f %C3 %BCr %20nachhaltige %20

Entwicklung %20 %E2 %80 %93 %20eine %20Metaanalyse %20unter %20 didaktischen %20Gesichtspunkten.pdf, zuletzt geprüft am 10.02.2020.

Bröckling, Ulrich (2016): Das unternehmerische Selbst. Soziologie einer Subjektivierungsform. 6. Auflage. Frankfurt a.M.: Suhrkamp.

Bucher, Rainer (2012): Die Ordensgemeinschaften in der aktuellen Transformationskrise der katholischen Kirche. In: Ordensnachrichten 51 (6), S. 17-32.

Bucher, Rainer (2019): Christentum im Kapitalismus. Wider die gewinnorientierte Verwaltung der Welt. Würzburg: Echter.

Büker, Markus (2016): Fasten ist Umkehr – politische Impulse für Kirche und Welt. In: Katechetische Blätter 141 (1), S. 7-11.

Bundesministerium für Umwelt, Naturschutz, Bau und Reaktorsicherheit (BMUB) (2017): Umweltbewusstsein in Deutschland 2016 – Ergebnisse einer repräsentativen Bevölkerungsumfrage. Berlin: BMUB-Publikation.

Bundesministerium für Umwelt, Naturschutz und nukleare Sicherheit (BMU) (2018): Zukunft? Jugend fragen! Nachhaltigkeit, Politik, Engagement – eine Studie zu Einstellungen und Alltag junger Menschen. Berlin: BMU-Publikation.

Bundesministerium für wirtschaftliche Zusammenarbeit und Entwicklung (BMZ); Kultusminister Konferenz (KMK) (2016): Orientierungsrahmen für den Lernbereich globale Entwicklung im Rahmen einer Bildung für nachhaltige Entwicklung. 2. erweiterte, aktualisierte Auflage. Bonn, Berlin: Cornelsen.

Bundesministerium für wirtschaftliche Zusammenarbeit und Entwicklung (BMZ); Kultusminister Konferenz (KMK) (2017): Orientierungsrahmen für den Lernbereich Globale Entwicklung. Kurzfassung. Bonn, Berlin: Cornelsen.

Bundesministerium für wirtschaftliche Zusammenarbeit und Entwicklung (BMZ) (Hg.) (2016): Religionen und nachhaltige Entwicklung. Partner für den Wandel. Bonn, Berlin: Edition BMZ.

Bünger, Carsten (2013): Was heißt kritische politische Bildung heute? Zum Problem der Kritik. In: Benedikt Widmaier und Bernd Overwien (Hgg.): Was heißt heute kritische politische Bildung? Schwalbach/Ts.: Wochenschau Wissenschaft, S. 51-68.

Bünger, Carsten (2020): Von der Kritik der Bildung und der Möglichkeit der Emanzipation: Kritische Bildungstheorie weiter erzählen. In: Claudia Gärtner und Jan-Hendrik Herbst (Hgg.): Kritisch-emanzipatorische Religionspädagogik. Diskurse zwischen Theologie, Pädagogik und Politischer Bildung. Wiesbaden: Springer, S. 341-360.

Burghardt, Daniel; Dziabel, Nadine; Höhne, Thomas; Dederich, Markus; Lohwasser, Diana; Stöhr, Robert; Zirfas, Jörg (2017): Vulnerabilität. Pädagogische Herausforderungen. Stuttgart: Kohlhammer.

Butzlaff, Felix (2019): Der Verlust des Gestaltungsanspruchs. Über Parteien als programmatische Avantgarde einer gesellschaftlichen Transformation. In: Ingolfur Blühdorn, Felix Butzlaff, Michael Deflorian, Daniel Hausknost und Mirijam Mock (Hgg.): Nachhaltige Nicht-Nachhaltigkeit. Warum die ökologische Transformation der Gesellschaft nicht stattfindet. Bielefeld: transcript, S. 173-204.

Croasmun, Matthew; Volf, Miroslav (2019): Für das Leben der Welt. Ein Manifest zur Erneuerung der Theologie. Münster: Aschendorff.

Crouch, Colin (2017): Postdemokratie. 13. Auflage. Frankfurt a.M.: Suhrkamp.

Crutzen, Paul J. (2006): The »Anthropocene«. In: Eckart Ehlers und Thomas Krafft (Hgg.): Earth system science in the anthropocene. Berlin: Springer, S. 13-18.

Danielzik, Chandra-Milena (2013): Überlegenheitsdenken fällt nicht vom Himmel. Postkoloniale Perspektiven auf Globales Lernen und Bildung für nachhaltige Entwicklung. In: Zeitschrift für internationale Bildungsforschung und Entwicklungspädagogik 36 (1), S. 26-33.

Däuble, Helmut (2020): Wohlstandsgesellschaft und das Virus: Aufwachen, Kinder! In: taz. Online verfügbar unter https://taz.de/Wohlstands gesellschaft-und-das-Virus/!5674092/, zuletzt geprüft am 08.05.2020.

Dauvergne, Peter (2016): Environmentalism of the rich. Cambridge, Massachusetts: The MIT Press.

Decker, Frank (2018): Wahlergebnisse und Wählerschaft der GRÜNEN. Parteien in Deutschland. Berlin: bpb. Bundeszentrale für politische Bildung. Online verfügbar unter https://www.bpb.de/politik/grundfragen /parteien-in-deutschland/gruene/42159/wahlergebnisse-und-waehler schaft, zuletzt geprüft am 08.05.2020.

Deeg, Janosch (2020): Plastik reduzieren – Klima schützen? In: Frankfurter Allgemeine Zeitung. Online verfügbar unter https://www.faz.net/aktuell/ wissen/erde-klima/plastik-reduzieren-klima-schuetzen-16575725.html, zuletzt geprüft am 29.04.2020.

Deflorian, Michael (2019): Transformative Bewegungen? Nischenaktivismus zwischen Management und Überwindung der sozial-ökologischen Krise. In: Ingolfur Blühdorn, Felix Butzlaff, Michael Deflorian, Daniel Hausknost und Mirijam Mock (Hgg.): Nachhaltige Nicht-Nachhaltigkeit. Warum die ökologische Transformation der Gesellschaft nicht stattfindet. Bielefeld: transcript, S. 205-226.

Degenhardt, Lars (2002): Nachhaltige Entwicklung und Lebensstile. Rekonstruktion von Einflussfaktoren für die Ausbildung nachhaltiger Handlungsweisen. In: Dietmar Bolscho und Gerd Michelsen (Hgg.): Umweltbewusstsein unter dem Leitbild Nachhaltige Entwicklung. Ergebnisse empirischer Untersuchungen und pädagogische Konsequenzen. Wiesbaden: VS Verlag für Sozialwissenschaften, S. 13-45.

Demirović, Alex (2013): Multiple Krise, autoritäre Demokratie und radikaldemokratische Erneuerung. In: PROKLA 43 (171), S. 193-215. Online verfügbar unter DOI: 10.32387/prokla.v43i171.266, zuletzt geprüft am 05.05.2020.

Diekmann, Andreas; Preisendörfer, Peter (2019): Umweltverantwortliches Handeln zwischen Eigennutz und Altruismus. In: Katechetische Blätter 144 (2), S. 182-186.

Doris, John M. (2015): Talking to ourselves. Reflection, ignorance, and agency. Oxford: Oxford Univ. Press.

Doris, John M. (2018a): Making Do Without (Reflection): A (Very Partial) Response to Arpaly, Tiberius, and Kane. In: Philosophy and Phenomenological Research 97 (3), S. 771-790. Online verfügbar unter DOI: 10.1111/phpr.12546, zuletzt geprüft am 05.05.2020.

Doris, John M. (2018b): Précis of Talking to Our Selves. In: Philosophy and Phenomenological Research 97 (3), S. 751-752. Online verfügbar unter DOI: 10.1111/phpr.12545, zuletzt geprüft am 05.05.2020.

Dressler, Bernhard (2018): Bildungsprozesse im Wechsel der Perspektiven von Teilnahme und Beobachtung. In: Ralf Laging und Peter Kuhn (Hgg.): Bildungstheorie und Sportdidaktik. Ein Diskurs zwischen kategorialer und transformatorischer Bildung. Wiesbaden: Springer, S. 293-315.

Dube, Juliane; Hußmann, Stephan; Gärtner, Claudia; Ralle, Bernd; Thiele, Jörg (2019): Der Weg zur Handlungsbefähigung. Ein Fachdidaktiken übergreifendes Strukturmodell zur Schaffung von Sinn-Angeboten. In: Bernd Ralle und Jörg Thiele (Hgg.): Sinnstiftende Lehr-Lernprozesse initiieren. Zur Rolle von Kontexten in der Fachdidaktik. Münster, New York: Waxmann, S. 17-35.

Eagleton, Terry (2016): Hoffnungsvoll, aber nicht optimistisch. Berlin: Ullstein.

Eckert, Gregor (2014): Weiter so? Zum Verständnis von Geschichte und Zukunft in Peter Eulers Aktualisierung kritischer Bildungstheorie. In: Harald Bierbaum, Carsten Bünger, Yvonne Kehren und Ulla Klingovsky (Hgg.): Kritik, Bildung, Forschung. Pädagogische Orientierungen in widersprüchlichen Verhältnissen. Opladen, Berlin, Toronto: Verlag Barbara Budrich, S. 237-249.

Eis, Andreas (2016): Vom Beutelsbacher Konsens zur »Frankfurter Erklärung: für eine kritisch-emanzipatorische Politische Bildung«? In: Benedikt Widmaier und Peter Zorn (Hgg.): Brauchen wir den Beutelsbacher Konsens? Eine Debatte der politischen Bildung. Bonn: Bundeszentrale für politische Bildung, S. 131-139.

Encke, Julia (2020): Warum wir gerade lieber Drosten als Sloterdijk hören. In: Frankfurter Allgemeine Zeitung. Online verfügbar unter https://www.faz.net/aktuell/feuilleton/debatten/corona-theorien-warum-wir-lieber-drosten-als-sloterdijk-hoeren-16741391.html?printPagedArticle=true#pageIndex_2, zuletzt geprüft am 01.05.2020.

Engel, Ulrich (2013a): Das Andere in der alltäglichen Ordnung ansichtig machen: Zur Pastoral der Orden in einer säkularen/religionsaffinen Welt. In: Ordenskorrespondenz 54 (1), S. 83-86.

Engel, Ulrich (2013b): Jetztzeit der Orden: Plädoyer für eine »Vita consecrata situalis« unter postmodernen Bedingungen. In: Ordenskorrespondenz 54 (3), S. 339-352.

Engel, Ulrich (2017): Politische Theologie »nach« der Postmoderne. Geistergespräche mit Derrida &. Co. 2. Auflage. Ostfildern: Matthias Grünewald Verlag.

Englert, Rudolf (2002): Religiöses Lernen und sein Beitrag zu einer umfassenden Bildung. In: Kontexte (2), S. 3-9.

Englert, Rudolf (2018): Was wird aus Religion? Beobachtungen, Analysen und Fallgeschichten zu einer irritierenden Transformation. Ostfildern: Matthias Grünewald Verlag.

Englert, Rudolf (2020): Geht Religion auch ohne Theologie? Freiburg, Basel, Wien: Herder.

Englert, Rudolf; Tzscheetzsch, Werner (2008): Aufgaben religiöser Bildung. In: Winfried Böhm, Ursula Frost, Lutz Koch, Volker Ladenthin und Gerhard Mertens (Hgg.): Handbuch der Erziehungswissenschaft. Paderborn: Verlag Ferdinand Schöningh, S. 811-834.

Entzian, Annett (2015): Denn sie tun nicht, was sie wissen. Eine Studie zu ökologischem Bewusstsein und Handeln. München: oekom verlag.

Enxing, Julia (2020): Und Gott schuf den Erdling. Plädoyer für eine neue Anthropologie, die die nichtmenschliche Schöpfung mitdenkt. In: Herder Korrespondenz 74 (3), S. 24-26.

Ernst, Andreas (2010): Individuelles Umweltverhalten – Problem, Chancen, Vielfalt. In: Harald Welzer, Hans-Georg Soeffner und Dana Giesecke (Hgg.): KlimaKulturen. Soziale Wirklichkeiten im Klimawandel. Frankfurt: Campus Verlag, 128-143.

Euler, Peter (1999): Technologie und Urteilskraft. Zur Neufassung des Bildungsbegriffs. Weinheim: Dt. Studien-Verlag.

Euler, Peter (2014): Nachhaltigkeit und Bildung. Plädoyer für ein sachhaltiges Verstehen herrschender Widersprüche. In: Umweltdachverband GmbH (Hg.): Krisen- und Transformationsszenarios. Frühkindpädagogik, Resilienz & Weltaktionsprogramm. Wien: Forum Umweltbildung, S. 167-174.

Evangelische Kirche in Deutschland (EKD) (2009): Umkehr zum Leben. Nachhaltige Entwicklung im Zeichen des Klimawandels. Eine Denkschrift des Rates der Evangelischen Kirche in Deutschland. Hannover, Gütersloh: Gütersloher Verlag. Online verfügbar unter www.ekd.de/download/klimawandel.pdf, zuletzt geprüft am 05.05.2020.

Evangelische Kirche in Deutschland (EKD) (2018): »Geliehen ist der Stern, auf dem wir leben«. Die Agenda 2030 als Herausforderung für die Kirche. Ein Impulspapier der Kammer der EKD für nachhaltige Entwicklung. Hannover. Online verfügbar unter https://www.ekd.de/ekd-text-130-agenda-2030-als-herausforderung-der-kirchen-37351.htm, zuletzt geprüft am 05.05.2020.

Evangelische Kirche in Deutschland (EKD) (2019): Nachhaltig durch das Kirchenjahr. Materialien für Andachten und Gottesdienste zu den Nachhaltigkeitszielen der Agenda 2030. Hannover. Online verfügbar unter https://www.ekd.de/nachhaltig-durch-das-kirchenjahr-47816.htm, zuletzt geprüft am 05.05.2020.

Eversberg, Dennis (2015): Erste Ergebnisse der Teilnehmendenbefragung zur Degrowth-Konferenz 2014 in Leipzig – ein Überblick über Zusammensetzung, Engagement und Alltagspraktiken der Befragten. Jena. Online verfügbar unter http://nbn-resolving.de/urn:nbn:de:101:1-201506173391, zuletzt geprüft am 05.05.2020.

Eversberg, Dennis; Schmelzer, Matthias (2016): Über die Selbstproblematisierung zur Kapitalismuskritik. Vier Thesen zur entstehenden Degrowth-Bewegung. In: Forschungsjournal Soziale Bewegungen 32 (1), S. 9-16.

Fatheuer, Thomas (2011): Buen vivir. Eine kurze Einführung in Lateinamerikas neue Konzepte zum guten Leben und zu den Rechten der Natur. Berlin: Heinrich-Böll-Stiftung. Online verfügbar unter www.boell.de/downloads/Endf_Buen_Vivir.pdf, zuletzt geprüft am 05.05.2020.

Flanders, Laura (2013): At Thatcher's Funeral, Bury TINA. In: The Nation. Online verfügbar unter https://www.thenation.com/article/archive/thatchers-funeral-bury-tina-too/, zuletzt geprüft am 05.05.2020.

Frankfurter Allgemeine Zeitung (2019): Merkel verteidigt Klimapaket: »Politik ist das, was möglich ist«. Online verfügbar unter https://www.faz.net/aktuell/wirtschaft/nach-klima-strategie-einigung-merkel-verteidigt-klimapaket-16393990-p2.html, zuletzt geprüft am 28.04.2020.

Frankfurter Erklärung (2015): Für eine kritisch-emanzipatorische Politische Bildung. Online verfügbar unter https://akg-online.org/sites/default/files/frankfurter_erklaerung.pdf, zuletzt geprüft am 20.05.2020.

Fricke, Michael; Kuld, Lothar; Sliwka, Anne (Hgg.) (2018): Konzepte sozialer Bildung an der Schule. Compassion – Diakonisches Lernen – Service Learning. Münster, New York: Waxmann.

Fuchs, Monika Eva (2010): Bioethische Urteilsbildung im Religionsunterricht. Theoretische Reflexion – empirische Rekonstruktion. Göttingen: V & R Unipress.

Gabriel, Markus (2020): Corona-Krise. Die Schwächen des Systems. Online verfügbar unter https://www.general-anzeiger-bonn.de/news/kultur-und-medien/die-schwaechen-des-systems_aid-49676869, zuletzt geprüft am 28.04.2020.

Gagel, Walter (1994): Untiefen der Katastrophendidaktik. Von der Ambivalenz des Begriffs »Schlüsselprobleme«. In: Politische Bildung. Beiträge zur wissenschaftlichen Grundlegung und zur Unterrichtspraxis 27 (2), S. 44-57.

Gagel, Walter (2005): Geschichte der politischen Bildung in der Bundesrepublik Deutschland 1945-1989/90. 3., überarbeitete, erweiterte Auflage. Wiesbaden: VS Verlag für Sozialwissenschaften.

Gärtner, Claudia (2013): Ästhetisches Lernen – ein Beitrag zu entpolitisierendem religiösen Lernen? In: Judith Könemann und Norbert Mette (Hgg.): Bildung und Gerechtigkeit. Warum religiöse Bildung politisch sein muss. Ostfildern: Matthias Grünewald Verlag, S. 135-149.

Gärtner, Claudia (2015): Religionsunterricht – ein Auslaufmodell? Begründungen und Grundlagen religiöser Bildung in der Schule. Paderborn: Verlag Ferdinand Schöningh.

Gärtner, Claudia (2018): Auf der Suche nach Fachlichkeit und Relevanz. Religionsdidaktik zwischen Theologizität und lebensweltlicher Kontextorientierung. In: theo-web 17 (2), S. 215-229. Online verfügbar unter https://doi.org/10.23770/tw0073, zuletzt geprüft am 03.06.2020.

Gärtner, Claudia (2020): Ganz schön politisch: Ästhetisch orientierter Religionsunterricht. In: Claudia Gärtner und Jan-Hendrik Herbst (Hgg.): Kritisch-emanzipatorische Religionspädagogik. Diskurse zwischen Theologie, Pädagogik und Politischer Bildung. Wiesbaden: Springer, S. 499-517.

Gärtner, Claudia; Herbst, Jan-Hendrik (Hgg.) (2020a): Kritisch-emanzipatorische Religionspädagogik. Diskurse zwischen Theologie, Pädagogik und Politischer Bildung. Wiesbaden: Springer.

Gärtner, Claudia; Herbst, Jan-Hendrik (2020b): Kritisch-emanzipatorische Religionspädagogik: Offene Fragen und programmatischer Ausblick. In: Claudia Gärtner und Jan-Hendrik Herbst (Hgg.): Kritisch-emanzipatorische Religionspädagogik. Diskurse zwischen Theologie, Pädagogik und Politischer Bildung. Wiesbaden: Springer, S. 633-649.

Gärtner, Claudia; Herbst, Jan-Hendrik (2020c): Kritisch-emanzipatorische Religionspädagogik: Rückblick und Zusammenfassung. In: Claudia Gärtner und Jan-Hendrik Herbst (Hgg.): Kritisch-emanzipatorische Religionspädagogik. Diskurse zwischen Theologie, Pädagogik und Politischer Bildung. Wiesbaden: Springer, S. 613-632.

Gärtner, Stefan (2004): »Was kann denn heut' noch Sünde sein?«. Lebensweltliche Beobachtungen und praktisch-theologische Überlegungen zu einem unverständlichen Thema. In: Theologie und Glaube 94 (1), S. 45-58.

Gehlen, Arnold (1986): Moral und Hypermoral. Eine pluralistische Ethik. 5. Auflage. Wiesbaden: Athenaion, 1981.

Geitzhaus, Philipp; Ramminger, Michael (Hgg.) (2018): Gott in Zeit. Zur Kritik der postpolitischen Theologie. Münster: Edition ITP-Kompass.

Glaab, Katharina; Fuchs, Doris (2018): Green Faith? The Role of Faith-Based Actors in Global Sustainable Development Discourse. In: Evironmental values 27, S. 289-312.

Glaab, Katharina; Fuchs, Doris; Friedrich, Johannes (2019): Religious NGOs at the UNFCCC. A specific contribution to global climate politics? In: Claudia Baumgart-Ochse und Klaus Dieter Wolf (Hgg.): Religious NGOs at the United Nations. Polarizers or mediators? London, New York: Routledge, S. 47-63.

Glock, Charles Y. (1969): Über die Dimensionen der Religiosität. In: Joachim Matthes (Hg.): Kirche und Gesellschaft. Einführung in die Religionssoziologie II. Reinbek b. Hamburg: Rowohlt, S. 150-168.

Grau, Alexander (2017): Hypermoral. Die neue Lust an der Empörung. 2. Auflage. München: Claudius.

Grümme, Bernhard (2009): Religionsunterricht und Politik. Bestandsaufnahme – Grundsatzüberlegungen – Perspektiven für eine politische Dimension des Religionsunterrichts. Stuttgart: Kohlhammer.

Grümme, Bernhard (2012): Alteritätstheoretische Religionsdidaktik. In: Bernhard Grümme, Hartmut Lenhard und Manfred L. Pirner (Hgg.): Religionsunterricht neu denken. Innovative Ansätze und Perspektiven der Religionsdidaktik. Ein Arbeitsbuch. Stuttgart: Kohlhammer, S. 119-132.

Grümme, Bernhard (2015): Öffentliche Religionspädagogik. Religiöse Bildung in pluralen Lebenswelten. Stuttgart: Kohlhammer.

Grümme, Bernhard (2016): Anthropologie. Online verfügbar unter https://doi.org/10.23768/wirelex.Anthropologie.100185, zuletzt geprüft am 23.04.2020.

Grümme, Bernhard (2019): Aufbruch in die Öffentlichkeit? Reflexionen zum ›public turn‹ in der Religionspädagogik. Bielefeld: transcript.

Grümme, Bernhard (2020): Problemorientierter Religionsunterricht. Vernachlässigtes Potential für eine politisch sensible Religionspädagogik in postdemokratischen Zeiten? In: Claudia Gärtner und Jan-Hendrik Herbst (Hgg.): Kritisch-emanzipatorische Religionspädagogik. Diskurse zwischen Theologie, Pädagogik und Politischer Bildung. Wiesbaden: Springer, S. 33-53.

Grümme, Bernhard; Schlag, Thomas (2019): Emanzipation. Online verfügbar unter https://doi.org/10.23768/wirelex.Emanzipation.200375, zuletzt geprüft am 23.04.2020.

Haan, Gerhard de (1999): Zu den Grundlagen der »Bildung für nachhaltige Entwicklung« in der Schule. In: Unterrichtswissenschaft 27 (3), S. 252-280.

Haan, Gerhard de; Kamp, Georg (2008): Nachhaltigkeit und Gerechtigkeit. Berlin, Heidelberg: Springer.

Habermas, Jürgen (2007): Vorpolitische Grundlagen des demokratischen Rechtsstaates? In: Jürgen Habermas und Florian Schuller (Hgg.): Dialektik der Säkularisierung. Über Vernunft und Religion. 7. Auflage. Freiburg, Basel, Wien: Herder, S. 15-37.

Hallfreðsdóttir, Salome (2011): Eco Schools – Are They Really Better? Comparison of Environmental Knowledge, Attitude and Actions between Students in Environmentally Certified Schools and Traditional Schools in Iceland. Lund University Centre for Sustainability Studies. Online verfügbar unter https://www.lumes.lu.se/sites/lumes.lu.se/files/hallfredsdottir_thesis_2011.pdf, zuletzt geprüft am 05.05.2020.

Hamborg, Steffen (2017): Wo Licht ist, ist auch Schatten – Kritische Perspektiven auf Bildung für nachhaltige Entwicklung und die BNE-Forschung im deutschsprachigen Raum. In: Michael Brodowski und Heinz Stapf-Finé (Hgg.): Bildung für Nachhaltige Entwicklung. Interdisziplinäre Perspektiven. Berlin: Logos Verlag, S. 15-31.

Hardmeier, Christof; Ott, Konrad (2015): Naturethik und biblische Schöpfungserzählung. Ein diskurstheoretischer und narrativ-hermeneutischer Brückenschlag. Stuttgart: Kohlhammer.

Hasse, Jürgen (2006): Bildung für Nachhaltigkeit statt Umweltbildung? Starke Rhetorik – Schwache Perspektiven. In: Bettina Hiller und Manfred Lange (Hgg.): Bildung für nachhaltige Entwicklung – Perspektiven für die Umweltbildung. Münster: Zentrum für Umweltforschung, S. 29-43.

Heger, Johannes (2018): Ideologiekritik. Online verfügbar unter https://doi.org/10.23768/wirelex.Ideologiekritik.100113, zuletzt geprüft am 05.05.2020.

Hellgermann, Andreas (2018): Kompetent, flexibel, angepasst. Zur Kritik neoliberaler Bildung. Münster: Edition ITP-Kompass.

Herbst, Jan-Hendrik (2018): Ideologiekritik und Religionsunterricht: Zum unabgegoltenen Potenzial des ideologiekritischen Arguments für den konfessionellen Religionsunterricht. In: Religionspädagogische Beiträge 79, S. 86-98.

Herbst, Jan-Hendrik (2019a): Konturen einer ›neuen politischen Religionspädagogik‹? Begriffstheoretische Betrachtungen einer zerfaserten Debatte. In: Österreichisches Religionspädagogisches Forum 27 (1), S. 28-41. Online verfügbar unter DOI: 10.25364/10.27:2019.1.3, zuletzt geprüft am 05.05.2020.

Herbst, Jan-Hendrik (2019b): Offenbarung aus einem »brennenden Dornbusch im Schwarzwald« (G. Steffens)? Der Beutelsbacher Konsens und seine religionspädagogische Rezeption. In: theo-web 18 (2), S. 147-162. Online verfügbar unter https://doi.org/10.23770/tw0113, zuletzt geprüft am 22.04.2020.

Herbst, Jan-Hendrik (2020): Controversies on Public Religious Pedagogy: religious education in times of post-democratic populism, global warming and economization of education. In: journal of religious education 6 (1),

S. 110. Online verfügbar unter DOI: 10.1007/s40839-020-00094-7, zuletzt geprüft am 03.06.2020.

Herbst, Jan-Hendrik; Menne, Andreas (2019): Ideologiekritik im Religionsunterricht? Österreichisches Religionspädagogisches Forum 27 (1), S. 89-105. Online verfügbar unter DOI: 10.25364/10.27:2019.1.7, zuletzt geprüft am 03.06.2020.

Hornig, Frank; Greiner, Lena (2019): SPIEGEL-Umfrage: Wie junge Deutsche über die Klimakrise denken. In: DER SPIEGEL. Online verfügbar unter https://www.spiegel.de/politik/ausland/klimakonferenz-so-denken-junge-menschen-ueber-fridays-for-future-a-1299544.html, zuletzt geprüft am 13.05.2020.

Horstmann, Simone (2020): (Vorläufige) Grenzen der Emanzipation – Zum Problem religiös-legitimierter Gewalt an nicht-menschlichen Tieren. In: Claudia Gärtner und Jan-Hendrik Herbst (Hgg.): Kritisch-emanzipatorische Religionspädagogik. Diskurse zwischen Theologie, Pädagogik und Politischer Bildung. Wiesbaden: Springer, S. 181-194.

Horstmann, Simone; Hagencord, Rainer (2018): Malum anthropogenum? Überlegungen zu einer Epistemologie der Theologischen Zoologie im Anthropozän. In: Münchener Theologische Zeitschrift 70, S. 291-304.

Horstmann, Simone; Ruster, Thomas; Taxacher, Gregor (2018): Alles, was atmet. Eine Theologie der Tiere. Regensburg: Verlag Friedrich Pustet.

Huckle, John; Wals, Arjen E.J. (2015): The UN Decade of Education for Sustainable Development: business as usual in the end. In: Environmental Education Research 21 (3), S. 491-505. Online verfügbar unter DOI: 10.1080/13504622.2015.1011084, zuletzt geprüft am 05.04.2020.

Hurrelmann, Klaus; Albrecht, Erik (2020): Generation Greta. Was sie denkt, wie sie fühlt und warum das Klima erst der Anfang ist. Weinheim: Beltz.

Inglehart, Ronald (1998): Modernisierung und Postmodernisierung. Kultureller, wirtschaftlicher und politischer Wandel in 43 Gesellschaften. Frankfurt a.M.: Campus-Verlag.

Jaeggi, Rahel; Celikates, Robin (2017): Sozialphilosophie. Eine Einführung. München: C.H. Beck.

Jepsen, Per (2012): Adornos kritische Theorie der Selbstbestimmung. Würzburg: Königshausen & Neumann.

Johannes Paul II (1998): Enzyklika Fides et Ratio. Rom: Libreria Editrice Vaticana.

Kaiser, Florian G.; Roczen, Nina; Bogner, Franz X. (2008): Competence Formation in Environmental Education. Advancing Ecology-Specific Rather Than General Abilities. In: Umweltpsychologie 12 (2), S. 56-70.

Kalbheim, Boris (2000): Sinngebung der Natur und ökologisches Handeln. Eine empirisch theologische Untersuchung zu Motiven umweltschützenden Handelns bei Kirchen- und Nichtkirchenmitgliedern. Münster: Lit.

Kaube, Jürgen (2020): Wie reich darf man sein? In: Frankfurter Allgemeine Zeitung. Online verfügbar unter https://blogs.faz.net/fazit/2020/01/30/wie-reich-darf-man-sein-11200/, zuletzt geprüft am 08.05.2020.

Kehren, Yvonne (2016): Bildung für nachhaltige Entwicklung. Zur Kritik eines pädagogischen Programms. Baltmannsweiler: Schneider Verlag Hohengehren.

Kehren, Yvonne; Winkler, Christine (2019): Nachhaltigkeit als Bildungsprozess und Bildungsauftrag. In: Walter Leal Filho (Hg.): Aktuelle Ansätze zur Umsetzung der UN-Nachhaltigkeitsziele. Wiesbaden: Springer, S. 372-391.

Keller, Catherine (2018): Political Theology of the Earth. New York, Chichester, West Sussex: Columbia University Press.

Keul, Hildegund; Müller, Thomas (Hgg.) (2020): Verwundbar. Theologische und humanwissenschaftliche Perspektiven zur menschlichen Vulnerabilität. Würzburg: Echter.

Klafki, Wolfgang (2007): Neue Studien zur Bildungstheorie und Didaktik. Zeitgemäße Allgemeinbildung und kritisch-konstruktive Didaktik. Weinheim: Beltz.

Kleinhückelkotten, Silke; Moser, Stephanie; Neitzke, H.-Peter (2016): Repräsentative Erhebung von Pro-Kopf-Verbräuchen natürlicher Ressourcen in Deutschland (nach Bevölkerungsgruppen). Anlagenband. Dessau-Roßlau.

Kluwick, Ursula; Zemanek, Evi (Hgg.) (2019): Nachhaltigkeit interdisziplinär. Konzepte, Diskurse, Praktiken. Ein Kompendium. Wien, Köln, Weimar: Böhlau Verlag.

Knauth, Thorsten (2019): Anti-Semitismus, Anti-Rassismus und Vulnerabilität in Bildungsprozessen. In: epd-Dokumentation 12, S. 22-28.

Knauth, Thorsten (2020): Grundbegriffe, unabgegoltene Potenziale und Perspektiven des problemorientierten Ansatzes für gegenwärtige kritische politische Religionspädagogik. In: Claudia Gärtner und Jan-Hendrik Herbst (Hgg.): Kritisch-emanzipatorische Religionspädagogik. Diskurse zwischen Theologie, Pädagogik und Politischer Bildung. Wiesbaden: Springer, S. 55-82.

Knop, Julia (2020): »Ein Retrokatholizismus, der gerade fröhliche Urständ feiert« – Julia Knop warnt vor kirchlichen Rückschritten angesichts Corona. Online verfügbar unter https://theologie-aktuell.uni-erfurt.de/warnung-vor-retrokatholizismus-knop/, zuletzt geprüft am 05.05.2020.

Kober, Pascal (2020): Handeln statt Protest. Die alarmistische Klimadebatte nährt den Populismus. In: Herder Korrespondenz 74 (1), S. 6.

Koll, Julia (2014): Ich tue mir nichts an, ich gönne mir etwas: Fastenzeit als spätmoderne geistliche Übung. In: Praktische Theologie 49 (1), S. 18-21.

Könemann, Judith (2018): Plädoyer für eine politische Religionspädagogik. In: Religionspädagogische Beiträge (78), S. 15-23.

Könemann, Judith (2020): Politische Religionspädagogik – ein kritisch-emanzipatorischer Ansatz. In: Claudia Gärtner und Jan-Hendrik Herbst (Hgg.): Kritisch-emanzipatorische Religionspädagogik. Diskurse zwischen Theologie, Pädagogik und Politischer Bildung. Wiesbaden: Springer, S. 195-213.

Konz, Britta (2019): Anamnetisches Theologisieren mit Kunst. Ein Beitrag zur Kirchengeschichtsdidaktik. Kassel: Kassel University Press.

Kopnina, Helen (2012): Education for sustainable development (ESD). The turn away from ›environment‹ in environmental education? In: Environmental Education Research 18 (5), S. 699-717. Online verfügbar unter DOI: 10.1080/13504622.2012.658028, zuletzt geprüft am 05.05.2020.

Kranemann, Benedikt (2020): Dem Tod nicht »das letzte Wort« lassen. Benedikt Kranemann über Liturgien, die auch in Krisenzeiten das Leben feiern. Online verfügbar unter https://theologie-aktuell.uni-erfurt.de/liturgie-in-der-krise-kranemann/, zuletzt geprüft am 06.05.2020.

Kreutzer, Ansgar (2014): Gnade für das »unternehmerische Selbst«. Eine theologische Kritik der überzogenen Leistungsgesellschaft. In: Stimmen der Zeit 139 (8), S. 547-557.

Kreutzer, Ansgar (2017): Politische Theologie für heute. Aktualisierungen und Konkretionen eines theologischen Programmes. Freiburg, Basel, Wien: Herder.

Krobath, Thomas (2014): Rechtfertigung als Anerkennung. Von der Aktualisierung der Rechtfertigungslehre im Kampf um Anerkennung in der Leistungsgesellschaft zu einer Erneuerung ihres Anliegens in Aufnahme des Anerkennungsdiskurses. In: Thomas Krobath, Andrea Lehner-Hartmann und Regina Polak (Hgg.): Anerkennung in religiösen Bildungsprozessen. Interdisziplinäre Perspektiven. Göttingen: V&R Unipress, S. 289-314.

Kruse, Lenelis (2013): Vom Handeln zum Wissen – ein Perspektivwechsel für eine Bildung für nachhaltige Entwicklung. In: Norbert Pütz, Martin K.W.

Schweer und Niels Logemann (Hgg.): Bildung für nachhaltige Entwicklung. Aktuelle theoretische Konzepte und Beispiele praktischer Umsetzung. Frankfurt a.M: Peter Lang, S. 31-57.

Kruse-Graumann, Lenelis (2003): Umweltverhalten. Handeln wider besseres Wissen? In: Gotthilf Hempel und Meinhard Schulz-Baldes (Hgg.): Nachhaltigkeit und globaler Wandel. Guter Rat ist teuer. Frankfurt a.M.: Peter Lang, S. 175-192.

Kuckartz, Udo (2010): Nicht hier, nicht jetzt, nicht ich – Über die symbolische Bearbeitung eines ernsten Problems. In: Harald Welzer, Hans-Georg Soeffner und Dana Giesecke (Hgg.): KlimaKulturen. Soziale Wirklichkeiten im Klimawandel. Frankfurt a.M.: Campus Verlag, S. 144-160.

Latour, Bruno (2016): Jubilieren. Über religiöse Rede. Berlin: Suhrkamp.

Latour, Bruno; Roßler, Gustav (2014): Existenzweisen. Eine Anthropologie der Modernen. Berlin: Suhrkamp.

Lavender, Paige (2015): Jeb Bush Among Conservatives Criticizing Pope For Climate Change Encyclical. In: Huffpost. Online verfügbar unter https://www.huffpost.com/entry/jeb-bush-pope-climate-change_n_7603160?guccounter=2, zuletzt geprüft am 18.11.2019.

Le Grange, Lesley (2016): Think Piece Sustainability Education and (Curriculum) Improvisation. In: Southern African Journal of Environmental Education 32, S. 26-36.

Le Grange, Lesley (2019): The Anthropocene: Becoming-imperceptible of environmental education. In: On Education. Journal for Research and Debate 2 (4). Online verfügbar unter DOI: 10.17899/on_ed.2019.4.4, zuletzt geprüft am 05.05.2020.

Legault, Louise; Pelletier, Luc (2000): Impact of an environmental education program on students' and parents' attitudes, motivation, and behaviours. In: Canadian Journal of Behavioural Science 32 (4), S. 243-250.

Lehner-Hartmann, Andrea (2020): Emanzipation – religionspädagogische Leitidee oder überholtes Ideal? In: Claudia Gärtner und Jan-Hendrik Herbst (Hgg.): Kritisch-emanzipatorische Religionspädagogik. Diskurse zwischen Theologie, Pädagogik und Politischer Bildung. Wiesbaden: Springer, S. 139-162.

Lessenich, Stephan (2016): Neben uns die Sintflut. Die Externalisierungsgesellschaft und ihr Preis. München: Carl Hanser Verlag.

Lindner, Konstantin (2007): In Kirchengeschichte verstrickt. Zur Bedeutung biographischer Zugänge für die Thematisierung kirchengeschichtlicher Inhalte im Religionsunterricht. Göttingen: V & R Unipress.

Lis, Julia (2015): Schuld und Umkehr angesichts der globalen Krise aus befreiungstheologisch-feministischer Perspektive. In: Julia Enxing (Hg.): Schuld. Theologische Erkundungen eines unbequemen Phänomens. Ostfildern: Matthias Grünewald Verlag, S. 290-302.

Lis, Julia (2018): Subjektwerdung unter neoliberalen Bedingungen. Politische Theologie im Kampf um das Humane. In: Hans-Gerd Janßen, Julia D.E. Prinz und Michael J. Rainer (Hgg.): Theologie in gefährdeter Zeit. Stichworte von nahen und fernen Weggefährten für Johann Baptist Metz zum 90. Geburtstag. Berlin, Münster: Lit, S. 285-288.

Löning, Karl; Zenger, Erich (1997): Als Anfang schuf Gott. Biblische Schöpfungstheologien. Düsseldorf: Patmos-Verlag.

Lösch, Bettina (2020): Wie politisch darf und sollte Bildung sein? Die aktuelle Debatte um ›politische Neutralität‹ aus Sicht einer kritisch-emanzipatorischen politischen Bildung. In: Claudia Gärtner und Jan-Hendrik Herbst (Hgg.): Kritisch-emanzipatorische Religionspädagogik. Diskurse zwischen Theologie, Pädagogik und Politischer Bildung. Wiesbaden: Springer, S. 383-402.

Lösch, Bettina; Thimmel, Andreas (Hgg.) (2011): Kritische politische Bildung. Ein Handbuch. 2. Auflage. Schwalbach/Ts.: Wochenschau Verlag.

Main, Andreas (2017): Lust an der Empörung »Moralismus mit totalitären Zügen«. Interview mit Alexander Grau. Online verfügbar unter https://www.deutschlandfunk.de/lust-an-der-empoerung-moralismus-mit-totalitaeren-zuegen.886.de.html?dram:article_id=399565, zuletzt geprüft am 05.05.2020.

Mendl, Hans (2015): Modelle – Vorbilder – Leitfiguren. Lernen an außergewöhnlichen Biografien. Stuttgart: Kohlhammer.

Mendl, Hans (2019): Weltverantwortung. In: Österreichisches Religionspädagogisches Forum 27 (1), 57-72. Online verfügbar unter DOI: 10.25364/10.27:2019.1.5, zuletzt geprüft am 05.05.2020.

Meseth, Wolfgang; Casale, Rita; Tervooren, Anja (2019): Normativität in der Erziehungswissenschaft. Wiesbaden: Springer.

Mette, Norbert (2020): Emanzipation (und Kritik) in der Religionspädagogik. Herausforderungen, Potenziale, Perspektiven. In: Claudia Gärtner und Jan-Hendrik Herbst (Hgg.): Kritisch-emanzipatorische Religionspädagogik. Diskurse zwischen Theologie, Pädagogik und Politischer Bildung. Wiesbaden: Springer, S. 163-180.

Metz, Johann Baptist (1986): Zeit der Orden? Zur Mystik und Politik der Nachfolge. 6. Auflage. Freiburg, Basel, Wien: Herder.

Metz, Johann Baptist (1992): Glaube in Geschichte und Gesellschaft. Studien zu einer praktischen Fundamentaltheologie. 5. Auflage. Mainz: Matthias Grünewald Verlag.

Metz, Johann Baptist (2000): Compassion lernen. In: Deutsches Allgemeines Sonntagsblatt. Online verfügbar unter www.globales-lernen-schule-nrw.de/fileadmin/user_upload/GLSNRW/Sek_II_-_GY_GE/GE-GY-kath-RU-E-Phase-GK-Compassion-2020.pdf, zuletzt geprüft am 05.05.2020.

Michelsen, Gerd; Grunenberg, Heiko; Mader, Clemens (2015a): Engagement durch Bildung für nachhaltige Entwicklung. Das Weltaktionsprogramm von Quantität zu Qualität. Online verfügbar unter https://www.greenpeace.de/sites/www.greenpeace.de/files/publications/nachhaltigkeitsbarometer-bildung-20150522.pdf, zuletzt geprüft am 05.11.2019.

Michelsen, Gerd; Grunenberg, Heiko; Mader, Clemens; Barth, Matthias (2015b): Nachhaltigkeit bewegt die jüngere Generation. Ergebnisse der bundesweiten Repräsentativbefragung und einer qualitativen Explorativstudie, Mai-Juli 2015. Bad Homburg: VAS. Online verfügbar unter http://api.vlb.de/api/v1/asset/mmo/file/918ed7b6-5f3b-44bf-bd7b-9a1588915f1d, zuletzt geprüft am 05.05.2020.

Micksch, Jürgen; Khurshid, Yasmin; Meisinger, Hubert; Mues, Andreas (Hgg.) (2015): Religionen und Naturschutz – Gemeinsam für biologische Vielfalt. Bonn-Bad Godesberg: Bundesamt für Naturschutz. Online verfügbar unter https://www.bfn.de/fileadmin/BfN/service/Dokumente/skripten/Skript426.pdf, zuletzt geprüft am 05.05.2020.

Micus-Loos, Christiane (2012): Anerkennung des Anderen als Herausforderung in Bildungsprozessen. In: Zeitschrift für Pädagogik 55 (3), S. 302-320.

Mock, Mirijam (2019): Verantwortliches Individuum? Die (Un-)Haltbarkeit der Erzählung von der Konsument*innenverantwortung. In: Ingolfur Blühdorn, Felix Butzlaff, Michael Deflorian, Daniel Hausknost und Mirijam Mock (Hgg.): Nachhaltige Nicht-Nachhaltigkeit. Warum die ökologische Transformation der Gesellschaft nicht stattfindet. Bielefeld: transcript, S. 227-253.

Mollenhauer, Klaus (1977): Erziehung und Emanzipation. Polemische Skizzen. 7. Auflage. München: Juventa-Verlag.

Moltmann, Jürgen (1987): Gott in der Schöpfung. Ökologische Schöpfungslehre. 3. Auflage. München: Kaiser.

Müller, Gerd (2016): Grundsatzartikel Religion und Entwicklung. In: Bundesministerium für wirtschaftliche Zusammenarbeit und Entwicklung (BMZ) (Hg.): Religionen und nachhaltige Entwicklung. Partner für den Wandel. Bonn, Berlin: Edition bmz, S. 12-21.

Nakate, Vanessa (2020): Keep Fighting. In: Oiko-Magazin (2), S. 8-11.

Neckel, Sighard (2018): Ökologische Distinktion. Soziale Grenzziehung im Zeichen von Nachhaltigkeit. In: Sighard Neckel, Natalia Besedovsky, Moritz Boddenberg, Martina Hasenfratz, Sarah Miriam Pritz und Timo Wiegand (Hgg.): Die Gesellschaft der Nachhaltigkeit. Umrisse eines Forschungsprogramms. Bielefeld: transcript, S. 59-76.

Neuhäuser, Christian (2018): Reichtum als moralisches Problem. Berlin: Suhrkamp.

Niebert, Kai (2019): Effective sustainability education is political education. In: On Education. Journal for Research and Debate 2(4). Online verfügbar unter https://doi.org/10.17899/on_ed.2019.4.5, zuletzt geprüft am 05.05.2020.

Niebert, Kai; Gropengießer, Harald (2011): »CO 2 Causes a Hole in the Atmosphere«: Using Laypeople's Conceptions as a Starting Point to Communicate Climate Change. In: Walter Leal Filho (Hg.): The Economic, social and political elements of climate change, Bd. 11. Berlin: Springer, S. 603-622.

Oberle, Monika; Ivens, Sven; Leunig, Johanna (2018): Grenzenlose Toleranz? Lehrervorstellungen zum Beutelsbacher Konsens und dem Umgang mit Extremismus im Unterricht. In: Laura Möllers und Sabine Manzel (Hgg.): Populismus und Politische Bildung. Frankfurt a.M: Wochenschau Verlag, S. 53-61.

OECD (2018): PISA. Preparing our youth for an inclusive and sustainable world. The OECD global competence framework. Online verfügbar unter https://www.oecd.org/pisa/aboutpisa/Global-competency-for-an-inclusive-world.pdf, zuletzt geprüft am 01.11.2019.

Ohlmeier, Bernhard; Brunold, Andreas (2015): Politische Bildung für nachhaltige Entwicklung. Wiesbaden: Springer.

Papst Franziskus (2015): Laudato si'. Über die Sorge für das gemeinsame Haus. Rom: Libreria editrice Vaticana.

Papst Franziskus (2020a): Nachsynodales Apostolisches Schreiben Querida Amazonia von Papst Franziskus an das Volk Gottes und an alle Menschen guten Willens. hg.v. Sekretariat der Deutschen Bischofskonferenz. Bonn.

Papst Franziskus (2020b): Predigt beim Gebet in der Pandemie. Online verfügbar unter https://www.vaticannews.va/de/papst/news/2020-

03/wortlaut-papstpredigt-gebet-corona-pandemie.html, zuletzt geprüft am 30.03.2020.

Paulitz, Tanja; Winter, Martin (2017): Ernährung aus kultursoziologischer Perspektive. In: Stephan Moebius, Frithjof Nungesser und Katharina Scherke (Hgg.): Handbuch Kultursoziologie. Band 1. Berlin, Heidelberg: Springer, S. 1-18.

Peukert, Helmut (1992): Die Erziehungswissenschaft der Moderne und die Herausforderungen der Gegenwart. In: Zeitschrift für Pädagogik 38 (29. Beiheft), 113-127.

Pirner, Manfred L.; Lahnemann, Johannes; Haussmann, Werner; Schwarz, Susanne (2018): Public Theology, Religious Diversity, and Interreligious Learning. Milton: Routledge.

Polanyi, Karl (2017): The great transformation. Politische und ökonomische Ursprünge von Gesellschaften und Wirtschaftssystemen. 13. Auflage. Berlin: Suhrkamp.

Prescher, Thomas (2019): Das Nachhaltigkeitsdogma. Wie wir lassen, was wir tun sollten. Stuttgart: Kohlhammer.

Pufé, Iris (2017): Nachhaltigkeit. 3., überarbeitete, erweiterte Auflage. Konstanz, München: UVK.

Rat für Migration (2020): Stellungnahme: Sars-CoV-2 und die (un)gleiche Vulnerabilität von Menschen. Online verfügbar unter https://rat-fuer-migration.de/2020/04/14/sars-cov-2-und-die-ungleiche-vulnerabilitaet-von-menschen/, zuletzt geprüft am 20.05.2020.

Reckwitz, Andreas (2017): Die Gesellschaft der Singularitäten. Zum Strukturwandel der Moderne. Berlin: Suhrkamp.

Reis, Oliver (2003): Nachhaltigkeit – Ethik – Theologie. Eine theologische Beobachtung der Nachhaltigkeitsdebatte. Münster: Lit.

Ricken, Lukas (2020): Heydorn lesen? Zur religionspädagogischen Rezeption kritischer Bildungstheorie. In: Claudia Gärtner und Jan-Hendrik Herbst (Hgg.): Kritisch-emanzipatorische Religionspädagogik. Diskurse zwischen Theologie, Pädagogik und Politischer Bildung. Wiesbaden: Springer, S. 361-381.

Rickers, Folkert (2010): Eschatologie und Religionspädagogik. Bildungstheoretische Aspekte. In: Rudolf Englert (Hg.): Was letztlich zählt – Eschatologie. Jahrbuch der Religionspädagogik. Neukirchen-Vluyn: Neukirchener Theologie, S. 153-167.

Rieger-Ladich, Markus (2002): Pathosformel Mündigkeit. Beobachtungen zur Form erziehungswissenschaftlicher Reflexion. In: Vierteljahrsschrift für wissenschaftliche Pädagogik 78 (2), S. 153-182.

Rollin, Bernard E. (1997): Anecdote, anthropomorphism, and animal behavior. In: H. Lyn Miles, Nicholas S. Thompson und Robert W. Mitchell (Hgg.): Anthropomorphism, anecdotes, and animals. Albany: State University of New York Press, S. 125-133.

Ronan, Marisa (2017): American Evangelicalism, Apocalypticism, and the Anthropocene. In: Celia Deane-Drummond, Sigurd Bergmann, Markus Vogt und Heinrich Bedford-Strohm (Hgg.): Religion in the Anthropocene. Eugene, Oregon: Cascade Books, S. 218-231.

Rosa, Hartmut; Feddersen, Jan (2020): »Wir sind in einem Versuchslabor«. Online verfügbar unter https://taz.de/Soziologe-Hartmut-Rosa-ueber-Corona/!5673868/, zuletzt geprüft am 06.05.2020.

Rosenberg, Michael (2018): Der Weg der ›ökologischen Umkehr‹. Schöpfungsethik und Schöpfungsspiritualität im Anthropozän. In: Klaus Heidel und Brigitte Bertelmann (Hgg.): Leben im Anthropozän. Christliche Perspektiven für eine Kultur der Nachhaltigkeit. München: oekom verlag, S. 259-270.

Rosner, Ortwin (2020): Warum Corona ein Weckruf für die Klimadebatte sein könnte. In: derStandard.at. Online verfügbar unter https://apps.derstandard.at/privacywall/story/2000116049887/warum-corona-ein-weckruf-fuer-die-klimadebatte-sein-koennte, zuletzt geprüft am 28.04.2020.

Ruster, Thomas (2000): Der verwechselbare Gott. Theologie nach der Entflechtung von Christentum und Religion. 2. Auflage. Freiburg, Basel, Wien: Herder.

Ruster, Thomas (2001): Den Schicksalsmächten wiederstehen. In: engagement. Zeitschrift für Erziehung und Schule (1), S. 3-11.

Sachdeva, Sonya (2016): Religious Identity, Beliefs, and Views about Climate Change. In: Sonya Sachdeva (Hg.): Oxford research encyclopedias. Climate Science. Oxford: Oxford University Press, S. 1-35.

Sander, Hans-Joachim (2009): Heterotopien. Orte für die Geistesgegenwart. In: Franz Gruber, Christoph Niemand und Ferdinand Reisinger (Hgg.): Geistes-Gegenwart. Vom Lesen, Denken und Sagen des Glaubens. Festschrift für Peter Hofer, Franz Hubmann und Hanjo Sauer. Frankfurt a.M.: Peter Lang, S. 283-296.

Sander, Hans-Joachim (2016): Raum nachhalten für menschliche Ohnmacht. Die Topologie der Zeichen der Zeit in Gaudium et spes. In: Markus Patenge, Roman Beck und Markus Luber (Hgg.): Schöpfung bewahren. Theologie und Kirche als Impulsgeber für eine nachhaltige Entwicklung. Regensburg: Verlag Friedrich Pustet, S. 16-29.

Schalansky, Judith (2020): Lehren aus der Corona-Krise: Das Schuppentier und wir. In: Süddeutsche Zeitung. Online verfügbar unter https://www.sueddeutsche.de/kultur/coronavirus-schuppentier-china-1.4862197, zuletzt geprüft am 31.03.2020.

Schillebeeckx, Edward (Hg.) (1988): Mystik und Politik. Theologie im Ringen um Geschichte und Gesellschaft. Johann Baptist Metz zu Ehren. Mainz: Matthias Grünewald Verlag.

Schinkel, Anders (2009): Justifying Compulsory Environmental Education in Liberal Democracies. In: Journal of Philosophy of Education 43 (4), S. 507-526.

Schröder, Bernd (2010): »1968« und die Religionspädagogik aus Sicht eines Nach-68ers. In: Folkert Rickers und Bernd Schröder (Hgg.): 1968 und die Religionspädagogik. Neukirchen-Vluyn: Neukirchener Verlag, S. 351-377.

Schüßler, Michael (2020): Religiöser Heroismus? Besser scheitern an Corona. In: feinschwarz.net. Theologisches Feuilleton. Online verfügbar unter https://www.feinschwarz.net/religioeser-heroismus-besser-scheitern-an-corona/, zuletzt geprüft am 06.05.2020.

Schwering, Markus (2020): Habermas spricht über Corona: »So viel Wissen über unser Nichtwissen gab es noch nie«. In. Frankfurter Rundschau. Online verfügbar unter https://www.fr.de/kultur/gesellschaft/juergen-habermas-coronavirus-krise-covid19-interview-13642491.html, zuletzt geprüft am 01.05.2020.

Seitz, Klaus (2017): Transformation als Lernprozess und Bildungsaufgabe. In: Oliver Emde, Uwe Jakubczyk, Bernd Kappes und Bernd Overwien (Hgg.): Mit Bildung die Welt verändern? Globales Lernen für eine nachhaltige Entwicklung. Leverkusen-Opladen: Budrich Barbara, S. 160-168.

Sekretariat der Deutschen Bischofskonferenz (1976a): Der Religionsunterricht in der Schule. In: Deutsche Bischofskonferenz (Hg.): Gemeinsame Synode der Bistümer in der Bundesrepublik. Neuauflage. Freiburg, Basel, Wien: Herder, S. 113-152.

Sekretariat der Deutschen Bischofskonferenz (1976b): Unsere Hoffnung. Ein Bekenntnis zum Glauben in dieser Zeit. In: Deutsche Bischofskonferenz

(Hg.): Gemeinsame Synode der Bistümer in der Bundesrepublik. Neuauflage. Freiburg, Basel, Wien: Herder, S. 84-111.

Siebke, Swaantje (2018): Haben zukünftige Generationen ein Recht auf Klimastabilisierung? In: Christian Neuhäuser und Udo Vorholt (Hgg.): Nachhaltigkeit Regional, National, International. Bochum, Freiburg: Projekt Verlag, S. 39-57.

Sölle, Dorothee; Steffensky, Fulbert (2014): Mystik und Widerstand. Freiburg: Kreuz Verlag.

Sommer, Bernd; Welzer, Harald (2014): Transformationsdesign. Wege in eine zukunftsfähige Moderne. München: oekom verlag.

Sommer, Moritz; Rucht, Dieter; Haunss, Sebastian; Zajak, Sabrina (2019): Fridays for Future Profil, Entstehung und Perspektiven der Protestbewegung in Deutschland. In: ipb working paper. Online verfügbar unter https://www.otto-brenner-stiftung.de/fileadmin/user_data/stiftung/02_Wissenschaftsportal/03_Publikationen/2019_ipb_FridaysForFuture.pdf, zuletzt geprüft am 11.11.2019.

Spindler, Beate (2020): Vereinte Nationen zeichnen Klostergarten der Kapuziner aus. Online verfügbar unter www.kapuziner.de/nachrichten/nachricht-einzelansicht/news/vereinte-nationen-zeichnen-klostergarten-der-kapuziner-aus.html?tx_news_pi1 %5Bcontroller%5D=News&tx_news_pi1 %5Baction %5D=detail&cHash=2056d90dfd936642a3ea1feff11f42a2, zuletzt geprüft am 20.03.2020.

Statement of ECI (2006): Christians And Climate. Online verfügbar unter www.christiansandclimate.org/statement/, zuletzt geprüft am 05.05.2020.

Steffens, Gerd (2010): Die Krise als Lerngelegenheit. In: POLIS (1), S. 41-51.

Steffens, Gerd (2013): Krise und gesellschaftliches Lernen. In: David Salomon und Edgar Weiß (Hgg.): Krisendiskurse. Frankfurt a.M.: Peter Lang, S. 41-51.

Stern, Marc J.; Powell, Robert B.; Hill, Dawn (2014): Environmental education program evaluation in the new millennium: what do we measure and what have we learned? In: Environmental Education Research 20 (5), S. 581-611. Online verfügbar unter DOI: 10.1080/13504622.2013.838749, zuletzt geprüft am 05.05.2020.

Su, Hanno; Su, Shia (2019): Why solving intergenerational injustice through education does not work. In: On Education. Journal for Research and Debate 2 (4). Online verfügbar unter DOI: 10.17899/on_ed.2019.4.3, zuletzt geprüft am 05.05.2020.

Taxacher, Gregor (2020): Apokalyptischer Realismus. Warum die Klimakatastrophe doch ein theologisches Thema ist. In: zeitzeichen 21 (2), S. 46-47.

Teilnehmende der Synode für Amazonien (2019): Katakombenpakt für das Gemeinsame Haus. Rom. Online verfügbar unter https://blog.misereor.de/wp-content/uploads/2019/10/Katakombenpakt-2019.pdf, zuletzt geprüft am 05.05.2020.

Thaler, Richard H.; Sunstein, Cass R. (2009): Nudge. Wie man kluge Entscheidungen anstößt. 3. Auflage. Berlin: Econ.

Theobald, Christoph (2018): Christentum als Stil. Für ein zeitgemäßes Glaubensverständnis in Europa. Freiburg, Basel, Wien: Herder.

Theurer, Marcus (2020): Die Anti-Greta aus Germany. In: Frankfurter Allgemeine Sonntagszeitung. Online verfügbar unter https://www.faz.net/aktuell/wirtschaft/klima-energie-und-umwelt/klimawandel-naomi-seibt-ist-die-anti-greta-thunberg-16668431.html?premium, zuletzt geprüft am 05.05.2020.

Thorwarth, Katja (2020): FFF-Aktivistin Nakate aus dem Bild geschnitten – mit Rassismus soll das nichts zu tun haben. In: Frankfurter Rundschau. Online verfügbar unter https://www.fr.de/meinung/fridays-future-klimaaktivistin-vanessa-nakate-bild-geschnitten-rassismus-13508162.html, zuletzt geprüft am 05.05.2020.

Tiberius, Valerie (2018): Comments on John Doris, Talking to Our Selves: Reflection, Ignorance, and Agency. In: Philosophy Phenomenological Research 97 (3), S. 758-764. Online verfügbar unter DOI: 10.1111/phpr.12548, zuletzt geprüft am 05.05.2020.

Tilbury, Danielle (2011): Education for sustainable development: an expert review of processes and learning. Paris: UNESCO.

Vereinte Nationen (2015): Transformation unserer Welt. Die Agenda 2030 für nachhaltige Entwicklung. Online verfügbar unter https://www.un.org/Depts/german/gv-70/band1/ar70001.pdf, zuletzt geprüft am 03.06.2020.

Vierzig, Siegfried (1975): Ideologiekritik und Religionsunterricht. Zur Theorie und Praxis eines kritischen Religionsunterrichts. Zürich: Benziger.

Vogt, Markus (2013): Prinzip Nachhaltigkeit. Ein Entwurf aus theologisch-ethischer Perspektive. 3. Auflage. München: oekom verlag.

Vogt, Markus (2016): Nachhaltigkeit als neues Sozialprinzip christlicher Ethik. In: Markus Patenge, Roman Beck und Markus Luber (Hgg.): Schöpfung bewahren. Theologie und Kirche als Impulsgeber für eine nachhaltige Entwicklung. Regensburg: Verlag Friedrich Pustet, S. 128-149.

Wagensommer, Georg; Schweitzer, Friedrich (2018): Wertebildung, Interesse und Religionsunterricht. Ethisch und religiös ausgerichteter Unterricht im Vergleich. Theoretische und empirische Untersuchungen zur Wirksamkeit des BRU. Münster, New York: Waxmann.

Wagner-Rau, Ulrike (2020): Schwierige Ohnmacht. In: feinschwarz.net. Theologisches Feuilleton. Online verfügbar unter https://www.feinschwarz.net/schwierige-ohnmacht/, zuletzt geprüft am 02.04.2020.

Wanning, Berbeli (2019): Bildungspolitik/Didaktik. In: Ursula Kluwick und Evi Zemanek (Hgg.): Nachhaltigkeit interdisziplinär. Konzepte, Diskurse, Praktiken. Ein Kompendium. Wien, Köln, Weimar: Böhlau Verlag, S. 295-311.

Wehling, Hans-Georg (2016): Konsens à la Beutelsbach? Nachlese zu einem Expertengespräch. Textdokumentation aus dem Jahr 1977. In: Benedikt Widmaier und Peter Zorn (Hgg.): Brauchen wir den Beutelsbacher Konsens? Eine Debatte der politischen Bildung. Bonn: Bundeszentrale für politische Bildung, S. 19-27.

Weigel, Tilman (2019): Die Fastenzeit hat begonnen – Fasten in Zahlen. statistiker-blog.de. Online verfügbar unter www.statistiker-blog.de/archives/fastenzeit-statistik/5942.html, zuletzt geprüft am 23.03.2020.

Wetzel, Jakob (2019): Friday for Futures. München: Süddeutsche Zeitung Edition.

Widmaier, Benedikt; Zorn, Peter (2016): Konsens in der politischen Bildung? Zur Einführung. In: Benedikt Widmaier und Peter Zorn (Hgg.): Brauchen wir den Beutelsbacher Konsens? Eine Debatte der politischen Bildung. Bonn: Bundeszentrale für politische Bildung, S. 9-13.

Wissenschaftliche Arbeitsgruppe für weltkirchliche Aufgaben der Deutschen Bischofskonferenz (Hg.) (2018): Raus aus der Wachstumsgesellschaft? Eine sozialethische Analyse und Bewertung von Postwachstumsstrategien. Bonn.

Wissenschaftlicher Beirat Globale Umweltveränderungen (2011): Welt im Wandel. Gesellschaftsvertrag für eine Große Transformation. 2., veränd. Auflage. Berlin: WBGU.

Wohnig, Alexander (2016): Zum Verhältnis von sozialem und politischem Lernen. Wiesbaden: Springer.

Wright, Erik Olin (2017): Reale Utopien. Wege aus dem Kapitalismus. Berlin, Frankfurt a.M.: Suhrkamp.

Yates, Luke (2015): Rethinking Prefiguration: Alternatives, Micropolitics and Goals in Social Movements. In: Social Movement Studies 14 (1), S. 1-21. Online verfügbar unter DOI: 10.1080/14742837.2013.870883, zuletzt geprüft am 05.05.2020.

Ziebertz, Hans-Georg (1994): Tradition und Erfahrung. Von der Korrelation zur kritischen Interrelation. Ein Gespräch mit E. Schillebeeckx. In: Katechetische Blätter 119 (6), S. 756-762.

Zwarthoed, Danielle (2015): Creating frugal citizens: The liberal egalitarian case for teaching frugality. In: Theory and Research in Education 13 (3), S. 286-307. Online verfügbar unter DOI: 10.1177/1477878515606620, zuletzt geprüft am 05.05.2020.